Nicola Ottiger, Eva Ebel, Christian Höger (Hg.)

Ökumenisch lernen – Ökumene lernen

TVZ

Ökumene in Theorie und Praxis
Reihe Ökumenisches Institut Luzern
vormals Schriften Ökumenisches Institut Luzern
herausgegeben von Nicola Ottiger

Band 14

Nicola Ottiger, Eva Ebel, Christian Höger (Hg.)

Ökumenisch lernen – Ökumene lernen

Perspektiven für Religionsunterricht und kirchliche Handlungsfelder

EDITION **NZN**
BEI **TVZ**

Theologischer Verlag Zürich

Die Publikation wurde ermöglicht durch Beiträge folgender Institutionen:
Forschungskommission der Universität Luzern
Publikationskommission der Theologischen Fakultät der Universität Luzern
Evangelisch-Reformierte Landeskirche des Kantons Luzern
Römisch-katholische Landeskirche des Kantons Luzern
Stiftung Ökumenisches Institut Luzern

Der Theologische Verlag Zürich wird vom Bundesamt für Kultur für die Jahre 2021–2024 unterstützt.

Die Deutsche Bibliothek – Bibliografische Einheitsaufnahme
Die Deutsche Bibliothek verzeichnet diese Publikation in der Deutschen Nationalbibliografie; detaillierte bibliografische Daten sind im Internet über http://www.dnb.de abrufbar.

Umschlaggestaltung: Simone Ackermann, Zürich
Satz und Layout: Claudia Wild, Konstanz
Druck: gapp print, Wangen im Allgäu
ISBN Print 978-3-290-20245-3
ISBN E-Book (PDF) 978-3-290-20246-0
© 2024 Theologischer Verlag Zürich AG
www.edition-nzn.ch

Alle Rechte vorbehalten.

Inhalt

Einleitung
Nicola Ottiger/Eva Ebel/Christian Höger 9

Teil A
Tagung «Ökumenisch lernen – Ökumene lernen»

Meilensteine und neue Vielfalt in der Schweizer Ökumene
Ein Beitrag aus dem reformierten Zürcher Kontext
mit weltweitem Horizont
Bettina Lichtler 19

Die eigene Position im Dialog entwickeln
Christkatholische Perspektive zum ökumenischen Lernen
Adrian Suter 27

Bildung als wesentlicher Aspekt auf dem Weg der Ökumene
Unter Berücksichtigung der orthodoxen Sichtweise
Maria Brun 39

Ökumene bedeutet Lernen
Eine römisch-katholische Sicht auf Ökumene
und ökumenisches Lernen in der Schweiz
Nicola Ottiger 51

Entwicklungslinien ökumenischer Bildung in der Deutschschweiz
Kuno Schmid 67

Ökumenisch und Ökumene lernen: Entwicklungen in Deutschland am Beispiel des konfessionell-kooperativen Religionsunterrichts
Jan Woppowa 83

Impulse aus dem deutschen Diskurs über konfessionell-kooperativen Religionsunterricht für die Deutschschweiz
Was sich übertragen lässt und was nicht
Eva Ebel/Christian Höger 99

Ökumene – Zusammenarbeit und Verständigung
Evelyn Borer 117

Ökumene als Einheit und Heiligkeit
Mit Bruder Klaus ein authentisches Zeugnis für das Evangelium wagen
Abt Urban Federer OSB 127

Christkatholische Anliegen im Rahmen kirchlicher und ökumenischer Bildungsarbeit
Kontexte, Kooperationen, Kompetenzen
Adrian Suter 137

Teil B
Wissenschaftliche Reflexionen zum ökumenischen Lernen

Von der Ökumene zur Kulturhermeneutik
Überlegungen zum neuen Fach christlicher Religionsunterricht (CRU) in Niedersachsen
Günter Nagel 149

Ökumenisch lernen als wechselseitige Anerkennung
Systematisch-theologische Erwägungen in religionspädagogischer Absicht
Martin Hailer 165

Ökumene.Macht.Bildung.
(M)Achtsamkeit als Aufgabe ökumenischen Lernens
Jasmine Suhner 179

Ökumenisches Lernen – eine Dimension in unterschiedlichen Lernformen, die «an der Zeit» ist
Sabine Pemsel-Maier 199

Teil C
Praxiserfahrungen ökumenischer Lernfelder

Erinnerungsräume öffnen
Kirchenraumpädagogik als ökumenische Lernchance
Christian Cebulj/Robert Naefgen 215

OekModula: Ökumenisch lernen in der Ausbildung von Katechet:innen
Hanspeter Lichtin 231

Vom Nebeneinander zum Miteinander
Non-formale Bildung mit ökumenischer Weite
Walter Lüssi 247

Bilanz und Ausblick
Nicola Ottiger/Eva Ebel/Christian Höger 267

Autorinnen und Autoren 275

Einleitung

Nicola Ottiger / Eva Ebel / Christian Höger

1 Thesen und Leitfragen des Buchs

Ökumene steht nicht still. Sie ist ein Lernprozess, der vorangeht, unzählige positive Entwicklungen und manchmal auch Rückschläge kennt. Der ökumenische Weg der christlichen Kirchen und Gemeinschaften hin zu gegenseitigem Verstehen, noch grösserer Nähe und zu einer Einheit als Kirche Jesu Christi im Sinne der *Charta Oecumenica* der europäischen Kirchen (2001) ist wesentlich ein von Gottes Geist geführter Weg.[1]

Es ist ein Weg des voneinander und miteinander Lernens. Seit dem Osterereignis lernen Christinnen und Christen, das Christusereignis zu verstehen, aus Christus zu leben und in seiner Nachfolge zu wirken. Sie tun dies ihrem Selbstverständnis nach als seine Kirche, die im Apostolischen Glaubensbekenntnis benannt wird. Die historisch entstandenen Kirchen bzw. Konfessionen und Denominationen sind und bleiben Lernende, wenn und insofern sie den Wurzeln ihres Glaubens verpflichtet bleiben.

Zur Ökumene gibt es keine Alternative. Einer verbreiteten, aber verengenden Sichtweise, dass die christliche Ökumene sich in einer «Eiszeit» befinde oder angesichts einer säkularisierten und gleichzeitig religiös pluralen Gesellschaft obsolet sei bzw. «zu spät» komme, ist klar zu widersprechen. Ebenso ist immer dort zu widersprechen, wo eine «Rekonfessionalisierung», begünstigt durch Ängste eines zunehmenden Mitgliederschwundes vor allem in den westlichen Ländern, dazu tendiert, das ökumenische Engagement und Commitment zu reduzieren und damit die eigene Konfession zu verabsolutieren.

Tagtäglich finden weltweit und auf allen kirchlichen Ebenen ökumenische Lernprozesse statt, sei es durch institutionalisierte Dialoge der Kirchenleitungen oder durch persönliche Begegnungen vor Ort, in ökumenischen Feiern, in

---

[1] Vgl. Charta Oecumenica. Leitlinien für die wachsende Zusammenarbeit unter den Kirchen in Europa, verabschiedet vom Rat der Europäischen Bischofskonferenzen (CCEE) und von der Konferenz Europäischer Kirchen (KEK) am 22. April 2001.

der diakonischen Zusammenarbeit – und in vielfältigen Lernfeldern ökumenischer Bildung.

Hier, so die These dieses Bandes, befindet sich unausgeschöpftes Potenzial für ein Vorangehen in der Ökumene. Denn: Um die Ökumene zu befördern, braucht es ökumenisches Lernen – und umgekehrt.

Unter dem Titel «Ökumenisch lernen – Ökumene lernen» fand am 1. Februar 2023 an der Universität Luzern eine interdisziplinäre wissenschaftliche Tagung in Kooperation von Ökumenischem Institut Luzern und Religionspädagogischem Institut RPI der Theologischen Fakultät der Universität Luzern statt.[2] Folgende Forschungsfragen waren leitend:

- Was trägt Bildung in der deutschsprachigen Schweiz zur ökumenischen Entwicklung in der evangelisch-reformierten, der christkatholischen und der römisch-katholischen Theologie und Kirche bei?
- Wie hat sich ökumenische Bildung in der Schweiz bis heute entwickelt?
- Welche Entwicklungen zum ökumenischen Lernen im Religionsunterricht zeichnen sich in Deutschland ab und inwiefern können positive Beispiele auf die Schweiz übertragen werden?
- Welche konstruktiven Schritte sind im Verantwortungsbereich der christlichen Kirchen in der Deutschschweiz mit öffentlich-rechtlicher Anerkennung zu mehr Ökumene angebracht?

Die Referate der Tagung bilden Teil A dieses Sammelbandes. Hier liegt der Fokus insbesondere auf der Deutschschweiz. Angeregt wurde der Diskurs durch einen internationalen Wissens- und Erfahrungsaustausch. Jan Woppowa aus Paderborn berichtete über die Situation des konfessionell-kooperativen Religionsunterrichts in Deutschland, wodurch sich der Blick auf eine schulische Landschaft richtete, die sich sowohl kulturell als auch rechtlich von der Situation in der Deutschschweiz unterscheidet.

Für diesen Sammelband wurden im Nachgang zur Tagung Autorinnen und Autoren eingeladen, die Fragestellung mit Beiträgen aus dem religionspädagogischen Diskurs (Teil B) sowie mit Erfahrungsbeiträgen aus unterschiedlichen Bildungskontexten (Teil C) zu bereichern.

2   Teil A: Tagung «Ökumenisch lernen – Ökumene lernen»

In den hier gebündelten Referaten und Diskussionsergebnissen der Tagung werden Lern- und Bildungsprozesse zur christlichen Ökumene und zum ökumenischen Lernen primär mit Blick auf die Schweiz, in mehreren Perspektiven

---

2   Die Tagung «Ökumenisch lernen – Ökumene lernen» wurde vorbereitet und durchgeführt von Eva Ebel, Christian Höger, Nicola Ottiger, Kuno Schmid und Julian Miotk.

reflektiert: theologisch, religionspädagogisch und praxisbezogen. Die Bestandsaufnahmen und Diskussionsergebnisse haben Potenzial, in der Ökumene und für ökumenische Bildungsprozesse weiterzuwirken, nicht nur in der Deutschschweiz. Die Beiträge sind entlang der oben beschriebenen vier Forschungsfragen geordnet: theologisch, historisch, religionspädagogisch und kirchenpolitisch.

2.1 Ökumene lernen: Ökumene und Bildung im Schweizer Kontext

Was trägt Bildung zur ökumenischen Entwicklung in der evangelisch-reformierten, christkatholischen und römisch-katholischen Kirche bei? An der interdisziplinären Tagung richtete sich der Fokus aus Gründen der Übersichtlichkeit auf die Schweizer Landeskirchen mit öffentlich-rechtlicher Anerkennung. Der Sammelband erweitert die Debatte mit dem Beitrag von Maria Brun um die orthodoxe Perspektive.

Aus evangelisch-reformierter Sicht stellt **Bettina Lichtler** zunächst die «Meilensteine» der Ökumene in der Schweiz vor und weist dabei als Spezifikum ihrer Konfession auch auf zentrale Dokumente der innerprotestantischen Ökumene hin. Darauf aufbauend beschreibt sie die wachsende Vielfalt der ökumenischen Landschaft der Schweiz über römisch-katholisch, evangelisch-reformiert und christkatholisch hinaus. Als Schlüssel für die Ökumene nennt die Autorin die persönliche Begegnung, eine Haltung des Einlassens, Zuhörens und zumindest ansatzweisen Verstehens, das Wissen über andere Konfessionen sowie das Bewusstsein für die eigene Konfession und den eigenen Erfahrungskontext.

Adrian Suter legt in seinem Beitrag dar, dass das christkatholische Ökumeneverständnis aus Historie und Selbstverständnis der altkatholischen Kirche erwächst, da diese ihre eigenen Positionen seit den Gründerjahren in Auseinandersetzung mit anderen Kirchen entwickelt hat. Für die Ökumene mit dem Ziel der kirchlichen Einheit sind deshalb Dialog und gegenseitiges Lernen zentral. Für das ökumenische Lernen vor Ort, in der Schweiz, hebt der Autor die Bedeutung des Erfahrungsaustauschs und des Teilens von Expertise hervor.

Der Beitrag von **Maria Brun** reflektiert ökumenisches Lernen unter besonderer Berücksichtigung der orthodoxen Sichtweise. In der aktuellen Situation eines neuen Kriegs in Europa, legitimiert durch einen Kirchenführer, wird die Notwendigkeit von Ökumene als friedensfördernder Prozess neu deutlich. Erfahrungen aus dem ökumenischen Dialog gerade auch mit Blick auf die Orthodoxie zeigen, dass ökumenisches Lernen über die drei Zugänge Wissen, Erfahren und Handeln wirksam wird. Ökumenische Lernprozesse sind aus

Einleitung

erzieherischer wie gesellschaftlicher Sicht notwendig und dienen letztlich dem «Leben lernen» im weitesten Sinn.

Aus römisch-katholischer Perspektive stellt **Nicola Ottiger** wichtige Meilensteine zu Ökumene und Bildung dar. Der Fokus des Beitrags liegt dabei auf der Frage nach ökumenischem Lernen in der Deutschschweiz, reicht aber darüber hinaus. Ungenutzte Chancen für ökumenisches Lernen fordern auf verschiedenen Ebenen, kirchlich wie theologisch, heraus. Die Autorin zeigt auf, dass und wie Kirchenleitung, wissenschaftliche Theologie, Religionspädagogik sowie die kirchliche Basisarbeit in der Verantwortung stehen für ökumenische Bildungsprozesse.

2.2 Ökumenisch lernen – historischer Rückblick

In seinem bildungshistorischen Beitrag zeigt **Kuno Schmid** innerhalb der schwer überschaubaren kantonalen Vielfalt der religionsbezogenen Bildung in der Schweiz Entwicklungslinien des staatlich und des kirchlich verantworteten Religionsunterrichts anhand von exemplarischen Fachprofilen und Lehrmitteln auf. Dabei zeichnet er den Weg vom Fach «Biblische Geschichte» bis zum heutigen bekenntnisunabhängigen Fach «Ethik, Religionen, Gemeinschaft» (ERG) in der Volksschule nach und dokumentiert, wie sich insbesondere in Kantonen, die nicht von einer Konfession dominiert wurden, als Ergänzung ökumenische Unterrichtsformen etablierten.

2.3 Ökumenisch lernen: religionspädagogische Reflexionen

Als Kenner des Diskurses über konfessionell-kooperativen Religionsunterricht in Deutschland verweist **Jan Woppowa** in einem Rückblick auf dortige Entwicklungen auf normativer, organisatorischer, konzeptioneller und empirischer Ebene. Im Anschluss an diese Erfolgsgeschichte analysiert er Barrieren und formuliert Desiderate, die für ökumenisches Lernen relevant sind. Als religionsdidaktische Potenziale und Perspektiven zeigt er vier Leitlinien auf: konfessionelle Perspektivenverschränkung ermöglichen, konfessionelle Heterogenität als bildsame Vielfalt begreifen, ökumenische Differenzsensibilität pflegen und christlichen Religionsunterricht als Erprobungs- und Bewährungsfeld entwickeln.

Eva Ebel und **Christian Höger** antworten auf den Beitrag von Jan Woppowa, indem sie entlang des Drei-Säulen-Modells für religionsbezogene Bildung in der Schweiz prüfen, inwiefern die Konzepte und Umsetzungen des schulischen konfessionell-kooperativen Religionsunterrichts in Deutschland für die drei unterschiedlichen Formen religionsbezogenen Unterrichts in der

Deutschschweiz Impulse geben können oder sogar übertragbar sind: für das Fach ERG, den kirchlichen Religionsunterricht und die Katechese bzw. konfessionelle Bildung.

2.4 Mehr Ökumene wagen: kirchliche und kirchenpolitische Stellungnahmen

An der Tagung haben eine Vertreterin und zwei Vertreter der drei Schweizer Landeskirchen teilgenommen und sich auf dem Schlusspodium aus kirchlicher und kirchenpolitischer Sicht zur Ökumene und zur jeweiligen Bereitschaft geäussert, Verantwortung für ökumenische Bildung zu übernehmen.

Eine Bestandsaufnahme und einen Ausblick in die Zukunft der Ökumene und des ökumenischen Lernens aus evangelisch-reformierter Sicht steuert **Evelyn Borer** bei. Grundlage dafür sind sowohl ihre persönlichen Erfahrungen in einem konfessionell vielfältigen Kanton, in dem ökumenische Zusammenarbeit in vielen Bereichen selbstverständlich ist, als auch ihre kirchenpolitischen Erfahrungen auf allen Ebenen (Kirchgemeinde, Kantonalkirche, Evangelische Kirche Schweiz).

Aus Sicht der christkatholischen Kirche benennt **Adrian Suter** Bedeutung, Anforderungen und Chancen einer ökumenischen Zusammenarbeit im Bildungsbereich. Dies vor dem Hintergrund, dass sich für diese kleine Kirche sowohl die Rahmenbedingungen für konfessionellen Unterricht als auch die kirchliche Situation insgesamt anders darstellen als für die evangelisch-reformierte und die römisch-katholische Kirche. Angesichts der Herausforderungen einer zunehmend säkularisierten Gesellschaft, vor welchen alle Kirchen stehen, betont der Autor die Notwendigkeit ökumenischer Bildung sowie einer ökumenischen Differenzierungskompetenz als deren wesentliches Mittel.

Für **Abt Urban Federer OSB** lässt sich mit Blick auf die Frage, wie es mit der Ökumene weitergehen kann, von Niklaus von Flüe (1417–1487) lernen, dem unter dem Namen Bruder Klaus bekannten Schweizer Politiker, späteren Eremiten und Heiligen «an der Schnittstelle der Konfessionen». Die Worte von Bruder Klaus sowie der Ort seiner Verehrung, die Ranft-Schlucht in Flüeli (Kanton Obwalden), evozieren Themen, die heute so aktuell sind wie damals: Gottsuche, Gerechtigkeit, Friede und in der Einfachheit die Einheit lernen. Der Autor deutet die Botschaft von Bruder Klaus als prophetische Chance für die Kirchen, von Selbstreferenzialität zu lassen und sich gegenseitig als Gottsuchende auf dem Weg der Einheit zu erkennen und danach zu handeln.

Einleitung

3 Teil B: Wissenschaftliche Reflexionen zum ökumenischen Lernen

Die wissenschaftlichen Beiträge aus systematisch-theologischer oder religionspädagogischer Sicht reflektieren anhand unterschiedlicher Fragestellungen die aktuelle Situation hinsichtlich ökumenischen Lernens in Deutschland und der Schweiz. Sie liefern Denkanstösse und Antworten auf zentrale Fragen, die sich während und nach der Tagung ergeben haben.

Günter Nagel stellt seine aktuellen Überlegungen für das neue Schulfach «Christlicher Religionsunterricht» (CRU) in Niedersachsen vor, wozu er die dortigen Entwicklungslinien skizziert und Schwächen des konfessionell-kooperativen Religionsunterrichts ausmacht. Er plädiert pointiert für einen Abschied vom binnenchristlichen Paradigma und eine kulturhermeneutische Zugangsweise und Lehrplanentwicklung, deren Matrix er in drei Kompetenzfeldern ausbuchstabiert: 1. Ausbildung einer «Weltanschauung» und eines Modells sozialer Interaktion, Kontrasterfahrungen und Herausforderungen des Lebens, 2. Erschliessung von religiösen Prägungen der europäischen Kultur, 3. Auseinandersetzung mit den Herausforderungen der Moderne.

Martin Hailer schlägt in seinem Beitrag vor, Wilhelm von Humboldts Bildungsideal, das auf Wechselwirkung der Person mit der Welt beruht, theologisch im Sinne eines «ökumenischen Bildungsimperativs» weiterzudenken. Aus evangelischer Sicht beschreibt er ökumenische Bildungsziele und Hermeneutiken, darunter die theologischen Modelle der Anerkennung wie des Gabentausches: Sie versprechen echten Mehrwert für die ökumenische Verständigung. Im Sinne religionspädagogischer Theoriebildung wären die derzeit in Deutschland diskutierten Modelle (konfessionell-kooperativer Religionsunterricht KoKoRU sowie Christlicher Religionsunterricht CRU) auf ihre Dialogizität zu prüfen und weiterzudenken.

Die kritische Analyse von Macht und die Herausstellung von deren Bedeutung als produktiver Ressource für ökumenische Bildungsprozesse gekoppelt mit Achtsamkeit ist das Thema von **Jasmine Suhner**s Beitrag. Sie gelangt so zu einem neuen Konzept der (M)Achtsamkeit. Dieses wird auf die Ökumene bezogen – zunächst im historischen Rückblick, dann in nach vorne gerichteten Impulsen, die von einem (m)achtsamen ökumenischen Lernen ausgehen können.

Eine klärende konzeptuelle Einordnung der Dimension «ökumenisches Lernen» gibt **Sabine Pemsel-Maier**, indem sie zunächst auf das Problem einer fehlenden Konturierung dieses Begriffs aufmerksam macht, dann seine Merkmale ausführt und ihn von anderen Lernformen abgrenzt. Sie profiliert «ökumenisches Lernen» als Dachbegriff und Zentraldimension unterschiedlicher Lernprozesse wie interkonfessionelles und interreligiöses Lernen sowie einer

Bildung für nachhaltige Entwicklung sowohl im Religionsunterricht als auch in der Gemeinde.

4 Teil C: Praxiserfahrungen ökumenischer Lernfelder

In drei Aufsätzen werden Praxiserfahrungen und Reflexionen vorgestellt, die die Thematik des Buches konkretisieren und zum Weiterdenken und -arbeiten in unterschiedlichen Bereichen anregen. Die Autoren wurden im Nachgang der Tagung angefragt, um ihren Erfahrungsschatz und ihre Expertise durch diese Veröffentlichung zugänglich zu machen.

Christian Cebulj und **Robert Naefgen** reflektieren als römisch-katholisches und evangelisch-reformiertes Autorenteam ihre kirchenraumpädagogischen Praxiserfahrungen mit römisch-katholischen Theologiestudierenden in der evangelisch-reformierten Martinskirche von Chur. Dabei werden Kirchenräume als ökumenische Lernorte transparent gemacht, Ansätze und Prinzipien der Kirchenraumpädagogik in Erinnerung gerufen und drei konkrete Praxisbeispiele mit ökumenischen Lerngegenständen (Bibel, Taufstein, Kanzel) vor Augen geführt. Dies gipfelt in generellen Perspektiven für eine ökumenische Religionsdidaktik.

Hanspeter Lichtin berichtet vom ökumenischen Ausbildungsverbund OekModula, in welchem sieben (Kantonal-)Kirchen gemeinsam die Ausbildung von Katechetinnen und Katecheten verantworten. Werdegang des Ausbildungsverbundes, mehrjährige Erfahrungen wie auch eine kritische Zwischenbilanz zeigen, wie aus einer gleichzeitig ideellen wie pragmatischen Übereinkunft ein ökumenisches Pionierprojekt wurde, das ökumenisches Lernen in vielfältiger Weise möglich macht, nachhaltig ist und weiteres Entwicklungspotenzial beinhaltet.

Walter Lüssi gibt in seinem von persönlichen Erfahrungen gerahmten Beitrag einen Einblick in einen wichtigen Bereich der non-formalen ökumenischen Bildung: die Entstehung und Praxis von evangelisch-reformierten und römisch-katholischen Bildungshäusern in der Schweiz. Diesen war und ist eine ökumenische Zusammenarbeit und Perspektive beim Aufgreifen von relevanten Themen für Kirche und Gesellschaft sowohl in ihrer Blütezeit als auch beim Ringen um Fortbestand und zukünftige Relevanz stets ein zentrales Anliegen. In ihrem ökumenischen Denken, Handeln und Vernetzen und damit in ihrem Verständnis von weltweiter Ökumene waren und sind sie den offiziellen kirchlichen Beschlüssen weit voraus.

Die Herausgebenden danken allen herzlich, die zum Gelingen dieser Publikation beigetragen haben. Die Zusammenarbeit mit dem Religionspädagogischen

Institut RPI der Theologischen Fakultät der Universität Luzern in Fragen religiöser Bildung war und ist stets konstruktiv und zielführend. Ein besonderer Dank gilt auch Programmleiterin Lisa Briner sowie Lektor Dr. Markus Zimmer vom Theologischen Verlag Zürich für ihre umsichtige Begleitung und Unterstützung des Sammelbandes.

Teil A
Tagung «Ökumenisch lernen – Ökumene lernen»

Meilensteine und neue Vielfalt in der Schweizer Ökumene

Ein Beitrag aus dem reformierten Zürcher Kontext mit weltweitem Horizont

Bettina Lichtler

Ökumene in der Schweiz wird meistens lokal erlebt und gepflegt und hat doch gleichzeitig eine weltweite Dimension, denn die konfessionelle und kulturelle Vielfalt der Kirchen ist längst in der Schweiz angekommen. Ein Beitrag zur Ökumene in der Schweiz aus reformierter Sicht ist deshalb geprägt von einem konkreten lokalen Kontext – in meinem Fall von demjenigen der Evangelischreformierten Landeskirche des Kantons Zürich –und gleichzeitig eingebettet in den globalen Kontext der weltweiten Kirche.[1]

Ich werde deshalb im Folgenden zunächst einige Ereignisse, Projekte und Dokumente erwähnen, die auf dem ökumenischen Weg der reformierten Kirche in den letzten Jahrzehnten prägend waren – einige davon lokal bzw. kantonal in Zürich, einige auf internationaler Ebene.

Dann möchte ich ausgehend von meinem praktischen Erleben der Kirchenlandschaft in der Schweiz verbunden mit einigen biblisch-theologischen Überlegungen eine Art Standortbestimmung der Ökumene vornehmen und einen Ausblick wagen, inwiefern Bildung der aktuellen Situation der Ökumene in der Schweiz Rechnung tragen könnte.

1 Meilensteine der Ökumene der letzten Jahrzehnte aus reformierter Sicht

1997 veröffentlichten in Zürich der damalige römisch-katholische Weihbischof Peter Henrici und der reformierte Kirchenratspräsident Ruedi Reich zum Bettag einen Ökumenebrief, der weiterum grosse Beachtung fand. Dort wurde ganz zu Anfang festgehalten:

---

[1] Eine einheitliche Lehrmeinung zur Ökumene wird man in der reformierten Kirche (weltweit und in der Schweiz) vergeblich suchen. Zu einer reformierten Sicht auf die Ökumene in der Schweiz siehe auch die Beiträge des früheren Präsidenten des Schweizerischen Evangelischen Kirchenbunds Thomas Wipf sowie des früheren Zürcher Kirchenratspräsidenten Ruedi Reich: Wipf, Wort; Reich, Offenheit.

«Längst ist uns bewusst, dass unsere Kirchen viel mehr miteinander verbindet als trennt.»[2]

Weiter hiess es:

«Ökumenische Veranstaltungen und Anlässe sind im Kanton Zürich durch langjährige Praxis zur Gewohnheit und selbstverständlich geworden. Vielleicht zu selbstverständlich, so dass wir ihren Wert und ihre Bedeutung nicht mehr wirklich schätzen.»[3]

Und im Verlauf des Briefs wurde die Stossrichtung festgehalten:

«Wir sollten vermehrt fragen, warum wir etwas nicht gemeinsam mit unserer Schwesterkirche unternehmen. Wenn wir uns in bestimmten Dingen noch für ein getrenntes Vorgehen entscheiden, müsste das begründet werden. Kooperation ist die Norm, Alleingang die Abweichung.»[4]

So entstanden in Zürich in der Seelsorge, in diakonischen Projekten und Beratungsstellen, aber auch mit Kirchen in Bahnhof, Flughafen und Einkaufszentren immer mehr katholisch-reformierte Kooperationen. In den Schulen war eine Zeit lang auch der Religionsunterricht «konfessionell-kooperativ», aber dieses Modell wurde in Zürich ab 2007 durch das obligatorische Unterrichtsfach Religion und Kultur (später dann Religionen, Kulturen, Ethik) ersetzt.

Man kann also anhand dieser Zürcher Beispiele sagen: In der praktischen reformiert-katholischen Ökumene hat sich viel getan. Gleichzeitig wird heute allerdings deutlich, dass es die unterschiedlichen kirchlichen Strukturen immer wieder anspruchsvoll machen, diese Projekte und Initiativen gemeinsam an neue Gegebenheiten anzupassen. In der Kirchenordnung der Evangelisch-reformierten Landeskirche des Kantons Zürich ist jedenfalls festgehalten: «Das Bekenntnis zu Jesus Christus verpflichtet zur Ökumene»[5] (Art. 12.1). Pfarramt und Kirchenpflege sind für «die Pflege und Förderung der Beziehungen in der Ökumene»[6] verantwortlich (Art. 113.1f und 163.3).

Theologisch war in der reformiert-katholischen Ökumene der letzten Jahre besonders die Mitunterzeichnung der Erklärung zur Rechtfertigungslehre durch die Weltgemeinschaft Reformierter Kirchen bedeutsam. 1999 hatten der Luthe-

---

2 Henrici/Reich, Bettagsbrief.
3 Ebd.
4 Ebd.
5 Evangelisch-reformierte Landeskirche des Kantons Zürich, Kirchenordnung, 3.
6 A.a.O., 41.

rische Weltbund und der Päpstliche Rat zur Förderung der Einheit der Christen in dieser Erklärung ihre gegenseitigen Lehrverurteilungen aus der Reformationszeit aufgehoben und sie als nicht mehr kirchentrennend bezeichnet. 2017 wurde die Erklärung mit einigen Ergänzungen auch von der Weltgemeinschaft Reformierter Kirchen mitunterzeichnet. So hatte die oben erwähnte konkrete ökumenische Praxis nun auch ein theologisch-kirchenpolitisches Fundament.

Im Jahr 2017 wurden vielerorts 500 Jahre Reformation begangen und gefeiert; in Zürich lag der Schwerpunkt auf dem Jubiläumsjahr 2019. Im Gegensatz zu früheren Jubiläen legten die reformatorischen Kirchen dieses Mal Wert auf ökumenische, versöhnliche Gedenkfeiern und Anlässe – auch in Zürich und Bern. Der zu diesem Anlass produzierte neue Zwingli-Film wurde finanziell auch von der Katholischen Kirche im Kanton Zürich unterstützt.

Über diese bilateral reformiert-katholischen Entwicklungen hinaus wären auch noch zwei ökumenische Meilensteine der Arbeitsgemeinschaft christlicher Kirchen in der Schweiz (AGCK) zu erwähnen: 2014 haben sechs Schweizer Kirchen die Erklärung von Riva San Vitale unterzeichnet und damit offiziell gegenseitig die Taufe anerkannt. Die orthodoxen Kirchen konnten zwar aus kirchenrechtlichen Gründen nicht mitunterzeichnen, bekräftigen aber im Anhang der Erklärung, dass sie hinter der «praktischen Folgerung» einer gegenseitigen Taufanerkennung stehen. Sieben Jahre später ist auch die Neuapostolische Kirche dieser Erklärung beigetreten und wurde 2022 als Vollmitglied in die Arbeitsgemeinschaft aufgenommen. Diesem Ereignis gingen intensive und lange Gespräche voraus, und die Schweizer Kirchen waren in der Ökumene mit der Neuapostolischen Kirche bahnbrechend unterwegs in Europa.

Abschliessend zu diesem Rückblick noch zwei prägende Ereignisse der innerprotestantischen Ökumene:

In der Reformationszeit hatten sich auch Reformierte und Lutheraner gegenseitig verurteilt. Trotz vieler gemeinsamer Anliegen und Überzeugungen war aufgrund einiger weniger Differenzen während fast 500 Jahren keine Amts- und Abendmahlsgemeinschaft möglich. Erst 1973 wurde diese gegenseitige Verurteilung mit der auf dem Basler Leuenberg unterzeichneten Erklärung aufgehoben, der später auch noch die evangelisch-methodistische Kirche beigetreten ist. Dies führte zur Gründung der Gemeinschaft Evangelischer Kirchen in Europa (GEKE), die 2023 ihr 50-jähriges Jubiläum feierte. Der Ansatz der «Einheit in versöhnter Verschiedenheit» wurde wegweisend für viele weitere ökumenische Prozesse.

Die Ökumene mit Freikirchen wird in der Schweiz von einzelnen reformierten Gemeinden in der Schweizerischen Evangelischen Allianz (SEA) gelebt. Die SEA sowie einige einzelne Freikirchen sind Mitglieder der Arbeitsgemeinschaft christlicher Kirchen in der Schweiz (AGCK). Die Evangelisch-reformierte Kirche Schweiz (EKS) pflegt ihre Kontakte zu Freikirchen ebenfalls in diesen Gefässen. In Zürich stand als prägendes Ereignis dieser Ökumene der Begegnungstag mit den Mennoniten im Jahr 2004 im Vordergrund. Bei diesem Anlass bezeichneten die reformierte Landeskirche und der Zürcher Stadtrat die brutale Verfolgung und Tötung der Täufer in der Zeit der Reformation und danach als Unrecht und als Verrat am Evangelium und baten dafür die Nachkommen, Mennoniten und Amische, um Vergebung[7]. Die entsprechende Gedenktafel an der Limmat ist auf Stadtrundgängen in Zürich eine wichtige Station geworden.

2 Ökumene in der Schweiz heute: Was kann Bildung beitragen?

Nach diesem Rückblick auf einige Schlaglichter der ökumenischen Entwicklung aus reformierter Sicht richte ich im Folgenden den Fokus auf unsere aktuelle Situation und in die Zukunft, und zwar zunächst anhand eines Bildes[8]:

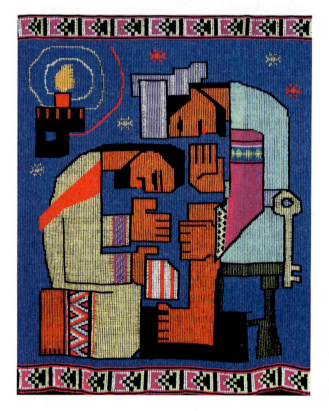

Abb. 1: He Qi/Tuji-Wandteppich, China: Die Fusswaschung, Foto: Christian Weber

---

7 Vgl. dazu Baumann, Erbe.
8 Weber, Kulturen, 207.

Es zeigt zwei Menschen, wahrscheinlich zwei Männer, einander gegenüber. Der eine kniet; der andere sitzt auf einem Schemel. Beide haben ihre Köpfe tief geneigt. Der kniende Mann links hat ein Tuch in der rechten Hand; der sitzende Mann rechts macht mit seiner rechten Hand eine abwehrende Geste; an seiner Hüfte ist ein grosser Schlüssel befestigt. Hinter den beiden ist es dunkel; ein paar Sterne und eine Kerze bringen Licht in die Dunkelheit. Eine intensive Begegnung.

Das Bild ist eine Darstellung der Fusswaschung des Petrus durch Jesus, wie sie in Joh 13,1–20 erzählt wird. Wenn man die Geschichte und die Ikonografie kennt, versteht man vieles, was dargestellt ist: Jesus kniet links, mit dem Tuch in der Hand, um die Füsse des Petrus zu trocknen. Mit dieser dienenden Haltung will er Petrus ein Beispiel geben. Petrus sitzt rechts, mit dem grossen Schlüssel und abwehrender Geste: «Niemals sollst du mir die Füsse waschen!» Die Dunkelheit nimmt die dunklen Zeiten voraus, die beiden bevorstehen: Jesu Weg ans Kreuz, in den Tod. Petrus' Erfahrung, dass er Jesus verleugnen wird, weil seine Ängste grösser sein werden als sein Vertrauen.

Diese Darstellung ist ein Wandteppich aus China, gewoben von Frauen, die zu einer nationalen Minderheit in China gehören; ein Teppich, in den der Kontext von Minderheit und Verfolgung von Menschen eingewoben ist, die heute in China als Christinnen und Christen leben und Kirche sind.

Aber was hat dieser chinesische Wandteppich mit der Darstellung der Fusswaschung mit unserer Fragestellung zu tun? Wo stehen wir heute in der Ökumene in der Schweiz und was trägt Bildung zur ökumenischen Entwicklung bei? Ich sehe dazu insbesondere drei Aspekte:

1. Die ökumenische Landschaft der Schweiz ist über die evangelisch-reformierte, römisch-katholische und christkatholische Kirche hinaus bunt und vielfältig geworden wie dieser Teppich aus China: konfessionell vielfältig mit zahlreichen orthodoxen Kirchen, Pfingstkirchen, Freikirchen; interkulturell vielfältig mit Migrationskirchen, internationalen Gemeinden und katholischen fremdsprachigen Missionen bzw. Gemeinden.

Die Mitgliederzahlen in dieser Vielfalt verändern sich stark – Reformierte und Katholiken bilden auch gemeinsam nicht mehr überall die Mehrheit der Bevölkerung; pfingstlich geprägte Migrationskirchen wachsen. Ein Blick auf das globale Christentum zeigt: Pfingstkirchen umfassen weltweit bald die Mehrheit der Christinnen und Christen.

Unser ökumenischer Kontext in der Schweiz hat sich verändert. Der gesellschaftliche Umgang mit Minderheiten hat sich verändert. Die weltweite Kirche lebt längst hier mitten unter uns. Ökumenisches Lernen muss heute deshalb auch interkulturelles, kultursensibles, kontextbewusstes Lernen sein. Es ist für mich schwer zu verstehen, weshalb sich diese Erkenntnis bisher so wenig in der reformierten theologischen Ausbildung in der Schweiz niederschlägt.[9]

2. Wenn wir in der Schweiz etwas zur Ökumene beitragen wollen, müssen Kirchen sich vermehrt auch mit ihrer eigenen Identität und Perspektive auseinandersetzen. Manchmal geschieht das gerade in der Begegnung mit Fremdem.

Die Darstellung auf diesem Teppich ist für uns fremd. Wenn wir sie verstehen wollen, brauchen wir Grundkenntnisse über biblische Geschichten, in ikonischer Symbolik. Idealerweise fragen wir auch nach dem Kontext derjenigen, die die biblische Szene so dargestellt haben. Wir müssen etwas wissen oder erklärt bekommen, damit das Bild anfangen kann zu sprechen. Es erzählt eine biblische Geschichte und zugleich die Geschichte der Weberinnen dieses Teppichs. Wenn wir uns darauf einlassen, herausfordern lassen, dann kann es gerade das Fremdartige der Darstellung sein, das uns reizt, uns mit der biblischen Geschichte auseinanderzusetzen.

Es ist nicht mehr selbstverständlich, dass Schweizer Christinnen und Christen die biblischen Geschichten und die Grundlagen ihres Glaubens kennen. Die Begegnung mit Fremdem, mit Gläubigen anderer Konfessionen und Kulturen kann auch eine Chance im ökumenischen Lernen sein, sich mit dem eigenen Glauben auseinanderzusetzen, neue Perspektiven zu gewinnen und Eigenes neu zu entdecken[10].

3. Ökumene braucht persönliche Begegnung und die persönliche Einstellung, sich aufeinander einzulassen: Die Fusswaschung kann dabei als «Schlüssel-Erlebnis» verstanden werden. In der hier dargestellten Szene findet eine intensive, herausfordernde Begegnung statt. Es gibt Missverständnisse, Abwehr von Seiten des Petrus. Jesus versucht zu erklären, warum er das tut. Er sagt zu Petrus, wenn er sich nicht dienen lässt und sich nicht an Jesus hier ein Vorbild nimmt, kann er nicht teilhaben an ihm. Was heisst das? Petrus hat an der Hüfte einen grossen Schlüssel, der darauf hinweist, dass Jesus ihm die Macht zu binden und zu lösen zugesprochen hat. Petrus kann im Namen Jesu Sünden vergeben, die Beziehung zu Gott als wiederhergestellt verkünden, das Himmelreich öffnen. Dafür steht der Schlüssel. Aber er kann das nur tun, wenn er anderen dient, wenn er die Begegnung sucht und dabei die anderen wichtiger nimmt als sich selbst. Dafür steht die Fusswaschung.

---

9 Positiv hervorzuheben ist unter anderem der CAS-Studiengang *Interkulturelle Theologie und Migration* an der Universität Basel, der Interessierten aus verschiedenen Kirchen offensteht.
10 Dazu sei auch das Buch empfohlen, dem ich die Darstellung der Fusswaschung auf dem chinesischen Wandteppich entnommen habe: Weber, Kulturen.

Ökumenische Begegnungen sind häufig eine Herausforderung. Es löst Abwehr in mir aus, mit Christinnen und Christen zu sprechen, die aus ihrem Glauben heraus begründen, warum ich als Frau eigentlich nicht ordinierte Pfarrerin sein dürfte und warum Menschen mit bestimmten sexuellen Prägungen und Ausrichtungen ihre Beziehungen angeblich nicht in Liebe, sondern nur in Sünde leben könnten. Ich halte durchaus daran fest, dass ich in diesen Fragen wie Petrus *einen* Schlüssel zum Verständnis von Sünde und Gottesbeziehung habe, den ich nicht einfach gänzlich hergeben werde. Aber ich möchte doch versuchen, mich auf die Menschen hinter diesen Überzeugungen einzulassen, ihnen zuzuhören, ansatzweise zu verstehen: Welcher Kontext, welche Kultur, welche Lebensgeschichte prägen sie und ihre Glaubensüberzeugungen? Mein Respekt für ihre Lebensgeschichten kann da zum ökumenischen Schlüsselerlebnis werden, zumindest ihre Anliegen und Befürchtungen zu verstehen.

Ökumenische Begegnungen respektieren und diskutieren Unterschiede, Prägungen und Kontexte. Gleichzeitig haben sie im Blick, dass es nicht nur Trennendes, sondern auch Gemeinsames gibt und dass es nicht immer hilfreich ist, sich beim Trennenden festzubeissen.

Ökumenische Begegnungen können sich auch auf das Gemeinsame jenseits des Trennenden konzentrieren, auf die von Jesus Christus vorgegebene Einheit über aller Verschiedenheit. Für diese Haltung gibt es Ausdrucksformen im Feiern und im Ringen um gemeinsame Positionen, die ich bei der 11. Vollversammlung des Ökumenischen Rats der Kirchen (ÖRK) in Karlsruhe 2023 eindrücklich erleben durfte. Ich würde mir wünschen, dass wir davon im ökumenischen Lernen in der Schweiz (wieder) etwas abschauen können. Wir stünden damit auch aus reformierter Sicht in guter Tradition – lokal bis weltweit, vom Zürcher Ökumenebrief über die Leuenberger Konkordie bis zur Erklärung zur Rechtfertigungslehre.

Ich fasse zusammen, mit Blick auf den Bildteppich aus China:

Ökumenisches Lernen heute braucht Begegnung mit anderen. Persönliche Begegnung. Andere Kirchen und andere Menschen persönlich kennenlernen, wobei der Glaube erfahrbar wird. Begegnungen in der dienenden Offenheit für Fremdes, aber auch mit einem Schlüssel eigener Glaubensüberzeugungen, die wir in die Begegnung einbringen.

Ökumenisches Lernen heute braucht deshalb auch Wissen und Bewusstsein – Wissen über andere Konfessionen und Kulturen und ein Bewusstsein der eigenen Konfession und des persönlichen und kulturellen Erfahrungskontextes.

Ökumenisches Lernen in echter Wahrnehmung der Vielfalt an Kirchen in der Schweiz kann gerade heute die Chance sein, über die Begegnung mit Fremdem das Eigene neu zu entdecken und bewusst zu machen.

Literaturverzeichnis

Arbeitsgemeinschaft christlicher Kirchen in der Schweiz: Gegenseitige Anerkennung der Taufe. Erklärung von Riva San Vitale 2014; https://agck.ch/wp-content/uploads/2018/10/Erkl%C3%A4rung-Riva-San-Vitale.pdf.

Arbeitsgemeinschaft christlicher Kirchen in der Schweiz: Urkunde über die Erweiterung der gegenseitigen Taufanerkennung von Riva San Vitale 2021; https://agck.ch/wp-content/uploads/2021/09/20210708_Urkunde-Taufanerkennung-NAK.pdf.

Baumann, Michael (Hg.): Gemeinsames Erbe. Reformierte und Täufer im Dialog, Zürich 2007.

Evangelisch-reformierte Landeskirche des Kantons Zürich: Kirchenordnung der Evangelisch-reformierte Landeskirche des Kantons Zürich; http://www.zhlex.zh.ch/Erlass.html?Open&Ordnr=181.10.

Henrici, Peter/Reich, Ruedi: Ökumenischer Bettagsbrief. Gemeinsamer Brief von Weihbischof Dr. Peter Henrici und Kirchenratspräsident Pfr. Ruedi Reich zum Bettag 1997; https://www.zhkath.ch/ueber-uns/organisation/generalvikariat/verlautbarungen/stellungnahmen-und-predigten-des-generalvikars/oekumene_n.

Reich, Ruedi: Offenheit und Konzentration. Zum reformierten Verständnis von Einheit und Vielfalt in der Kirche, in: *Faber, Eva-Maria (Hg.):* Zur Ökumene verpflichtet, Fribourg 2004, 39–50; https://publikationen.uni-tuebingen.de/xmlui/bitstream/handle/10900/103704/Ruedi_Offenheit%20und%20Konzentration.pdf?sequence=1&isAllowed=y.

Weber, Christian: Wie andere Kulturen die Bibel sehen, Zürich 2020.

Wipf, Thomas: Wo das Wort ist, da ist Kirche (SEK Impulse 3), Bern 2007; https://www.evref.ch/wp-content/uploads/2021/02/07_publikation_wo-das-Wort-ist-da-ist-Kirche.pdf.

Die eigene Position im Dialog entwickeln

Christkatholische Perspektive zum ökumenischen Lernen

Adrian Suter

Als Vertreter der kleinsten der an diesem Sammelband beteiligten Kirchen bin ich ganz unbescheiden der Meinung, dass christkatholische Theologie und Kirche gerade zu diesem Thema etwas Interessantes zu sagen haben.[1] Christkatholikinnen und Christkatholiken – oder bei diesem, auch in einem internationalen Kontext relevanten Thema, genauer gesagt: Altkatholikinnen und Altkatholiken – behaupten manchmal mit ein wenig Stolz, dass sie die Ökumene erfunden hätten. Natürlich steht in allen Ökumene-Handbüchern, der Ursprung der modernen ökumenischen Bewegung sei die Weltmissionskonferenz von 1910 in Edinburgh, und ich will das auch gar nicht bestreiten. Doch die altkatholischen Kirchen[2] sind ökumenisch *avant la lettre*: Schon 1874 und 1875, in den Gründerjahren der altkatholischen Bewegung, hat ihr führender Theologe Ignaz von Döllinger Vertreter befreundeter Kirchen zu zwei Konferenzen, den sogenannten Bonner Unionskonferenzen eingeladen.[3]

In diesem Beitrag versuche ich zu zeigen, wie im Altkatholizismus die eigene Position in ökumenischer Auseinandersetzung mit dem Anderen entwickelt wird. Ich stelle das ökumenische Selbstverständnis der altkatholischen Kirchen dar und führe aus, wie es in verschiedenen Dialogen zu ökumenischem Lernen, zu gemeinsamen Dokumenten und zu Abkommen von Kirchengemeinschaft kam.

---

1 Das neueste und seit Jahrzehnten einzige Überblickswerk zur christkatholischen Kirche ist: Suter/Berlis/Zellmeyer, Kirche.
2 Da im Altkatholizismus die Ortskirche theologisch im Vordergrund steht, sprechen die altkatholischen Kirchen von sich selbst gerne im Plural. Der Singular «die altkatholische Kirche» ist ebenfalls gebräuchlich, aber erst ab dem Zusammenschluss in der Utrechter Union 1889 sachgemäss.
3 Vgl. Reusch, Bericht.

1 Die eigene Position in ökumenischer Auseinandersetzung entwickeln

Nach dem Ersten Vatikanischen Konzil und dem Dogma des universellen Primats und der Lehrunfehlbarkeit des Papstes bildeten sich besonders in den deutschsprachigen Ländern Protestbewegungen, aus denen später die altkatholischen Kirchen und auch die Christkatholische Kirche der Schweiz hervorgingen. Speziell in der Schweiz hatte dieser Protest neben der kirchlich-theologischen auch eine stark politische Motivation: Die führenden Köpfe der Protestbewegung waren grossteils Laien des gehobenen Bürgertums, denen das freiheitliche Denken und die Autonomie der Schweizer Kirche wichtig waren. Der Berner Jurist Walther Munzinger (1830–1873) erkannte, dass der Protest nicht auf der politischen Ebene bleiben durfte, sondern geistige Tiefe benötigte. Deswegen setzte er sich dafür ein, dass der junge Luzerner Theologe Eduard Herzog (1841–1924), der Pfarrer in Krefeld geworden war, in die Schweiz zurückkehrte und in Olten eine Pfarrstelle antrat; deswegen holte er am 1. Dezember 1872 den deutschen Theologen Joseph Hubert Reinkens (1821–1896) für einen Vortrag zu einer Veranstaltung des Schweizerischen Vereins Freisinniger Katholiken, die als «Oltner Tag» in die Geschichte eingehen würde. Beide Theologen wurden später Bischöfe ihrer christ- bzw. altkatholischen Kirchen, Herzog in der Schweiz, Reinkens in Deutschland.

Der theologisch führende Kopf der Protestbewegung aber war der deutsche Kirchenhistoriker Ignaz von Döllinger (1799–1890). Für ihn und für einige seiner Weggenossen war die Kirchenspaltung ein Trauma.[4] Als sich die Trennung von Rom nicht vermeiden liess, versuchte er, frühere Differenzen mit anderen kirchlichen Traditionen zu überwinden. Er organisierte sogenannte Unionskonferenzen, zu denen er vor allem anglikanische Theologen aus England und den USA sowie orthodoxe Theologen[5] der griechisch- und der russisch-orthodoxen Kirche einlud.[6] Mit diesen Traditionen fühlte sich die junge altkatholische Bewegung besonders verbunden, weil diese ebenfalls die Überlieferung der Alten Kirche hochhielten.[7]

---

4 Vgl. Suter/Berlis/Zellmeyer, Kirche, 194.
5 Die männliche Form ist in beiden Fällen historisch korrekt. Frauen spielten zwar eine Rolle in der Frühzeit des Altkatholizismus, aber nicht an diesen Konferenzen. Vgl. Berlis, Frauen.
6 Evangelische Theologen aus Deutschland und Dänemark waren an der Konferenz ebenfalls vertreten, doch war das Programm klar auf den Dialog zwischen Altkatholiken, Anglikanern und Orthodoxen angelegt. Vgl. Reusch, Bericht (1874), 2 und 6.
7 Der dritte Bischof der Christkatholischen Kirche der Schweiz, Urs Küry, der 1966 ein Standardwerk zum Altkatholizismus publizierte, sieht im altkirchlichen Ansatz eine von drei unterschiedlichen «Gestalten der Ökumene». Die beiden anderen Gestalten sieht er in der «vatikanischen Ökumene», d. h. einer Rückkehr-Ökumene, die in der römisch-katholischen Kirche in der ersten Hälfte des 20. Jahrhunderts vertreten worden war, und

Bei den Unionskonferenzen ging es unter anderem um eine theologische Streitfrage, welche die Kirchen in Ost und West seit Jahrhunderten getrennt hatte: der sogenannte *filioque*-Streit. Das Glaubensbekenntnis des Konzils von Konstantinopel aus dem Jahr 381[8] sagt, dass der Heilige Geist «aus dem Vater» ausgehe. In der westlichen Kirche des Mittelalters war eingefügt worden, dass der Heilige Geist «aus dem Vater und dem Sohn» ausgehe.[9] Auf der ersten Bonner Unionskonferenz von 1874 haben die Altkatholiken nach ausführlicher Diskussion mit den Orthodoxen die folgende Stellungnahme abgegeben:

> «Wir geben zu, dass die Art und Weise, in welcher das Filioque in das Nicenische Glaubensbekenntniss eingeschoben wurde, ungesetzlich war, und dass es im Interesse des Friedens und der Einigkeit sehr wünschenswerth ist, dass die ganze Kirche es ernstlich in Erwägung ziehe, ob vielleicht die ursprüngliche Form des Glaubensbekenntnisses wiederhergestellt werden könne ohne Aufopferung irgend einer wahren in der gegenwärtigen westlichen Form ausgedrückten Lehre.»[10]

Man hat also nur die juristische Frage geklärt, aber nicht die theologische, ob der Zusatz inhaltlich richtig sei oder nicht.[11] Die Formulierungen sind sehr vorsichtig: ernstlich in Erwägung ziehen, ob vielleicht. Die zurückhaltende Ausdrucksweise will die Aussage nicht abschwächen, zeigt aber, als welch grossen Schritt die Konferenzteilnehmer die Abkehr vom *filioque* betrachteten.[12]

Ein Jahr später an der zweiten Unionskonferenz wurde die Frage in ihrem theologischen Gehalt ausführlich diskutiert. Man einigte sich darauf, die «Darstellung der Lehre vom Heiligen Geiste, wie sie von den Vätern der ungeteilten Kirche vorgetragen wird»[13], als verbindlich anzusehen. In Auseinandersetzung mit den Lehren des Kirchenvaters Johannes von Damaskus über den Heiligen Geist einigte man sich, auch inhaltlich der ursprünglichen Form des Glaubensbekenntnisses den Vorzug zu geben:

---

in der «Genfer Ökumene», der es vor allem um die räumliche Ganzheit der Christenheit der Gegenwart geht. Vgl. Küry, Kirche, 358–377.
8 Das Konzil hatte ein früheres Bekenntnis, das 325 auf dem Konzil von Nizäa formuliert worden war, erweitert. Deswegen wurde das Bekenntnis früher das nizänische genannt, heute spricht man korrekt vom nizäno-konstantinopolitanischen Bekenntnis.
9 Eine christkatholische Stimme zum *filioque*-Streit: Aldenhoven, Filioque.
10 Reusch, Bericht (1874), 32. Vgl. auch Küry, Kirche, 464.
11 Vgl. Reusch, Bericht (1874), 11–15.
12 Die Zurückhaltung in der Formulierung ist auch ein Zugeständnis an die anglikanischen Konferenzteilnehmer, die theologisch Sympathien für den *filioque*-Zusatz hegten. In der heutigen ökumenischen Debatte hat der Streit viel von seiner früheren Schärfe verloren.
13 Reusch, Bericht (1875), 81; vgl. Küry, Kirche, 464.

«Der Heilige Geist geht nicht aus aus dem Sohne, weil es in der Gottheit nur Einen Anfang, Eine Ursache gibt, durch welche alles, was in der Gottheit ist, hervorgebracht wird.»[14]

Das Fazit der Unionskonferenz nach Diskussion dieser Frage, die jahrhundertelang als kirchentrennend zwischen Ost- und Westkirche gegolten hatte, lautet: «ein dogmatischer Gegensatz ist also bezüglich dieser Frage bei uns nicht mehr vorhanden»[15].

Das Beispiel zeigt, dass die altkatholischen Theologen 1874 in einen ökumenischen Dialog getreten sind, noch ohne eine feste eigene Position zu haben. In Auseinandersetzung mit orthodoxen Theologen, die den westlichen Zusatz zum Glaubensbekenntnis scharf kritisierten, und anglikanischen Theologen, die diesem Zusatz Positives abgewinnen konnten, haben sie ihre eigene Position entwickelt und gleichzeitig die anderen beiden Traditionen ins Boot zu holen versucht. Die Altkatholiken haben versucht, ihre Position mit dem Gegenüber zu finden, und einigten sich schliesslich mit den anderen *gemeinsam* auf eine Lehre zum Heiligen Geist. Diese entsprach *nicht* dem, was im westlichen Katholizismus vor diesen Unionskonferenzen gegolten hatte und von den Altkatholiken kaum reflektiert geteilt worden war.

Genau das ist eigentliches «Ökumene lernen»: In der Auseinandersetzung mit dem Anderen die eigene Position reflektieren, wenn nötig modifizieren oder überhaupt erst richtig entwickeln. Für die christkatholische Kirche gehört dies zum Grundbestand ihrer Identität. Das Beispiel aus der Frühzeit des Altkatholizismus ist nicht die Ausnahme, sondern die Regel. Das stärkste und umfassendste Beispiel späterer Zeit sind die orthodox-altkatholischen Dialogtexte, die eine gemischte Kommission von 1975 bis 1987 erarbeitet hat.[16] Sie sind die einzige zusammenhängende Darstellung des altkatholischen Glaubens, die eine gewisse Verbindlichkeit für sich beanspruchen darf: Nicht eine eigene Bekenntnisschrift, auch nicht ein offizieller Katechismus ist die Textform, in dem der Altkatholizismus zu konfessionsspezifischen theologischen Fragen Stellung bezieht, sondern ein ökumenischer Dialogtext.[17] Auch hier wieder: Die eigene Position wurde erst in der ökumenischen Auseinandersetzung mit dem

---

14 Reusch, Bericht (1875), 92; vgl. Küry, 464.
15 Reusch, Bericht (1875), 93.
16 Vgl. von Arx, Koinonia.
17 Eine weitere Textgattung, in der die altkatholischen Kirchen in offizieller Weise ihr kirchliches Selbstverständnis darlegen, sind die Präambeln von Kirchenverfassungen und Statuten. Sie stellen aber ekklesiologische Fragen ins Zentrum, nicht das Ganze des christlichen Glaubens. Vgl. etwa die Präambel zur Kirchenverfassung der Christkatholischen Kirche der Schweiz, in: Suter/Berlis/Zellmeyer, Kirche, 282 f., sowie die Präambel zum Statut der Utrechter Union der altkatholischen Bischöfe, in: von Arx/Weyermann, Statut

Anderen überhaupt entwickelt, und zwar nicht als Gegenposition zum Anderen, sondern als gemeinsame Erklärung.

2 Ökumenisches Selbstverständnis

Aus dem Gesagten ist leicht verständlich, dass die Internationale Altkatholische Bischofskonferenz in einer Standortbestimmung von 2012 zur ökumenischen Aufgabe des Altkatholizismus festhalten kann: «Das ökumenische Engagement gehört zu den Antrittsgesetzen des Altkatholizismus.»[18] Die ökumenische Verpflichtung ergibt sich aus dem kirchlichen Selbstverständnis der altkatholischen Kirchen: Sie verstehen sich als Ortskirchen, die die «eine, heilige, katholische und apostolische Kirche», die im Glaubensbekenntnis genannt ist, an ihrem jeweiligen Ort verwirklichen. Altkatholisch würde man nicht sagen, man sei *Teil* der einen, heiligen, katholischen und apostolischen Kirche, der *una sancta*, sondern immer, man sei eine *Verwirklichung*. Der Unterschied ist theologisch wichtig: Wenn sich eine Ortskirche als Teil der *una sancta* versteht, impliziert dies ein unvollständiges Kirchesein: Die Ortskirche braucht dann andere Kirchen, um ganz Kirche zu sein. Wenn man sich hingegen als Verwirklichung der *una sancta* versteht, dann ist man ganz Kirche.

Ganz Kirche, aber nicht die ganze Kirche:[19] Die altkatholischen Kirchen verstehen sich nicht als die exklusive Verwirklichung der *una sancta*, sondern als eine, neben der es auch noch andere Verwirklichungen geben kann. Und deswegen ist Ökumene kein im Prinzip entbehrlicher Zusatz, sondern eine Grundaufgabe der Kirche: Als Verwirklichung der einen, heiligen, katholischen und apostolischen Kirche am Ort kann sie gar nicht anders als Gemeinschaft suchen mit anderen Kirchen, die ebenfalls für sich in Anspruch nehmen, eine solche Verwirklichung zu sein. Ökumene als kirchliche Grundaufgabe ist ein Anliegen, das viele ökumenisch gesinnte Menschen teilen, und spielt unter anderem in der *Charta Oecumenica* der Konferenz Europäischer Kirchen und des Rates der Europäischen Bischofskonferenzen von 2001 eine prominente Rolle, ebenfalls mit dem Glaubensbekenntnis begründet.[20]

12–15. Auch die Utrechter Erklärung von 1889 hat diesen Charakter: von Arx/Weyermann, Statut, 25–27.
18 Internationale Altkatholische Bischofskonferenz, Aufgabe, 307.
19 In Anlehnung an die Maxime «Une Église locale est entièrement Église, mais elle n'est pas toute l'Église.» Vgl. von Allmen, L'Église, 512.
20 Ionita/Numico, Charta oecumenica. Als biblischen Beleg nennt die *Charta Oecumenica* Eph 4,3–6, während sonst im ökumenischen Dialog meistens auf Joh 17,21 Bezug genommen wird.

Ökumenischer Dialog heisst deswegen wesentlich: in der anderen Kirche das eigene Wesen wiedererkennen. Kirchliche Gemeinschaft gibt es dann, wenn beide beteiligten Kirchen sagen können: Alles, was uns am Kirchesein wichtig ist, erkennen wir in der anderen Kirche wieder. Damit ist nicht einer Uniformität das Wort geredet. Wie alle ökumenisch gesinnten Kirchen, Menschen und Traditionen vertreten auch die altkatholischen Kirchen eine «Einheit in der Vielfalt»: Zwei Kirchen müssen nicht in allem übereinstimmen, damit Kirchengemeinschaft vereinbart und gelebt werden kann. Welches Mass an Übereinstimmung zwei Kirchen als notwendig für Kirchengemeinschaft ansehen, ist dabei ebenfalls Gegenstand des Dialogs.

Dazu ein Fallbeispiel: Durch die Vereinbarung von Uppsala von 2016 haben die altkatholischen Kirchen kirchliche Gemeinschaft mit der Kirche von Schweden.[21] Diese Kirche entstammt der evangelisch-lutherischen Tradition und kennt nur zwei Sakramente: Taufe und Abendmahl. In der altkatholischen Kirche werden in westlich-katholischer Tradition sieben Sakramente gefeiert. Trotzdem war ein Abkommen kirchlicher Gemeinschaft möglich, weil beide Kirchen in der anderen ihre Anliegen wiedererkannten: Die Kirche von Schweden hat erkannt, dass auch in den altkatholischen Kirchen Taufe und Eucharistie die zentrale Rolle vor den anderen fünf Sakramenten spielen, weil sie für das Kirchesein grundlegend sind: Die Taufe ist die Aufnahme in die kirchliche Gemeinschaft und die Eucharistie ist die regelmässige Feier dieser Gemeinschaft im heiligen Mahl. Umgekehrt haben die altkatholischen Kirchen erkannt, dass in der Kirche von Schweden Firmung, Ehe, Ordination, Busse und Krankensalbung nicht einfach wegfallen, sondern zum Teil praktiziert und als wesentliche kirchliche Handlungen zum Erfahrbarmachen der göttlichen Gnade angesehen werden, auch wenn diese Handlungen nicht als Sakramente gedeutet werden. Die Zahl der Sakramente und die Kriterien für Sakramentalität sind zwischen den beiden Kirchen unterschiedlich, doch wird dieser Unterschied nicht als kirchentrennend angesehen.

Wiederum lässt sich zeigen, dass ökumenische Dialoge einen Lernprozess im Altkatholizismus unterstützten: Jahrzehntelang haben die altkatholischen Kirchen grossen Wert auf die Siebenzahl der Sakramente gelegt. Nicht nur der Dialog mit der Kirche von Schweden, sondern vielleicht überraschenderweise auch der Dialog mit den orthodoxen Kirchen des Ostens, die ebenfalls die Siebenzahl der Sakramente kennen, hat dazu beigetragen, die Siebenzahl als historisch gewachsen, aber nicht dogmatisch notwendig anzusehen. Dies aufgrund der Kirchenväterstudien, die dem orthodox-altkatholischen Dialog zu Grunde

---

21 Vgl. Berlis, Utrecht und Uppsala, 8.

lagen – und die zeigten, dass in der Alten Kirche der ersten Jahrhunderte sehr variabel war, was als Sakrament angesehen wurde.[22]

3 Kriterien im ökumenischen Dialog

Damit ist ein wichtiges Kriterium genannt, das für die altkatholischen Kirchen im ökumenischen Dialog eine zentrale Rolle spielt:

> «Der Glaube der Alten Kirche bietet die Orientierungsgrundlage, um Einheit und Gemeinschaft mit anderen Kirchen zu suchen und festzustellen.»[23]

Die Alte Kirche, das ist jene Epoche der Kirchengeschichte, in der die Einheit noch intakt war. Mit Spannungen zwar, es war schon damals eine «Einheit in Vielfalt», aber die kirchliche Gemeinschaft war gegeben und die Kirche noch nicht in konfessionelle Gruppen aufgespalten. Deswegen kann die Alte Kirche aus altkatholischer Sicht als Orientierungsgrundlage dienen: weil sie der gemeinsame Boden ist, das gemeinsame Erbe, auf deren Überlieferung alle heutigen Konfessionskirchen zurückgehen.[24] Diese Orientierungsgrundlage betrifft in altkatholischer Perspektive nicht nur den Sachgehalt des Glaubens, also das Glaubensbekenntnis und die dogmatischen Grundentscheidungen zu Christus und zur Dreifaltigkeit,[25] sondern auch die Verfassung der Kirche, also die Frage, wer in der Kirche welche Art von Verantwortung trägt und auf welche Weise diese wahrgenommen wird. Das altkatholische Selbstverständnis von Ortskirche, die in anderen Ortskirchen das eigene Wesen wiedererkennen und mit ihnen in Gemeinschaft stehen will, folgt ebenfalls dem altkirchlichen Modell. Dieses Modell einer Gemeinschaft von Ortskirchen ist ausserdem geeignet, die bereits genannte «Einheit in Vielfalt» zu verwirklichen. Denn bei allem Streben nach Einheit impliziert der ökumenische Dialog «die Annahme des Andersseins der anderen und der anderen Kulturen»[26].

Auf dieser Basis haben die altkatholischen Kirchen verschiedene bilaterale Dialoge zu Fragen des Glaubens und der Kirchenverfassung geführt:[27] Das älteste Abkommen einer Kirchengemeinschaft in der Geschichte der moder-

---

22 Beim Kirchenvater Augustinus zum Beispiel wird die Taufwassersegnung als Sakrament bezeichnet: Augustinus, In Ioannis 80,3.
23 Internationale Altkatholische Bischofskonferenz, Aufgabe, 308.
24 Diese Bezugnahme auf die Alte Kirche ist auch einer der Gründe für die Bezeichnung «altkatholisch». Zur Bedeutung, die die Alte Kirche im Altkatholizismus spielt, vgl. Suter/Berlis/Zellmeyer, Kirche, 135–138.
25 Vgl. a. a. O., 138–141.
26 Internationale Altkatholische Bischofskonferenz, Aufgabe, 309.
27 Suter/Berlis/Zellmeyer, Kirche, 196–209.

nen ökumenischen Bewegung ist das Bonner Abkommen von 1931 zwischen den anglikanischen und altkatholischen Kirchen.[28] Die Dialoge mit den orthodoxen Kirchen (bisher und in naher Zukunft ohne Abkommen) und der Kirche von Schweden (Vereinbarung von Uppsala 2016) wurden schon genannt. Ein weiteres Abkommen besteht seit 1965 mit der Philippinischen Unabhängigen Kirche, ganz neu ist dasjenige mit Malankara Mar Thoma Syrian Church in Indien (Unterzeichnung am 10. Februar 2024). Zu den Berichten der Internationalen Römisch-katholisch – Altkatholischen Dialogkommission ist 2023 aus Rom leider die ernüchternde Antwort eingetroffen, die Praxis der Frauenordination in den meisten altkatholischen Kirchen würde eine Kirchengemeinschaft unmöglich machen.[29] Mit der armenisch-apostolischen Kirche sind Gespräche im Gang, die mittelfristig in ein gemeinsames Dialogdokument münden können. Die zwischenkirchlichen Abkommen und Vereinbarungen betreffen die gesamte Utrechter Union und sind daher Sache der Internationalen Bischofskonferenz. Die Bischöfe sind sowohl für eine Rückbindung nationaler ökumenischer Dialoge an die Internationale Bischofskonferenz als auch für die Partizipation der Ortskirchen an den ökumenischen Dialogen der Utrechter Union verantwortlich.

Diese Überlegungen machen deutlich, was im Altkatholizismus als Ziel und als zentraler Weg der Ökumene angesehen wird: Ziel ist die kirchliche Gemeinschaft, der Weg ist der bilaterale Dialog. Wenn zwei Kirchen im Dialog zur Überzeugung kommen, «dass jede der beiden Kirchen die einige, heilige, katholische und apostolische Kirche Jesu Christi verwirklicht», dann sind sie bereit, «getaufte Glieder der beiden Kirchen in Übereinstimmung mit den geltenden Regeln als Glieder der eigenen Kirche zu betrachten» – also eine sehr weit gehende Gemeinschaft.[30] Das ökumenische Selbstverständnis fokussiert sich somit auf das, was in der weltweiten ökumenischen Bewegung «Glaube und Kirchenverfassung» (*faith and order*)[31] genannt wird: Suche eines Konsenses

---

28 Vgl. Dokumente wachsender Übereinstimmung Bd. 1, 78. Das Abkommen ist auch ein Beleg für die oben genannte «Einheit in Vielfalt»: Es sagt über die volle Gemeinschaft (*full communion*) zwischen Kirchen, sie verlange «von keiner Kirchengemeinschaft die Annahme aller Lehrmeinungen, sakramentalen Frömmigkeit oder liturgischen Praxis, die der andern eigentümlich ist, sondern schliesst in sich, dass jede glaubt, die andere halte alles Wesentliche des christlichen Glaubens fest.»
29 Beide Berichte sind im Band «Kirche und Kirchengemeinschaft» veröffentlicht. Zur Reaktion des Dikasteriums für die Glaubenslehre vgl. Suter, Eine ernüchternde Antwort aus Rom.
30 Die beiden Zitate stammen aus der Vereinbarung von Uppsala: Berlis, Utrecht and Uppsala, 215f. (auch in: Suter/Berlis/Zellmeyer, Die Christkatholische Kirche, 356f.).
31 In der Frühzeit der ökumenischen Bewegung vor dem Zweiten Weltkrieg waren christkatholische Theologen gerade im Zusammenhang mit Glauben und Kirchenverfassung sehr aktiv. So sprach der christkatholische Bischof Eduard Herzog 1920 das Eröffnungs-

über Fragen des Glaubens und die Art, wie kirchliche Leitungsstrukturen funktionieren, um auf dieser Basis eine Annäherung nicht nur der Standpunkte, sondern auch des kirchlich-sakramentalen Lebens zu erreichen.

4 Ökumene am Ort

Das bisher dargestellte christkatholische Ökumeneverständnis ist aus zwei Gründen einseitig: Erstens bedeutet die Konzentration auf die Themen von Glauben und Kirchenverfassung, dass ein zweites wesentliches Standbein der modernen Ökumene, die Bewegung für Praktisches Christentum (*life and work*), in den Hintergrund rückt. Zweitens sind die ökumenischen Partner, mit denen die christkatholische Kirche bilaterale Dialoge geführt hat und Abkommen anstrebt oder geschlossen hat, nicht die gleichen Kirchen wie diejenigen, mit denen sie im Alltag häufig zu tun hat. Zwar gibt es Zusammenarbeit zwischen der christkatholischen und der anglikanischen Kirche in der Schweiz, ihren Gemeinden und ihren Hilfswerken. Auch die Zusammenarbeit mit Orthodoxen in der Schweiz hat lange Tradition: Besonders serbisch- und griechisch-orthodoxe Migrantinnen und Migranten wurden im 20. Jahrhundert von der christkatholischen Kirche unterstützt, ihre Gemeinden genossen oft Gastrecht in christkatholischen Gotteshäusern, manche dieser Kontakte bestehen bis heute.[32] Trotz alledem sind das häufigste Gegenüber der christkatholischen Kirche im Schweizer Kontext weder Anglikaner noch Orthodoxe, auch keine schwedischen Lutheraner oder indischen Thomaschristen, sondern die beiden grossen Landeskirchen: Ökumenische Alltagsbeziehungen in der Schweiz sind von unserem Gegenüber zur römisch-katholischen und evangelisch-reformierten Schwesterkirche bestimmt.

«Ökumene am Ort» meint hier den lokalen, kantonalen oder nationalen Kontext im Gegensatz zum internationalen. Die praktische ökumenische Beteiligung der christkatholischen Kirche in solchen Kontexten ist sehr vielfältig.[33] Ökumenisches Lernen spielt auch hier eine wesentliche Rolle, unter anderem weil die Christkatholische Kirche der Schweiz bei vielen ökumenisch und gesellschaftlich relevanten Themen von der Expertise ihrer Schwesterkirchen profitieren kann. Als zahlenmässig kleine Minderheitenkirche hat die christkatholische Kirche nicht die Ressourcen, die nötig wären, spezialisierte Fach-

---

gebet einer Konferenz in Lausanne, die der Vorbereitung der ersten Weltkonferenz für Glauben und Kirchenverfassung 1927 am gleichen Ort diente. Sein späterer Nachfolger Adolf Küry sorgte als Redaktor der Internationalen Kirchlichen Zeitschrift dafür, dass wichtige Entwicklungen und Dokumente der Bewegung publiziert wurden.

32 Vgl. Suter/Berlis/Zellmeyer, Kirche, 219–221.
33 Vgl. a. a. O., 211–214.

stellen für eine Vielzahl von Themen zu betreiben. Oft sind Geistliche neben ihrem Pfarramt in gesamtkirchliche Aufgaben eingebunden, ebenso ehrenamtliche Laien; sie profitieren oft und gerne von der Expertise der evangelisch-reformierten und römisch-katholischen Fachleute.

Einige Beispiele mögen dies verdeutlichen: Das christkatholische Hilfswerk «Partner sein» beteiligt sich seit dreissig Jahren an der ökumenischen Kampagne der Hilfswerke in der Fastenzeit; durch diese Zusammenarbeit haben die christkatholischen Hilfswerkverantwortlichen ihr Fachwissen zur Entwicklungszusammenarbeit vertiefen können. Bei kantonalen Bettags-Mandaten und anderen öffentlichen Aufrufen und Stellungnahmen der Kirchen, auch national, übernehmen in der Regel die grösseren Kirchen die Federführung. In der Spezialseelsorge lernt die christkatholische Kirche gern vom immensen Erfahrungsschatz der Schwesterkirchen. Aber nicht nur bei diesen im weitesten Sinn gesellschaftlichen Themen lernt die christkatholische Kirche aus der ökumenischen Zusammenarbeit, sondern auch bei einem christkatholischen Kernkompetenzthema wie der Liturgie: Die Herausgabe des Christkatholischen Gebet- und Gesangbuches von 2004 wurde durch die ökumenische Zusammenarbeit wesentlich erleichtert.[34]

In der praktischen Zusammenarbeit der «Ökumene am Ort» ist ökumenisches Lernen für die christkatholische Kirche vor allem dies: Teilen von Expertise. Sie lernt aus der Zusammenarbeit mit den anderen Kirchen und engagiert sich, wo sie spezifisches Hintergrundwissen und besondere Erfahrungen mitbringt, diese ins Gespräch einzubringen.

Literaturverzeichnis

Aldenhoven, Herwig: Das Filioque in altkatholischer Sicht, in: Aldenhoven, Herwig, Lex orandi—lex credendi. Beiträge zur liturgischen und systematischen Theologie in altkatholischer Tradition. Hg. v. Urs von Arx (Studia Oecumenica Friburgensia 106), Münster 2021, 199–211.

Berlis, Angela: Frauen im Prozess der Kirchwerdung. Eine historisch-theologische Studie zur Anfangsphase des deutschen Altkatholizismus (1850–1890) (Beiträge zur Kirchen- und Kulturgeschichte 6), Frankfurt a. M. 1998.

Berlis, Angela (Hg.): Utrecht and Uppsala on the way to communion. Report from the official dialogue between the Old Catholic Churches of the Union of Utrecht and the Church of Sweden (2013), with a revised translation «Ut-

---

34 Beispiele für ökumenische Kooperation im Bildungswesen und dafür, welche kirchenpolitischen Anliegen damit verbunden sind, kommen in meinem zweiten Beitrag in diesem Band zur Sprache (Seiten 137–146).

recht and Uppsala auf dem Weg zu kirchlicher Gemeinschaft» (2018), (Beiheft zur Internationalen Kirchlichen Zeitschrift 108), Bern ²2018.

Christkatholische Kirche der Schweiz: Gebet- und Gesangbuch der Christkatholischen Kirche der Schweiz. Band I, Basel o.J. [2004].

Dokumente wachsender Übereinstimmung. Sämtliche Berichte und Konsenstexte interkonfessioneller Gespräche auf Weltebene. 5 Bände (1931–2019), Bd. 1: 1931–1982, hg. und eingel. von Harding Meyer, Damaskinos Papandreou, Hans Jörg Urban, Lukas Vischer, Paderborn/Frankfurt a. M. 1983.

Internationale Altkatholische Bischofskonferenz: Die ökumenische Aufgabe der Altkatholischen Kirchen der Utrechter Union heute. Eine Standortbestimmung der Internationalen Altkatholischen Bischofskonferenz, in: Internationale Kirchliche Zeitschrift 102 (2012) 305–313.

Ionita, Viorel/Numico, Sarah (Hg.): Charta oecumenica. Ein Text, ein Prozess und eine Vision der Kirchen in Europa, Genf 2003.

Kirche und Kirchengemeinschaft. Erster und Zweiter Bericht der Internationalen Römisch-Katholisch – Altkatholischen Dialogkommission 2009 und 2016, Paderborn 2017.

Küry, Urs: Die altkatholische Kirche. Ihre Geschichte, ihre Lehre, ihr Anliegen (KW Reihe A), Frankfurt a. M. ³1982.

Reusch, Heinrich (Hg.): Bericht über die 1874 und 1875 zu Bonn gehaltenen Unions-Conferenzen, Bonn 2002.

Suter, Adrian: Eine ernüchternde Antwort aus Rom. Christkatholisch 9/2023, 6 f.

Suter, Adrian/Berlis, Angela/Zellmeyer, Thomas: Die Christkatholische Kirche der Schweiz. Geschichte und Gegenwart (katholon 1), Zürich 2023.

von Allmen, Jean-Jacques von: L'Église locale parmi les autres Églises locales, in: Irénikon 43, 1971, 512–537.

von Arx, Urs (Hg.): Koinonia auf altkirchlicher Basis (Beiheft zur Internationalen Kirchlichen Zeitschrift 79/4), Bern 1989.

von Arx, Urs/Weyermann, Maja (Hg.): Statut der Internationalen Altkatholischen Bischofskonferenz (IBK). Offizielle Ausgabe in fünf Sprachen (Beiheft zur Internationalen Kirchlichen Zeitschrift 91), Bern 2001.

Bildung als wesentlicher Aspekt auf dem Weg der Ökumene

Unter Berücksichtigung der orthodoxen Sichtweise

Maria Brun

Sechzig Jahre nach dem Zweiten Vatikanischen Konzil (1962–1965) und fünfundsiebzig Jahre nach der Gründung des Ökumenischen Rates der Kirchen (1948) stellt sich erneut die Frage, wie wir ökumenisch lernen und leben können. «Krieg in Europa!»[1] Das Unvorstellbare hat 2022 Europa übermannt. Dies macht es dringlich, nach dem Faktor Religion zu fragen, und in diesem Falle nach der Rolle und Verantwortung der Kirchen in Europa.

Schockierend ist dabei nicht nur die Tatsache, dass mit Legitimation eines Kirchenführers, des russischen Patriarchen, ein Angriffskrieg gerechtfertigt wird, sondern dass aus der Geschichte nichts oder nicht viel gelernt wird. «Nie wieder Krieg!» war der Schrei nach dem Ersten Weltkrieg (1914–1918)[2] und ebenso nach dem Zweiten Weltkrieg (1939–1945). Die in den schrecklichen Erfahrungen gemachten positiven Begegnungen mit Menschen anderer Religion veranlassten das Nachdenken über den göttlichen Auftrag zur Einheit (vgl. Joh 17,21) und wurden zum stärksten Impetus für die Ökumene im 20. Jahrhundert: Ökumene als Gebot Jesu Christi, das niemals geringgeschätzt werden darf, sondern den Willen[3] aller Beteiligten erfordert. Es ist das ökumenische Lernen, auch das Ökumene Lernen, welches heute gefordert ist.

1 Ökumene als Weg zu Einheit und Frieden

Die Motivation für die Gründungsversammlung des Ökumenischen Rates der Kirchen (ÖRK) in Amsterdam 1948 – nicht zufällig direkt nach dem Zweiten Weltkrieg –, an der mehrere orthodoxe Kirchen als Gründungsmitglieder teilgenommen hatten, war die Annäherung der Christen im Hinblick auf die Wiedererlangung der Einheit der Kirche. Die bereits seit mehreren Jahrzehnten

---

1 Krieg in Europa!, 1.
2 Vgl. dazu das 1924 von Käthe Kollwitz geschaffene Plakat: Käthe-Kollwitz-Museum Köln.
3 Zur Bedeutung des Willens als schöpferischen Akt und Prinzip für die Einheit vgl. Pilipenko, Einheit, 230–236.

bestehenden ökumenischen Bemühungen erhielten durch den ÖRK eine Struktur und mündeten schliesslich in eine weltweite ökumenische Bewegung, der sich ab den 1960er-Jahren auch die römisch-katholische Kirche nicht mehr verschliessen konnte und wollte.

Die Orthodoxie hatte sich schon länger dem ökumenischen Dialog geöffnet. Die Initiative dazu waren die beiden Enzykliken von 1902 «An alle lokalen Orthodoxen Kirchen» und 1920 «An alle Kirchen Christi».[4] Konkrete Schritte für das ökumenische Engagement der Orthodoxie wurden auf den Rhodos-Konferenzen von 1961, 1963 und 1964 erörtert.[5] Die wichtigste Initiative der orthodoxen und der römisch-katholischen Kirche war der «Dialog der Liebe» (1958–1976)[6], der in den «Dialog der Wahrheit» mündete. Diesem gelang es, mit der Zeit alle grossen christlichen Kirchen und kirchlichen Gemeinschaften miteinander ins Gespräch zu bringen und sie einen überzeugenden theologischen Dialog[7] aufnehmen zu lassen.

Seit Mitte der 1990er-Jahre zeichnete sich in den ökumenischen Belangen eine Veränderung ab.[8] Der anfängliche Enthusiasmus schien von subversiven Kräften gezielt untergraben zu werden, durch Boykott, Blockaden, Misstrauensanträge und die Reaktivierung alter Vorwürfe wie etwa den Dauerbrennern Proselytismus und Uniatismus oder die Frage nach der Frauenordination. Inzwischen muss man sagen: Diese negativen Interventionen verfolgten eine klare Strategie. Die Ökumene wurde, in anti-westlicher Manier, indirekt bezichtigt, einem «anti-christlichen» Tun in die Hand zu spielen. Aus heutiger Sicht ging es schon damals um ein Sich-Ausklinken einiger orthodoxer Kirchen aus ökumenischen Verpflichtungen mit dramatischen Folgen.

Die 11. Vollversammlung des ÖRK in Karlsruhe 2022 hat der brisanten aktuellen Weltlage in die Augen geschaut und ihr eine Willenserklärung zum intensivierten ökumenischen Engagement entgegengehalten. Die 352 Mitgliedskirchen haben eine «Erklärung zur Einheit» verabschiedet, welche visionäre Direktiven vorzeichnet.[9] Die Erklärung benennt, nebst weiteren Konfliktherden weltweit, explizit den russischen Angriffskrieg auf die Ukraine und bezeichnet ihn als reale Bedrohung für die Einheit Europas. Die Erklärung äussert

---

4 Vgl. Patelos, Church, 27–33 und 40–43.
5 Diese Konferenzen verliefen parallel zum Zweiten Vatikanischen Konzil (1962–1965) und berieten u. a. die Teilnahme orthodoxer Beobachter am Konzil.
6 Vgl. *Tomos Agapis*.
7 In den Bänden «Dokumente wachsender Übereinstimmung» seit 1931 sorgsam dokumentiert.
8 Vgl. Rimestad, Rolle, der im Detail darauf eingeht.
9 Vgl. Ökumenischer Rat der Kirchen, Erklärung.

grösstes Befremden, dass dieser Krieg von gewissen Kirchen bzw. Kirchenvertretern gut geheissen wird. Nach einem «mea culpa»[10] hat der ÖRK die Dringlichkeit der Weiterführung des ökumenischen Dialogs von Neuem betont. Damit wurde unverkennbar eine neue Ära eingeläutet.

Die neue Phase, zu der der ÖRK aufruft, soll eine «Ökumene des Herzens» sein:

> «Vielleicht ist in diesen Zeiten die Vision von Einheit weniger klar als wir gehofft hatten und schwieriger zu verfolgen, aber unsere Berufung zur Einheit bleibt dringend und zwingend erforderlich. Das wahre Ziel Jesu Christi und mit ihm auch aller Christinnen und Christen besteht darin, eine sichtbare Gemeinschaft in heiliger Einheit zu erreichen.» [Nr. 14]
>
> «Die Arbeit für Einheit muss erneut durch die Liebe inspiriert werden, die wir in Jesus Christus gesehen haben. Sie muss beginnen mit der Liebe des Herzens, der Liebe, die Christus antwortet, der sprach: ‹Ein neues Gebot gebe ich euch, dass ihr euch untereinander liebt, wie ich euch geliebt habe, damit auch ihr einander lieb habt.› (Joh 13,34) Die Liebe Christi ist die spirituelle Quelle der ökumenischen Bewegung. Sie bewegt uns, gemeinsam zu gehen. Sie bringt uns dazu, gemeinsam zu beten, und sie fordert uns auf, der Einladung Christi zu folgen und eins zu sein in Geist und Seele.» [Nr. 18]
>
> «Die Suche nach Einheit, die von Liebe inspiriert und in einer tiefen und gegenseitigen Beziehung verwurzelt ist, kann als eine ‹Ökumene des Herzens› bezeichnet werden. Es ist die christusgleiche Liebe, die uns [...] bewegt.» [Nr. 20][11]

Der Ansatz einer «Ökumene des Herzens» stiess auf ein breites positives Echo.[12] Dabei ist es wichtig, eine «Ökumene des Herzens» nicht nur als etwas «Gefühlsmässiges» misszuverstehen. Sie darf, um authentisch zu sein, theologische Fragen und Auseinandersetzungen nicht scheuen. Sie muss auf Frieden und Gerechtigkeit ausgerichtet sein. Simone Sinn, Vizedekanin des Ökumenischen Instituts des ÖRK in Bossey, schreibt:

> «Der Aufruf zu einer ‹Ökumene des Herzens› ist nicht als Gegensatz zu einer Ökumene der Lehrgespräche [...] zu verstehen. Vielmehr lädt die ‹Ökumene des Herzens› dazu ein, sich mit der grundlegenden Frage nach

---

10 Vgl. ebd., Nr. 4.
11 Ebd.
12 So hiess ihn auch Papst Franziskus beim Antrittsbesuch des neuen Vorsitzenden des ÖRK Zentralausschusses, Heinrich Bedford-Strohm, und des neuen Generalsekretärs, Jerry Pillay, im Vatikan gut. Vgl. Seuss, ÖRK-Spitze.

der Spiritualität, die uns trägt, und der Theologie, die uns Orientierung gibt, zu beschäftigen.»[13]

Für Urban Federer, Abt des Benediktinerklosters Einsiedeln, muss das Streben nach Einheit «eine Ökumene für den Frieden» sein, die Versöhnung und Gerechtigkeit miteinschliesst.[14]

In der täglichen Realität zeigt sich stets aufs Neue, dass Ökumene ein komplexes Unterfangen und ein ständiger Lernprozess ist. Vieles, was man allgemein vom Lernen sagen kann, gilt gleichermassen für die Ökumene. Ökumene befasst sich im Kern mit dem Evangelium Christi, aber Auslegung und Tradition können unterschiedlich sein. Ökumene fordert auf, das Wesentliche in der anderen, nicht bekannten Glaubenstradition erkennen und anerkennen zu lernen.

Athanasios Vletsis, emeritierter Professor für Orthodoxe Theologie in München, äussert aus orthodoxer Perspektive die Überzeugung:

«Die konfessionelle und die kontextuelle Pluralität der einen Kirche Jesu Christi wird fortbestehen, weil sie ihren Grund keineswegs nur in der menschlichen Sünde, sondern auch in der schöpfungsgemässen, anthropologischen und sozio-kulturellen Vielfalt hat.»[15]

Diese gilt es zu achten und sich davon bereichern zu lassen.

2 Wie ökumenisches Lernen gelingen kann

Ökumenischen Prozessen verdanken wir ein Erfahrungswissen, das sich in je neuen Kontexten eines Begegnungslernens anwenden und erweitern lässt. Im Wesentlichen sind es drei sich gegenseitig durchdringende und erweiternde Zugänge, über die es möglich ist, «Ökumene zu lernen».

Wissen

Ein wichtiger Austausch von (Lehr-)Wissen sind die offiziellen theologischen Dialoge, an denen Theologen und Theologinnen, Bischöfe und Metropoliten der einzelnen christlichen Kirchen und Denominationen teilnehmen. Die jeweiligen theologischen Standpunkte werden dargelegt, gewachsene Traditionen erläutert und begründet. Der Informationsaustausch basiert auf Rückfragen, Diskus-

---

13 Sinn, Ökumene.
14 Federer, Ökumene, 3.
15 Vletsis, Traditionen, 152.

sionen und Präzisierungen, welche eine gegenseitige Annäherung begünstigen. Die wichtigste Tugend in diesem Prozess ist das genaue Hinhören.

Ein nicht zu unterschätzender Aspekt ist die Herausforderung der unterschiedlichen Sprachen und der damit verbundenen Denk- und Ausdrucksweisen. Wie die Geschichte zeigt, waren Spaltungen und Dissonanzen im Christentum oft sprachlich begründet.[16]

Eine weitere Einsicht ist, dass bilaterale Dialoge grössere Wirkungen erzielen als multilaterale Gespräche. Der Austausch ist präziser und konzentrierter.[17] Bilaterale Dialoge sind wesentlich für das gegenseitige Verstehen und festigen das Vertrauen. Sie bilden die Grundlage für multilaterale Beziehungen und Dialoge. In der Orthodoxie führte die übereilige Annahme, die bilateralen Dialoge könnten in einem mit dem multilateralen Dialog abgehandelt werden, in eine tragische Sackgasse.[18]

Erfahren

Theoretisches Wissen «über die andern» genügt nicht. Die theologische Aufarbeitung von Unterschieden hat zwar Missverständnisse aus dem Weg geräumt und Vorurteile abgebaut, doch nicht selten blieb das Gefühl, sich im Kern nicht verstanden zu wissen. Ein Glaubenswissen, das nicht im gelebten Glaubensausdruck erfahrbar und in der Praxis kommunizierbar ist, bleibt unvollständig. Es ist die gelebte Tradition, in der der Glaubensgehalt inkarniert, gelebt, erfahrbar und auf diese Weise vermittelt wird, die Zeugnis über den Glauben ablegt und gleichsam in das Glaubensgeheimnis hineinzuziehen vermag.

Ein weiterer Aspekt, der zu «unerklärlichen» Missverständnissen führt, sind Unterschiede in der Mentalität. Römisch-Katholische, Evangelisch-Reformierte und Alt- bzw. Christkatholische stehen sich mentalitätsmässig nahe, differieren aber z. T. in wesentlichen Glaubensfragen. Katholiken, Altkatholi-

---

16 So zum Beispiel die Spaltung der Alten Kirche nach dem IV. Ökumenischen Konzil von Chalzedon (451). Der unter Zeitdruck geratene Abschluss des Konzils veranlasste die heute zu den orientalisch-orthodoxen Kirchen zählenden Christen, vorab die armenische Kirche, die Konzilsdokumente nicht zu unterschreiben. Der theologische Dialog zwischen der orthodoxen und den orientalisch-orthodoxen Kirchen hat festgestellt, dass die Beweggründe dazumal sprachlicher Natur waren und nicht den Glauben tangierten, so dass zwischen diesen Kirchen die Einheit ausgerufen werden kann. Vgl. Kommuniqué der Gemischten Kommission für den Dialog zwischen der Orthodoxen Kirche und den Orientalisch-Orthodoxen Kirchen (1993).
17 Wie dies auf der III. Vorkonziliaren Panorthodoxen Konferenz 1986 in Chambésy/Genf festgestellt wurde. Vgl. Kallis, Konzil, 523–526.
18 So geschehen bei der Orthodoxen Synode auf Kreta (2016), die ein völlig abgeflachtes Ökumene-Papier verabschiedet hat, das dem Charakter des Dialogs zwischen den einzelnen Kirchen kaum Rechnung trägt. Vgl. Hallensleben, Einheit, 78–86.

ken und Orthodoxe stehen sich theologisch sehr nahe, leben jedoch in unterschiedlichen Denkstrukturen.

Ein wichtiges Momentum bei ökumenischen Begegnungen ist deshalb die Unterscheidung zwischen «Wesen und Form» oder «Form und Norm», wie dies der erste Metropolit der Schweiz, Damaskinos Papandreou, mit Nachdruck gefordert hat: Das Wesen des Glaubens, oftmals einer Glaubenspraxis, ist nicht antastbar, weil sie verbindlich ist und als Norm ihre Gültigkeit beibehält. Dagegen kommt der Form, die Ausdruck des gelebten Glaubens ist, relativer Charakter zu. Diese lässt einen grösseren Spielraum zu und soll in die jeweilige Zeit hineinsprechen.[19]

Handeln

Ökumene ist keine bloss theoretische Angelegenheit. Der Glaube selbst verlangt das Handeln, das Tun. Ökumenisches Handeln – in einem weit verstandenen Sinn – geht allerdings über erfahrungsgemäss erfolgreiche Begegnungen bei Kulinarik und Folklore hinaus und ist ungleich anspruchsvoller. Die Grundhaltung dafür ist Empathie. Aus langjähriger ökumenischer Praxis gewonnene Handlungsanweisungen sind etwa folgende:
- *Vom Röhrenblick wegkommen:* Ökumenisch interessierte Personen sind oft von Begegnungen enttäuscht, weil sie sich nicht bewusst sind, dass sie alles aus eigener Sicht beurteilen. Auf diese Weise kommen sie nicht weiter oder erfahren Ablehnung. Erst wenn man versucht, die «Brille» der andern aufzusetzen und das Leben aus deren Blickwinkel zu betrachten, wird vieles zugänglicher und verstehbar.
- *Dem Mentalitätsgefängnis entkommen:* Wie bereits ausgeführt, gestalten sich ökumenische Kontakte mit Christen und Christinnen aus östlichen Ländern anders als mit solchen westlicher Traditionen. Allein schon Begrüssungsformeln, geschweige denn Genderfragen, können zum Stolperstein werden. Unterschiedliche Mentalitäten und Traditionen müssen gegenseitig respektiert werden, sonst wird der Kontakt nie über förmliche Höflichkeit hinausgehen.
- *Die Sprachbrücke betreten:* Die Gefahr sprachlicher Missverständnisse wurde schon benannt. Sprachen verbinden wie sie trennen. Im Erlernen östlicher Sprachen und Sprichwörter wird das lineare Denken des Westens auf das zyklische Denken des Ostens stossen, je südlicher, desto ausgeprägter: Ein wesentlicher Schlüssel im Umgang mit den Ostkirchen! Eine für westliche, eher kopflastige Menschen ungewohnte Erfahrung ist es, einer

---

19 Vgl. Papandreou, Form.

orthodoxen Liturgie beizuwohnen. Wem es gelingt, gleichsam mit der Offenheit und kindlichen Fähigkeit zu staunen in den Gottesdienst hineinzufinden und den Glaubensgehalt sinnlich zu erfassen, dem eröffnet sich eine nonverbale, tragfähige Basis.

- *Gemeinsam beten und feiern:* Positive Erfahrungen mit der Teilnahme am Gottesdienst anderer Kirchen laden dazu ein, den eigenen Glauben zu überdenken und sich von anderen Glaubenstraditionen bereichern zu lassen, sei dies in Form eines anderen Zugangs zu Gott, seien es praktische Fragen der Pastoral wie z. B. Erfahrungen mit Frauen als Lektorinnen und Priesterinnen oder mit verheiratetem Klerus.
- *Jemanden am Ort aufsuchen, wo er oder sie den Glauben feiert* und ein spirituelles Zuhause hat, bleibt ein unvergessliches Erlebnis. Dass sich jemand die Mühe nimmt zu kommen und zu schauen, wo die heilige Stätte eines anderen Menschen ist, öffnet Türen. Dies ist der Startpunkt, an dem der ökumenische Lernprozess in den Dialog zu münden beginnt.
- *Horizonterweiterung durch Bildung:* Die wirksamste Möglichkeit, einen Mentalitätswandel herbeizuführen, ist Bildung – und zwar im weitest denkbaren Sinn. Die folgenden Ausführungen unterstreichen diese Maxime.

3 Orthodoxie und ökumenisches Lernen

In den letzten Jahrzehnten zeigt sich überall im westeuropäischen Raum eine Pluralisierung des Christentums. Die Begegnung mit den Orthodoxen wird immer wichtiger, seit Flüchtlinge aus orthodoxen Ländern wie Äthiopien und Eritrea, aus den Konfliktgebieten Syrien und dem Irak sowie aufgrund des aktuellen Krieges aus der Ukraine im Westen ankommen. Dies ist eine Herausforderung an die Ökumene und wird sie hierzulande und weltweit verändern. Die orthodoxe Präsenz im Westen ist eine Tatsache: Orthodoxe leben unter uns und gehören zu uns.

Während in Deutschland der Fachdiskurs hinsichtlich Orthodoxie und ökumenischem Lernen bzw. Religionsunterricht seit Längerem im Gange ist,[20] gibt es in der Schweiz noch nichts Vergleichbares. Die Lage ist aufgrund divergierender Regelungen in den verschiedenen Kantonen disparat.

Im Rahmen eines konfessionell-kooperativen Religionsunterrichts[21], wie er in Deutschland neu aufgegleist wird, ergeben sich mehrere Lernorte wie z. B. Schulunterricht, Dialoge, Begegnungen, konfessionelle Kooperation. Die vielfältigen Lernorte verfolgen – wie dies in der Schweiz angestrebt wird – das

---

20 Vgl. dazu etwa Danilovich, Bedeutung.
21 Vgl. Woppowa/Simojoki, Ökumene.

Ziel, bei heranwachsenden jungen Menschen durch Fachwissen reflexive Fähigkeiten zu entwickeln. Dadurch sollen sie Konfliktpotenzial rechtzeitig erkennen, kenntnisorientiert Verantwortung übernehmen und in ihrem Agieren einen Beitrag zu Respekt und Toleranz, letztlich zu einer friedlichen Koexistenz leisten. Solch ganzheitliche Bildung soll durch fachkundig geleitete ökumenische, interkulturelle und interreligiöse, wenn möglich überfachliche Kompetenzen erreicht werden.[22]

An dieser Stelle seien einige grundsätzliche Überlegungen angestellt, welche die ökumenische Zusammenarbeit mit den orthodoxen Kirchen, auch im Bildungsbereich, unterstützen wollen.

Das Ziel ökumenischer Bemühungen ist für die Orthodoxie eine Einheit des christlichen Glaubens in der Vielfalt der gelebten Glaubenstraditionen. Evgeny Pilipenko, Dozent am Ökumenischen Institut in Münster, stellt fest, dass eine pluralistische Einheit weder den Grundsätzen der Kirche noch der Wahrheit des Glaubens widerspreche. Es sei vielmehr Mut gefordert, die Spuren der Wahrheit, die sich in allen Traditionen finden, aufzuspüren, zu prüfen und im dogmatischen Ausdruck der eigenen Tradition zu erkennen, allenfalls zu integrieren. In diesem Sinne könnten sich Dogmatik und Ökumene, Wahrheit und Einheit nicht widersprechen.[23]

Athanasios Vletsis appelliert an die Kirchen, «unmissverständlich Zeugnis ihres ökumenischen Weges» zu geben:

«Dieses ist nicht nur eine Haltung, die vom Bewusstsein des Zusammengehörens der Christen und Christinnen in einer allmählich vom Christentum distanzierten Welt geleitet werden kann. Es handelt sich auch um eine Pflicht der beteiligten Kirchen, die viel in die ökumenische Annäherung investiert haben und nun diese Ergebnisse auch in ihren eigenen Reihen kommunizieren sollen. Die Kluft zwischen ökumenischer Theologie und ekklesial-konfessioneller Praxis sollte überwunden werden, damit die Errungenschaften der Generation, die die ökumenische Bewegung geprägt und beflügelt hat, nicht von einer nächsten auf den Kopf gestellt werden, die eventuell diese ökumenische Sensibilisierung nicht verinnerlicht hat: Einige beunruhigende Entwicklungen, nicht nur in der Welt der Orthodoxie, deuten auf eine ähnliche Entwicklung hin.»[24]

---

22 Vgl. Brun, Ökumene, 58 f.
23 Vgl. Pilipenko, Denken, 249–262.
24 Vletsis, Traditionen, 144 f.

Für Yauheniya Danilovich, Dozentin für orthodoxe Religionspädagogik in Münster, ist die orthodoxe Perspektive eines religionspädagogischen Umgangs mit Pluralität vom anthropologischen Ansatz geprägt, der in der orthodoxen Theologie zutiefst verankert ist. Der Mensch als Ebenbild Gottes ist auf Gemeinschaft hin angelegt, sei es mit Gott, den Mitmenschen oder der Umwelt. So soll sich der Einzelne für das Anderssein seines Mitmenschen in einer persönlichen Begegnung sensibilisieren, indem man sich gegenseitig akzeptiert, wie man ist.[25]

Der religionspädagogische Diskurs hinsichtlich eines zukunftsfähigen schulischen Religionsunterrichts wird durchaus gesamteuropäisch geführt. Vor allem im Westen zeigt sich die Notwendigkeit, dass schulische Bildung in einen «normalen» multinationalen, multikulturellen und multireligiösen Alltag hineinwachsen soll. Die ursprünglich orthodoxen Länder wie Russland, Serbien, Bulgarien, Rumänien und Griechenland[26] spüren diese Notwendigkeit noch nicht so stark. Um die Schülerschaft auf eine vielfach veränderte Lebenssituation vorzubereiten und im Sinne der Friedensförderung toleranz-, dialog- und urteilsfähig zu machen, weitet Athanasios Stogiannidis, Assistenzprofessor für orthodoxe Religionspädagogik in Thessaloniki, den Blick von einem konfessionellen zu einem postkonfessionellen Denken im Sinne einer «kontextuellen Integration»: ein konfessionell-bekenntnisorientierter Unterricht soll zu einem überkonfessionell-interreligiösen werden, der regional-nationale Bereich zugunsten eines überregional-international-globalen Lernens in den Blick genommen werden. Und schliesslich sei es ein Erfordernis der Zeit, die persönlich-private Sphäre auf eine kontextuell-öffentliche Perspektive hin zu öffnen.[27]

4 Hinführung zur «Ökumene des Herzens»

Wer «ökumenisch» gelernt hat, wessen schulische Laufbahn gar ein religionskundlich-interreligiöses Gepräge hat, für den ist es ein kleiner Schritt, sich für die Ökumene zu öffnen und Ökumene zu lernen. Wer die Ökumene in sein Leben integriert hat, für den oder die gibt es kein Zurück mehr. Eine un-öku-

---

25 Vgl. Danilovich, Potenziale, 128 f.; dies., Bedeutung, 72–75.
26 Vletsis analysiert die Situation in seinem Heimatland: Der Religionsunterricht in Griechenland sei mehr interreligiös als interchristlich. Die früheren klischeeartig repetierten Differenzpunkte seien neutraleren Erläuterungen gewichen. Die Geschichte anderer christlicher Kirchen werde in den Schulbüchern allerdings nur fragmentarisch behandelt, die Ökumene nur marginal, ökumenische Erfolge kaum erwähnt. Moralische Werte würden in neutraler Sprache und allgemein für alle geltend übermittelt. Vgl. Traditionen, 148.
27 Stogiannidis, Überlegungen, 70–83.

menische Welt ist für ihn oder sie untragbar, weil unerträglich. Das Rad zurückdrehen wollen, kann nur jemand, der Scheuklappen hat, falsch, ungenügend oder einseitig informiert ist, Angst um den eigenen Glauben hat, weil er oder sie im Glauben nie ganz erwachsen geworden ist.

Ebenso wäre eine Welt, die den Glauben aus dem gesellschaftlichen Leben ausklammern und ins private Hinterzimmer verbannen wollte, eine unmenschliche Welt, eine Welt, die nicht mehr lebbar wäre, sich letztlich selbst zerstörte.

Um dieser Bedrohung entgegenzutreten und die Menschen wachzurütteln, hat die orthodoxe Synode auf Kreta 2016 einen prophetischen Text verabschiedet, der allen Menschen guten Willens und echten Glaubens als Leitfaden dienen kann:

> «Die Sendung der orthodoxen Kirche in der heutigen Welt. Der Beitrag der orthodoxen Kirche zur Vorherrschaft von Gerechtigkeit, Freiheit, Geschwisterlichkeit und Liebe zwischen den Völkern und zur Überwindung von Diskriminierungen aufgrund der Rasse oder aus anderen Gründen.»[28]

Im Hinblick auf eine bessere, gerechtere, menschlichere Welt sind folglich die beiden Antipoden «ökumenisch lernen» und «Ökumene lernen» ins Zentrum jeder erzieherischen, gesellschaftlichen und religiösen Aktivität zu stellen. Dies im Sinne einer «Ökumene des Herzens», die von der Liebe ausgeht. Es ist die Liebe Jesu Christi, in der alle Wahrheit gründet[29] und die die Einheit der Herzen bewirkt.

Literaturverzeichnis

Bedford-Strohm, Heinrich: Ökumene der Herzen – der Weg zur Einheit, in: Una Sancta 78 (2023) 66–73.
Brun, Maria: Ökumene als Thema in Schule und Universität. Aspekte zum interchristlichen und interreligiösen Lernen, in: Una Sancta 75 (2020) 56–62.
Danilovich, Yauheniya: Die Bedeutung von Konfessionalität und Kooperation für einen zukunftsfähigen Religionsunterricht aus orthodoxer Sicht, in: *Lindner Konstantin u. a. (Hg.),* Zukunftsfähiger Religionsunterricht, 67–80.
Danilovich, Yauheniya: Potenziale für eine ökumenische Differenzsensibilität. Response aus orthodoxer Perspektive, in: *Schambeck u. a. (Hg.),* Auf dem Weg, 128–136.

---

28 Zit. in: Hallensleben, Einheit, 87–101.
29 Vgl. Bedford-Strohm, Ökumene.

Dokumente wachsender Übereinstimmung. Sämtliche Berichte und Konsenstexte interkonfessioneller Gespräche auf Weltebene. 5 Bände (1931–2019), Paderborn/Frankfurt a. M./Leipzig 1983–2021.

Federer, Urban: Ökumene für den Frieden, in: Schweizerische Kirchenzeitung SKZ 191 (2023) 3.

Hallensleben, Barbara (Hg.): Einheit in Synodalität. Die offiziellen Dokumente der Orthodoxen Synode auf Kreta, 18.–26. Juni 2016 (Epiphania 12), Münster 2016.

Kallis, Anastasios: Auf dem Weg zum Konzil. Ein Quellen- und Arbeitsbuch zur orthodoxen Ekklesiologie (Orthodoxe Perspektiven 10), Münster 2013.

Käthe-Kollwitz-Museum Köln: Plakat «Nie wieder Krieg» (1924); https://www.kollwitz.de/plakat-nie-wieder-krieg.

Kommuniqué der Gemischten Kommission für den Dialog zwischen der Orthodoxen Kirche und den Orientalischen Orthodoxen Kirchen, Chambésy/Genf, 1.–6. November 1993, in: *Dokumente wachsender Übereinstimmung.* Bd. 3: 1990–2001, hg. und eingel. von Harding Meyer, Damaskinos Papandreou, Hans Jörg Urban, Lukas Vischer, Paderborn/Frankfurt a. M. 2003, 133–135.

Krieg in Europa!, in: Luzerner Zeitung, Ausgabe vom 24. Februar 2022, 1.

Lindner, Konstantin/Schambeck, Mirjam/Simojoki, Henrik u. a. (Hg.): Zukunftsfähiger Religionsunterricht: konfessionell – kooperativ – kontextuell, Freiburg i. Br. 2017.

Ökumenischer Rat der Kirchen: Erklärung zur Einheit. 11. Vollversammlung 2022 in Karlsruhe; https://www.oikoumene.org/sites/default/files/2023-02/ADOPTED-A-05-rev1-Unity-Statement_DE.pdf.

Papandreou, Damaskinos: Form und Norm. Geschichtlichkeit und Verbindlichkeit, in: Una Sancta 49 (1994) 7–18.

Patelos, Constantin G.: The Orthodox Church in the Ecumenical Movement. Documents and Statements 1902–1975, Geneva 1978.

Pilipenko, Evgeny: Dogmatisches Denken und ökumenisches Ethos. Eine kritische Betrachtung des problematischen Verhältnisses in der Orthodoxie, in: *Böttigheimer, Christoph/Dausner, René (Hg.):* Vaticanum 21. Die bleibenden Aufgaben des Zweiten Vatikanischen Konzils im 21. Jahrhundert, Freiburg i. Br. 2016, 249–262.

Pilipenko, Evgeny: Einheit als sakramentales Ereignis. Überlegungen zur ökumenischen Koinonia-Vision aus der Perspektive der orthodoxen Theologie, in: *Bremer, Thomas/Wernsmann, Maria (Hg.):* Ökumene – überdacht. Reflexionen und Realitäten im Umbruch (Quaestiones Disputatae 259), Freiburg i. Br. 2014, 223–236.

Rimestad, Sebastian: Die Rolle der Ökumene für die orthodoxen Migrantenkirchen in Westeuropa, in: Una Sancta 78 (2023) 44–53.

Schambeck, Mirjam/Simojoki, Henrik/Stogiannidis, Athanasios (Hg.): Auf dem Weg zu einer ökumenischen Religionsdidaktik. Grundlegungen im europäischen Kontext, Freiburg i. Br. 2019.

Seuss, Christine: ÖRK-Spitze beim Papst: «Ökumene des Herzens», in: Vatican News vom 23.3.2023; https://www.vaticannews.va/de/welt/news/2023-03/papst-franziskus-audienz-weltkirchenrat-bedford-strohm-oekumene.html.

Sinn, Simone: Ökumene des Herzens. Impulse für ein engagiertes Miteinander, in: Ensemble. Das Magazin der Reformierten Kirchen Bern-Jura-Solothurn, Oktober 2021; https://www.refbejuso.ch/fileadmin/user_upload/Downloads/ENSEMBLE/SR_PUB_ENSEMBLE-62_211027.pdf.

Stogiannidis, Athanasios: Überlegungen zur Konzeption eines kontextualisierenden positionellen Religionsunterrichts in ökumenischer Perspektive, in: Schambeck u. a. (Hg.), Auf dem Weg, 70–83.

Tomos Agapis. Dokumentation zum Dialog der Liebe zwischen dem Heiligen Stuhl und dem Ökumenischen Patriarchat, hg. von Pro Oriente Wien, Innsbruck 1978.

Vletsis, Athanasios: Theologische Traditionen und religionsdidaktische Denkmodelle aus und in der Orthodoxie. Notwendige Schritte im ökumenischen Horizont, in: Schambeck u. a. (Hg.), Auf dem Weg, 137–154.

Woppowa, Jan/Simojoki, Henrik: Mehr Ökumene wagen. Eine Richtungsanzeige für den konfessionell-kooperativen Religionsunterricht, in: Una Sancta 75 (2020) 15–24.

Ökumene bedeutet Lernen

Eine römisch-katholische Sicht auf Ökumene
und ökumenisches Lernen in der Schweiz

Nicola Ottiger

> «Wesentlich für den ökumenischen Geist
> ist die Bereitschaft, voneinander zu lernen.»
> Otto Karrer[1]

Was der katholische Luzerner Theologe, Seelsorger und Pionier der Schweizer Ökumene 1966 feststellt, gilt heute so sehr wie damals. Karrer hatte schon in den 1950er-Jahren reformierte Mitstreiter gesucht und mit ihnen ökumenische Arbeitskreise gegründet, zusammengesetzt aus theologischen Fachleuten wie engagierten Laien, welche die Basis bildeten für spätere offizielle Kontakte der Kirchenleitungen und die Einsetzung von Gesprächskommissionen.[2]

Wie steht es um die Bereitschaft für ökumenisches Lernen, ja für Ökumene lernen, heute? Der folgende Beitrag befasst sich mit der Frage, womit man von römisch-katholischer Seite grundsätzlich rechnen darf. In der gebotenen Kürze werden wesentliche Positionen skizziert, die für Bildungsprozesse in der christlichen Ökumene in allen kirchlichen Handlungsfeldern bedeutsam sind.

1 Kirchliche Positionen zu Ökumene und Bildung

Voraussetzung für die Ökumene ist, dass eine Kirche sich als Lernende begreift. Für die offizielle römisch-katholische Kirche beginnt der Lernprozess im 20. Jahrhundert mit dem Zweiten Vatikanischen Konzil. Seither gab und gibt es eine Vielzahl von Entwicklungsschritten, kleinere sowie unschätzbare grosse Erfolge in bilateralen und multilateralen ökumenischen Dialogen, aber auch Rückschritte und Stillstand. All dies gehört zu einem Lernprozess, der «in Echtzeit» stattfindet. Die Dynamik aber auf eine grössere Einheit der Christen hin ist nicht aufzuhalten.

---

1 Karrer, Rückblick, 160.
2 Vgl. Conzemius, Theologie, 18.

1.1 Ökumene lernen

Das Zweite Vatikanische Konzil (1962–1965) als grosses römisch-katholisches Reformkonzil steht für den Aufbruch dieser Kirche in die moderne Welt. Es markiert auch ihren Aufbruch in der Ökumene. Was an Vorarbeit von römisch-katholischen Theologen über viele Jahrzehnte schon geleistet worden war,[3] findet nun seinen Niederschlag in mehreren Konzilserklärungen und führt insbesondere zur Verabschiedung des Dekrets über den Ökumenismus *Unitatis Redintegratio* (1964). Das Ziel, die «Einheit aller Christen wiederherzustellen», versteht das Konzil als eine seiner Hauptaufgaben (UR 1).[4]

Die Kirche verabschiedet ihre bisherige Forderung einer Rückkehr der Getrennten zur römisch-katholischen Kirche und bekennt sich stattdessen zur Förderung der Einheit der Christinnen und Christen auf einem gemeinsamen ökumenischen Weg. Sie zeigt echte Reue angesichts auch ihrer eigenen Fehler in der Vergangenheit, sie bittet die getrennten Geschwister um Verzeihung und verpflichtet sich selbst zu Umkehr und Erneuerung (UR 3; 6–8). Die römisch-katholische Kirche anerkennt, dass die Einheit nie ganz verloren gegangen ist, und formuliert ausdrücklich, dass der Heilige Geist in den anderen Kirchen und kirchlichen Gemeinschaften wirkt, so dass «alles, was von der Gnade des Heiligen Geistes in den Herzen der getrennten Brüder [und Schwestern] gewirkt wird, auch zu unserer eigenen Auferbauung beitragen kann» (vgl. UR 4).

Ökumene wird zur Aufgabe und Verantwortung aller in der römisch-katholischen Kirche:

> «Die Sorge um die Wiederherstellung der Einheit ist Sache der ganzen Kirche, sowohl der Gläubigen wie auch der Hirten, und geht einen jeden an, je nach seiner Fähigkeit, sowohl in seinem täglichen christlichen Leben wie auch bei theologischen und historischen Untersuchungen.» (UR 5)

Das Konzil rät u. a. zu Zusammenkünften von Sachverständigen, «bei denen ein jeder mit dem anderen auf der Ebene der Gleichheit spricht», denn aus «einem

---

3 Vgl. Karrer, Konzil, 157.
4 «Die Einheit aller Christen wiederherstellen zu helfen ist eine der Hauptaufgaben des Heiligen Ökumenischen Zweiten Vatikanischen Konzils. Denn Christus der Herr hat eine einige und einzige Kirche gegründet, und doch erheben mehrere christliche Gemeinschaften vor den Menschen den Anspruch, das wahre Erbe Jesu Christi darzustellen; sie alle bekennen sich als Jünger des Herrn, aber sie weichen in ihrem Denken voneinander ab und gehen verschiedene Wege, als ob Christus selber geteilt wäre (vgl. 1 Kor 1,13). Eine solche Spaltung widerspricht aber ganz offenbar dem Willen Christi, sie ist ein Ärgernis für die Welt und ein Schaden für die heilige Sache der Verkündigung des Evangeliums vor allen Geschöpfen.» (UR 1) Vgl. Rahner/Vorgrimler, Konzilskompendium, 229.

solchen Dialog kann auch klarer zutage treten, was die wirkliche Situation der katholischen Kirche ist» (UR 9). Besonders betont wird die Bedeutung der Ökumene im Theologiestudium, was der «notwendigen Unterweisung und geistlichen Bildung der Gläubigen und der Ordensleute» zugute kommen soll (UR 10). Wesentlich für das Vorankommen in der Ökumene und für einen sachgemässen, differenzierten Dialog unverzichtbar ist, dass von einer «‹Hierarchie› der Wahrheiten innerhalb der katholischen Lehre» ausgegangen werden darf (vgl. UR 11).

Umkehrbereitschaft, Geschwisterlichkeit und Lernwille, welche das Ökumene-Dekret prägen, sind ebenso deutlich auch in der pastoralen Konstitution über die Kirche in der Welt von heute *Gaudium et spes* erkennbar.[5] In unvergleichlicher Weise erklärt die Kirche ihre Solidarität mit der Welt und ihre Bereitschaft, verantwortlich in den Dialog zu treten mit der ganzen Menschheitsfamilie. Die Kirche sieht ihren Auftrag in der Pflicht, «nach den Zeichen der Zeit zu forschen und sie im Licht des Evangeliums zu deuten» (GS 4). Ausdrücklich anerkennt die Kirche ihr eigenes Angewiesensein auf die Hilfe von Sachkundigen, selbst wenn diese «ungläubig» sind. Sie anerkennt, dass sie selbst «mannigfaltigste Hilfe von Menschen aus allen Ständen und Verhältnissen empfängt» (GS 44). Die Kirche sieht sich in Sorge um das Wohl des Menschen, der immer vor der Frage nach Sinn und Ziel seines Lebens steht. Dies lässt sich nicht zuletzt auch als Bereitschaft für einen Bildungsauftrag den Menschen bzw. der Gesellschaft gegenüber interpretieren (vgl. GS 3, 10, 93).

1993 erscheint das «Direktorium zur Ausführung der Prinzipien und Normen über den Ökumenismus» und verpflichtet erneut alle Kirchenglieder und Verantwortlichen auf den ökumenischen Prozess, denn die Ökumene ist Sache der ganzen Kirche.[6] Mit Blick auf ökumenisches Lernen und Bildung betont das Ökumenische Direktorium angesichts eines religiösen Pluralismus schon zu Beginn der 90er-Jahre die Notwendigkeit einer ökumenischen Zusammenarbeit auf dem Gebiet der Katechese sowie den «authentischen ökumenischen Wert» von staatlichem Religionsunterricht. Besonderes Augenmerk erfährt zudem die notwendige ökumenische Zusammenarbeit in Hochschuleinrichtungen.[7] Die Schweizer Bischofskonferenz äussert in ihrer Stellungnahme zu diesem römischen Dokument den «starke(n) Wunsch», «dass sich die ganze Kirche aufmacht, [...] ‹die wachsende Gemeinschaft mit den anderen Christen zu för-

---

5 Vgl. Rahner/Vorgrimler, Konzilskompendium.
6 Vgl. Päpstlicher Rat zur Förderung der Einheit der Christen, Direktorium, Kapitel I, Nr. 1–6 (Seiten 15–31).
7 Vgl. a. a. O., Kapitel V, Nr. 188–203 (Seiten 130–139).

dern›».[8] Als wichtiges Mittel hierzu nennt sie den Bedarf an Bildung: «Die ökumenische Bildung soll auf allen Ebenen (Katechese, höhere Studien, Predigt, Liturgie, Spiritualität) stattfinden und alle Lebensräume (Familie, Pfarrgemeinde, kirchliche Bewegungen) erfassen.» Ziel ist das «Kennen- und Schätzenlernen des anderen», auch um «den eigenen Glauben zu vertiefen». Insbesondere die kirchlichen Bildungsstätten werden ermahnt, «ihre Verpflichtung zur ökumenischen Ausbildung der Studierenden voll und ganz wahrzunehmen».[9]

Der grösste Meilenstein der ökumenischen Bewegung mit Blick auf die römisch-katholische Kirche ist die «Gemeinsame Erklärung zur Rechtfertigungslehre», verabschiedet 1999 in Augsburg. Nach einem langwierigen Dialog- und Lernprozess erklären die römisch-katholische Kirche und die evangelisch-lutherische Kirche Übereinstimmung in der Frage der Rechtfertigung, die der theologische Hauptgrund für die Kirchenspaltung gewesen war. Ein für die multilaterale Ökumene unschätzbarer Akt zu Beginn des dritten Jahrtausends ist die von den christlichen Kirchen in Europa, d. h. vom Rat der Europäischen Bischofskonferenzen (CCEE) und von der Konferenz Europäischer Kirchen (KEK), im Jahr 2001 verabschiedete *Charta Oecumenica*. Mit «Leitlinien für die wachsende Zusammenarbeit unter den Kirchen in Europa» verpflichten sich die unterzeichnenden Kirchen sowohl für den ökumenischen Weg als auch für das gemeinsame Engagement für den Aufbau eines neuen Europas.

Die Kirchen wollen sich «beharrlich um ein gemeinsames Verständnis der Heilsbotschaft Christi im Evangelium» (Nr. 1.1) bemühen und den Weg zur «sichtbaren Einheit der Kirche» (Nr. 1) gehen.[10] Es werden die gemeinsamen christlichen Grundlagen des christlichen Glaubens benannt und zahlreiche Vorschläge gemacht, die auf allen Ebenen der Kirche das ökumenische Beten, Feiern und die Diakonie fördern wollen. Ökumene wird positiv verstanden als ein Austausch von Gaben, der zu gemeinsamem Lernen führt.[11]

«Ökumene beginnt [...] für die Christinnen und Christen mit der Erneuerung der Herzen und der Bereitschaft zu Busse und Umkehr. In der ökumenischen Bewegung ist Versöhnung bereits gewachsen. Wichtig ist es, die geistlichen Gaben der verschiedenen Traditionen zu erkennen, voneinander zu lernen und sich so beschenken zu lassen. [...] Wir verpflichten uns, ökumenische Offenheit und Zusammenarbeit in der christlichen Erziehung, in

---

8 Schweizer Bischofskonferenz, Lesehilfe, 732.
9 A. a. O., 731.
10 Vgl. «Charta Oecumenica».
11 Als Beispiel zum theologischen Ansatz einer «Ökumene der Gaben» und seiner Bedeutung für die Religionspädagogik vgl. Link-Wieczorek, Religionsunterricht; vgl. ebenso den Beitrag von Martin Hailer in diesem Band (Seiten 165–178).

der theologischen Aus- und Fortbildung sowie auch in der Forschung zu fördern.» (Nr. 3)

Nicht nur die Kirchenleitungen, sondern auch die Kirchen vor Ort, Pfarreien und Gemeinden in der Schweiz unterzeichnen die *Charta Oecumenica* und machen sie sich damit zu eigen. Die Luzerner Kirchen beispielsweise veröffentlichen 2004 die «Charta Oecumenica konkret» mit einer Selbstreflexion über bestehende ökumenische Strukturen und Handlungsebenen sowie vielen Anregungen, wie die Ökumene weiter befördert werden könnte. Hinsichtlich Bildung sind dies etwa: gemeinsame Glauben- und Bibelgesprächsangebote; die Herausgabe von Broschüren für Lebens- und Glaubenshilfe sowie Freizeit und Beruf; ökumenischer Religionsunterricht sowie die Unterstützung des Schulfachs Ethik und Religion; ökumenische Angebote für die religiöse Erziehung, aber auch Bildungstätigkeit z. B. durch das Ökumenische Institut Luzern.[12]

2011 bekräftigt die Ökumene-Kommission der Schweizer Bischofskonferenz im Papier «Ökumene in der Schweiz. Eine Ermutigung zu möglichen Schritten» das Weitergehen auf dem gelebten gemeinsamen Weg in Respekt und Offenheit; dies auch und gerade auf dem Hintergrund «aller «innerkatholischen und ökumenischen Irritationen der letzten Jahre».[13] Auch dieses Papier macht Vorschläge zu einer Intensivierung der ökumenischen Zusammenarbeit im Bereich Bildung, u. a. Glaubensseminare und Theologiekurse, die zur «Vertiefung der eigenen Glaubensidentität» wie auch «zu einer grösseren Weite und Offenheit» den anderen Kirchen gegenüber führen sollen.

1.2 Leitbild Katechese (2009) und neuer Lehrplan für Religionsunterricht und Katechese (2017)

In jüngerer Zeit widerspiegelt sich die wesentliche Bedeutung der Ökumene auch in zwei Grundlagenpapiere zum Thema Bildung. Das Leitbild «Katechese im Kulturwandel»[14] der Deutschschweizer Ordinarienkonferenz hält fest:

---

12 Vgl. «Charta Oecumenica konkret», 4f., 6, 7. Das Ökumenischen Institut Luzern wird getragen vom Kanton Luzern, der Römisch-katholischen und der Evangelisch-Reformierten Landeskirche sowie der Christkatholischen Kirche Luzern und ist der Theologischen Fakultät der Universität Luzern angegliedert, siehe Ökumenisches Institut Luzern, https://www.unilu.ch/fakultaeten/tf/institute/oekumenisches-institut-luzern/.
13 Vgl. Ökumene-Kommission der Schweizer Bischofskonferenz, Ökumene. Angespielt wird auf die vielseitige Irritation und Empörung hinsichtlich der Erklärung der Glaubenskongregation *Dominus Iesus* aus dem Jahr 2000 sowie das Folgedokument, indem das Kirchesein der evangelischen Kirchen infrage gestellt wird und das weitherum den Anschein einer neuerlichen «Rückkehrökumene» erweckt hatte. Vgl. zum «Schock» von «Dominus Iesus»: Neuner, Streiten, 137–139.
14 Deutschschweizerische Ordinarienkonferenz, Leitbild.

«Katechese ist ökumenisch angelegt. Die christlichen Kirchen machen situationsbezogen in gemeinsamen Angeboten Menschen mit der Bibel, der christlichen Tradition und Kultur und mit dem engagierten Handeln in der Welt vertraut.» (Nr. 5)

Dass ökumenische Zusammenarbeit auch in der Katechese stattfinden soll, also in jenem Bereich, in dem es um kirchliche Sozialisation und Beheimatung geht, ist nicht selbstverständlich. Hier bedarf es einer differenzierten Herangehensweise, die vor allem aber Chancen nicht ungenutzt lässt. Dem begleitenden Bericht zum Leitbild ist Verunsicherung anzumerken, wenn er hinsichtlich einer ökumenischen Katechese bemerkenswert ehrlich und, ohne selbst eine Antwort zu geben, fragt: «Wo und auf welche Weise soll dies geschehen?»[15] Der an der Schule stattfindende, kirchlich verantwortete Religionsunterricht wird in einigen Schweizer Kantonen bereits ökumenisch gestaltet:

«Für die Schule kann kirchlich verantworteter Religionsunterricht einen wichtigen Beitrag zum Bildungs- und Erziehungsauftrag sowie zur Schulkultur leisten. Kirchlich verantworteter Religionsunterricht dient der Vermittlung eines ganzheitlichen Glaubenswissens.» (Nr. 8)

2017 erscheint der neue Lehrplan «Konfessioneller Religionsunterricht und Katechese. Lehrplan für die Katholische Kirche in der Deutschschweiz» (LeRUKa). Dieser definiert Ziele und Kompetenzen sowohl für den Lernort Schule als auch für den Lernort Pfarrei.[16] Der LeRUKa bildet die verbindliche Basis der Lehrpläne, die in den deutschschweizerischen Bistümern entwickelt werden. Er versteht sich als ökumenisch anschlussfähig.[17] Betont wird die Wechselwirkung von konfessioneller Identität und ökumenischer Verständigung. «Ökumenische» Kompetenzen im eigentlichen Sinn werden im LeRUKa jedoch nicht definiert.[18]

---

15 Deutschschweizerische Ordinarienkonferenz, Bericht zum Leitbild «Katechese im Kulturwandel».
16 Netzwerk Katechese (Hg.), Religionsunterricht.
17 Es gibt heute ökumenische Lehrpläne in den Deutschschweizer Kantonen: Graubünden, St. Gallen, Thurgau, Zug, Obwalden, Nidwalden, Luzern, Solothurn, Basel-Landschaft, Basel-Stadt.
18 Im Bildungszyklus (2D) für die 9–12-Jährigen beispielsweise wird hinsichtlich des Kompetenzbereichs «Kirchliche Gemeinschaft aufbauen» die Kompetenz definiert: «Vom Eigenen abstrahieren und sich in andere hineinversetzen». Hierzu wird als sogenannter Inhalts- und Handlungsaspekt genannt «Die Kirche als Gemeinschaft in ihrer Vielfalt erkennen, unterschiedliche Glaubenspraxen vergleichen und sich darüber verständigen», wozu als Stichwort für eine mögliche Umsetzung die «Ökumene» aufgeführt wird; vgl. Netzwerk Katechese (Hg.), Religionsunterricht, 37.

1.3 Synodalität als Voraussetzung für die Ökumene

Diese Tour d'Horizon schliesst mit dem aktuellen Prozess der römisch-katholischen Kirche im weltweiten Synodalen Weg (2021–2024). Papst Franziskus ist der erste Papst, der zur Beratung der römischen Bischofssynoden die kirchliche Basis miteinbezieht: «Synodalität ist das, was Gott sich von der Kirche des dritten Jahrtausends erwartet».[19]

Der gegenwärtige Synodale Prozess ist innerkirchlich wie mit Blick auf die Ökumene ein starkes Hoffnungszeichen. So urteilt der Dogmatiker Peter Neuner:

> «Synodalität steht in Spannung zu einem Kirchenbild, das im I. Vatikanum und im Antimodernismus seinen Höhepunkt gefunden hat. Wenn sich die Kirche für diese Synodalität öffnet, wird die römische Vision von einer Einheit nicht mehr in der Unterwerfung unter den Papst kulminieren und damit ein zentraler Einwand gegen die ökumenische Gemeinschaft entfallen.»[20]

Diskutiert werden auf allen Ebenen der Kirche zehn Themenfelder, darunter auch die Ökumene. Der vorbereitende synodale Weg des Bistums Basel beispielsweise belegt, dass es nicht (mehr) die Ökumene ist, die «unter den Nägeln brennt». Es ist der innerkirchliche, seit Jahrzehnten beklagte «Reformstau» hinsichtlich der Ämter- und der Frauenfrage, der vor allem der Deutschschweiz sehr zu schaffen macht – doch damit geht es um dieselben Themen, die auch in der Ökumene konfliktbehaftet sind. Konkrete Forderungen des Bistums Basel an die Weltsynode sind das Vorantreiben der eucharistischen Gastfreundschaft sowie der Beitritt der römisch-katholischen Kirche in den Weltkirchenrat, d.h. in den Ökumenischen Rat der Kirchen (ÖRK).

2 Theologische Reflexion und Perspektiven

Die folgende Reflexion mit perspektivischen Ausblicken fragt danach, wie Ökumene hinsichtlich Bildungsprozessen gestärkt werden kann und soll.

2.1 Bildungsverantwortung: Kirchenleitung

> «Die Einheit wird nicht kommen wie ein Wunder am Ende. Die Einheit kommt auf dem Weg. Der Heilige Geist bewirkt sie im Unterwegssein. Wenn wir nicht gemeinsam vorangehen, wenn wir nicht füreinander beten,

---

19 Papst Franziskus, zit. nach: Batlogg/Zulehner, Reformer, 143.
20 Neuner, Streiten, 216.

wenn wir nicht gemeinsam arbeiten in so vielen Dingen, die wir in dieser Welt für das Volk Gottes tun können, wird die Einheit nicht kommen!»[21]

Die römisch-katholische Kirche ist seit dem Zweiten Vatikanischen Konzil offiziell und unwiderruflich auf dem Weg der Ökumene. Zusammen mit den am ökumenischen Weg beteiligten Kirchen und Gemeinschaften stellt sie sich unter den Auftrag Jesu Christi, der programmatisch für die Ökumene gilt: «Alle sollen eins sein: Wie du, Vater, in mir bist und ich in dir bin, sollen auch sie in uns sein, damit die Welt glaubt, dass du mich gesandt hast.» (Joh 17,21) Das immer schon bestehende Band unter den Kirchen ist die Taufe, was in den offiziellen Taufanerkennungen der Kirchen der letzten Jahrzehnte zum Ausdruck kommt.[22] Diese bereits bestehende Einheit gilt es zu vertiefen und zu weiten. Die auch ökumenisch begangenen Feierlichkeiten zum Reformationsjubiläum 2017 sowie unzählige kleinere und grössere Schritte in der Ökumene zeigen, dass der Weg nur vorwärts gehen kann.

Ökumenisches Lernen zu unterstützen und damit die Ökumene zu fördern, ideell wie strukturell, liegt nicht nur in der Verantwortung der Kirchenleitung, aber auch und entscheidend. Gerade auch angesichts der komplexen Herausforderungen einer gleichzeitig säkularen und religiös pluralen Gesellschaft bedarf diese einer von Mut getragenen Entschiedenheit. Denn religionssoziologische Forschung analysiert und prognostiziert seit vielen Jahren den unaufhörlichen Abwärtstrend, in welchem die Kirchen sich befinden.[23] Es gilt, sich nicht von der Angst leiten zu lassen, «Mitglieder» zu verlieren, und ökumenische Überzeugungen sowie bestehende Commitments nicht diesen Ängsten zu opfern. Der Weg ist «zwischen ‹postmoderner Beliebigkeit› und ‹Rekonfessionalisierung›»[24] zu suchen und zu gehen.

«Nur in der Konzentration auf das unterscheidend Christliche, den Grundkonsens, in dem die christlichen Kirchen übereinstimmen und sich von anderen Religionen und Weltdeutungen unterscheiden, wird die Botschaft überzeugen. Tendenzen, die Gestalt der Kirche und ihre Lehre wie eine Burg an ihren Grenzen und in ihren diffizilsten Ausgestaltungen zu ver-

---

21 Papst Franziskus, Predigt bei der ökumenischen Vesper in St. Paul vor den Mauern, 25.01.2014, zit. nach: Papst Franziskus, Spaltung, 109.
22 Die gegenseitige Taufanerkennung der evangelisch-reformierten, der christkatholischen sowie der römisch-katholischen Kirche besteht in der Schweiz seit 1973. Sie wurde 2014 sowie 2021 auf weitere Kirchen ausgeweitet; vgl. Arbeitsgemeinschaft christlicher Kirchen in der Schweiz, Anerkennung; dies., Urkunde.
23 Vgl. Stolz u. a. (Hg.), Religionstrends.
24 Neuner/Kleinschwärzer-Meister, Ökumene.

teidigen und aus dieser Mauer keinen Stein herausbrechen zu lassen, beschwören als Gegenreaktion die Gefahr herauf, dass mit den sekundären auch die zentralen Inhalte der christlichen Botschaft einem Pluralismus zum Opfer fallen.»[25]

Das Modell der historisch entstandenen Konfessionalisierung aus dem 16. Jahrhundert kann nicht die Perspektive für das dritte Jahrtausend sein.[26] Auch wenn es «kein formloses Christentum»[27] gibt und das Konfessionelle bzw. konfessionelle Identität deshalb nicht negativ zu beurteilen ist, wäre Selbstgenügsamkeit fatal.

In kirchlichen Dokumenten taucht hinsichtlich ökumenischen Bildungsprozessen immer wieder der Ansatz auf: «Lernen von den anderen zur Vertiefung der eigenen Glaubensidentität». Dies reicht aber nicht aus, wenn und insofern das Lernen am Anderen nur oder vor allem der eigenen Identitätsbildung dient. Ökumene verbleibt damit bei einer friedlichen, aber selbstbezogenen Koexistenz.

Die Kirchenleitung kann religiöser Bildung durch ökumenischen Religionsunterricht an der öffentlichen Schule den Rücken stärken wie auch mit einer ökumenischen Katechese ernst machen. Mit dem Leitbild «Katechese im Kulturwandel» wurde das richtige Signal gesetzt. Als positives Beispiel kann das neu verabschiedete Berufsbild «Religionspädagogin/Religionspädagoge»[28] dienen, welches ökumenische Aufgaben und Berufskompetenzen hinsichtlich Katechese einschliesst.

2.2 Bildungsverantwortung: Theologie und Religionspädagogik

Theologen und Theologinnen aller Konfessionen ist es zu verdanken, dass ökumenische Grundlagen erarbeitet wurden und werden, die den interkonfessionellen Gesprächen auf Weltebene dienen und zu unzähligen bilateralen wie multilateralen Konsenstexten geführt haben. Die Sammlung «Dokumente wachsender Übereinstimmung» (1931–2019) in fünf Bänden belegt die Fruchtbarkeit der Arbeit für die Kirchen bis heute.[29] An was es nach dieser langen und wichtigen Pionierphase fehlt, ist eine eigentliche ökumenische Theorie: Die

---

25 Neuner, Streiten, 213.
26 Vgl. Kasper/Huber, Wegen.
27 Karrer, Rückblick, 161.
28 Deutschschweizer Ordinarienkonferenz, Qualifikationsprofil.
29 Vgl. Dokumente wachsender Übereinstimmung.

ökumenische Bewegung selbst «ist theoretisch unterbestimmt»[30]. Die internationale theologische Tagung zum 50-jährigen Konzilsjubiläum unter dem Titel «Das Konzil ‹eröffnen›» hält 2015 fest:

> «Wir stehen dafür ein, die methodische Reflexion im ökumenischen Dialog und eine ökumenische pastorale Praxis zu fördern; wichtige Themen sind u. a. Kriterien für Kirchengemeinschaft und ihre Grenzen, Ausdruck der ökumenischen Öffnung in anderen kirchlichen Vollzügen wie etwa Liturgie oder Kirchenrecht, Entwicklung von Einheitsmodellen, die sich in Konzilsdokumenten nicht finden.»[31]

Während Ökumenikerinnen und Ökumeniker früher gewissermassen zur Avantgarde der Theologie gehörten, scheint dies dem Empfinden nach heute nicht mehr zuzutreffen. Das Gegenteil ist der Fall: Ihre Arbeit ist so unverzichtbar wie einst. Die Forschung und Postulate einer ökumenischen Theologie können aber nur dann von Nutzen sein, wenn sie wissenschaftlich interdisziplinär rezipiert werden, die Kirchen sich von ihnen zum Handeln bewegen lassen und die kirchliche Praxis dadurch verändert wird.

Die universitären Ausbildungsstätten sind verantwortlich dafür, dass ökumenisches Wissen und ökumenische Kompetenzen aufgebaut werden, ebenso kirchliche Aus- und Weiterbildungsstätten, die für die ökumenische Dialog- und Handlungsfähigkeit ihrer kirchlichen Mitarbeitenden verantwortlich sind.

Für die Religionspädagogik stellt sich weiterhin die Frage, unter welchen Bedingungen ökumenisches Lernen und Ökumene lernen stattfinden können. Selbst wenn Ökumene heute *auch* im Sinne der «grösseren Ökumene», d. h. mit Blick auf das Judentum und die Weltreligionen, verstanden wird und ökumenisches Lernen bis in das gesellschaftliche, säkulare Leben hineinreichen muss, bleibt die christliche Ökumene als Thema und Aufgabe zentral. Für die Schweiz stellen sich hier spezifische Aufgaben.[32] Die im römisch-katholischen Lehrplan der Deutschschweiz (LeRUKa) beschriebene «Balance zwischen kon-

---

30 Koslowski, Realitäten, 312. Vgl. dazu auch den Sammelband als Ganzes: Bremer/Wernsmann (Hg.), Ökumene.
31 Schlusserklärung des Internationalen Kongresses «Das Konzil ‹eröffnen›» in: Böttigheimer/Dausner (Hg.), Konzil, 25; weiteren Forschungsfragen a. a. O., 57.
32 Vgl. etwa Cebulj/Schlag, Lehrplan. «Man kann gleichsam für den schweizerischen Kontext von einem ganz eigenen universitären Profil ökumenischer Religionspädagogik in der dualen Perspektive eines allgemeinbildenden Religionsunterrichts an den beiden Bildungsorten Kirche und Schule – oder kurz gesagt – von einer pädagogisch und theologisch verantworteten ökumenischen Dualität sprechen, die es zukünftig weiter auszubauen und zu pflegen gilt» (204).

fessioneller Verankerung und ökumenischer Offenheit»[33] ist noch nicht fertiggedacht. Dies gilt insbesondere, wenn das Verdikt religionssoziologischer Analysen stimmt: «Religionspädagogisches Handeln der Kirchen misslingt.»[34] Es bedarf einer ökumenischen Religionspädagogik und Fachdidaktik.

2.3 Bildungsverantwortung: Pastoralräume und Pfarreien

Ökumene lässt sich in allen kirchlichen Grundvollzügen stärken. Eine besondere Bedeutung kommt seit Beginn der ökumenischen Bewegung der Ökumene «an der Basis» zu.

Die Realität dieser Basis ist heute spürbar geprägt von dem, was religionssoziologische Studien seit vielen Jahren analysieren und prognostizieren:

> «Die Entkirchlichungsprozesse in der Schweiz verlaufen äußerst stabil und sie weisen auf einen grundlegenden Funktionsverlust der Kirchen in der aktuellen Gesellschaft hin. [...] Die Erosion der Kirchenbindung ist sowohl gegenüber der Kirche als Institution als auch in den Feldern subjektiven Glaubens und persönlicher religiöser Praxis feststellbar.»[35]

Welche Bedeutung kommt solchen Analysen zu hinsichtlich des ökumenischen Engagements vor Ort? Kontakt und Zusammenarbeit der Kirchen auf gemeindlicher Ebene wird erfreulicherweise oft als positiv beschrieben. Es tönt in vielen Fällen so, als sei das ökumenisch Mögliche schon ausgeschöpft. Doch wie weit trägt das ökumenische (Selbst-)Verständnis? Reicht es über die gemeinsame Ressourcengewinnung in bestimmten Aufgaben sowie zwei, drei ökumenische Gottesdienste im Jahr hinaus? Welche Auswirkungen haben der zunehmende Mitgliederschwund und eine oftmals chronische Überbelastung der kirchlichen Mitarbeitenden auf die Ökumene?

Was für kirchlich engagierte Menschen heute völlig selbstverständlich sei, wie man allenthalben hört, dass sie ökumenisch offen sind und die konfessionellen Unterschiede kaum mehr als trennend erachten – und ohnehin oft in konfessionsverbindenden Familien leben –, scheint kaum Folgen zu haben für die Gestaltung kirchlichen Lebens vor Ort. Gleichzeitig fragen Menschen, die sich neu für den christlichen Glauben interessieren, kaum nach der Konfession. Junge Eltern, sofern sie ihre Kinder noch taufen lassen möchten, sind erstaunt, bisweilen auch irritiert, dass es keine allgemein christliche Taufe gibt. Ihr Inte-

---

33 Netzwerk Katechese (Hg.), Religionsunterricht, 14.
34 Wäckerlig/Baumann-Neuhaus/Bünker, Entkirchlichung, 133 f.
35 A. a. O., 138.

resse gilt vielmehr einem christlichen Milieu, weniger einer bestimmten konfessionellen Kirchenzugehörigkeit.

Warum gibt es kaum ökumenische Lernangebote, zum Beispiel zu Fragen eines zeitgemässen christlichen Glaubens? Gäbe es nicht Spielräume und Möglichkeiten, wo – durchaus lustvoll, und vielleicht gar nicht so zeitraubend – die Gemeinsamkeiten mit den Christinnen und Christen vor Ort, zunehmend auch mit christlichen Mitgrantinnen und Migranten aus oft unbekannten Kirchen, gelebt werden könnte? Einfach, weil es Freude macht? Das Urteil religionssoziologischer Studien, dass die Kirchen nach wie vor zu sehr die Sozialisierung von Kindern und ihren Familien im Blick haben, sich aber für Erwachsene zu wenig engagieren, muss zu denken geben. Das Plädoyer für ein «lebenslanges Lernen» in religiösen Fragen[36] scheint vielerorts nach wie vor ungehört zu verhallen. Es spricht nichts dagegen, an alle kirchlichen Handlungsfelder zu denken, wenn es darum geht, ökumenisch zu lernen, zu feiern, zu teilen und zu leben. Die *Charta Oecumenica* mit ihren Ideen, die weiterentwickelt werden können, ist noch längst nicht ausgeschöpft.

«Auch im ökumenischen Kontext wird Kirche im Modus der Pastoralität zu einer lernenden und entwicklungsfähigen Kirche, die nicht einen verbindlichen Stand der Ökumene an die Gläubigen vermittelt, sondern die Zeichen der Zeit aufmerksam wahrnimmt und von ihnen lernt. Daher ist zu überlegen, was einerseits das vielfältige ökumenische Engagement vor Ort, andererseits die oft anzutreffende geringe Signifikanz konfessioneller Unterschiede, vor allem auch die ‹postökumenische› Haltung der jüngeren Generation, für Kirche und die Ökumene bedeuten.»[37]

3 Schlussgedanken

Ökumene ist für die Kirchen zentral. Sie entspricht dem Willen und dem Verkündigungsauftrag Jesu Christi.

Die römisch-katholische Kirche hat im Zweiten Vatikanischen Konzil, an der Schwelle zum dritten Jahrtausend, die Ökumene als eine ihrer Hauptaufgaben definiert. Mit dieser Selbstverpflichtung, theologisch wie spirituell, sowie vielen positiven und irreversiblen Entwicklungen, die in diesem Sinne stattgefunden haben, kann man sagen: Wer nicht für die Ökumene ist, ist nicht römisch-katholisch.

---

36 A.a.O., 140.
37 Erläuterungen zur Schlusserklärung «Das Konzil ‹eröffnen›», vgl. Bremer/Wernsmann (Hg.), Erläuterungen, 58.

Lernprozesse im Grossen wie im Kleinen, die zu mehr Nähe und Vertrauen unter den Christinnen und Christen führen, dadurch den Dialog intensivieren und zu grösserer Einheit führen – die nichts anders als eine Einheit in Vielfalt sein kann –, sind geführt und geleitet vom Heiligen Geist. Denn der Heilige Geist, der die Vielfalt wie die Einheit schafft, ist selbst genuin «ökumenisch». Ökumene befreit von Einseitigkeiten und bereichert alle Kirchen. Aus dem «Neuwerden des Geistes [...] erwächst und reift das Verlangen nach der Einheit» (UR 7; vgl. Eph 4,23). Und mit dem weitsichtigen Mut einer *Charta Oecumenica* ist stets zu fragen, warum etwas *nicht* ökumenisch getan wird.

Literaturverzeichnis

Arbeitsgemeinschaft christlicher Kirchen in der Schweiz: Gegenseitige Anerkennung der Taufe. Erklärung von Riva San Vitale 2014; https://agck.ch/wp-content/uploads/2018/10/Erkl%C3%A4rung-Riva-San-Vitale.pdf.

Arbeitsgemeinschaft christlicher Kirchen in der Schweiz: Urkunde über die Erweiterung der gegenseitigen Taufanerkennung von Riva San Vitale 2021; https://agck.ch/wp-content/uploads/2021/09/20210708_Urkunde-Taufanerkennung-NAK.pdf.

Batlogg, Andreas R./Zulehner, Paul M.: Der Reformer. Von Papst Franziskus lernen. Ein Appell, Würzburg 2019.

Böttigheimer, Christoph/Dausner, René (Hg.): Das Konzil «eröffnen». Reflexionen zu Theologie und Kirche 50 Jahre nach dem II. Vatikanischen Konzil, Freiburg i. Br. 2016.

Bremer, Thomas/Wernsmann, Maria: Erläuterungen zur Münchner Schlusserklärung. 54–59. Innerchristliche Ökumene, in: *Böttigheimer/Dausner (Hg.),* Konzil, 54–59.

Bremer, Thomas/Wernsmann, Maria (Hg.): Ökumene – überdacht. Reflexionen und Realitäten im Umbruch (QD 259), Freiburg i. Br. u. a. 2014.

Cebulj, Christian/Schlag, Thomas: Der Schweizer Lehrplan 21 – eine (nicht nur) ökumenische Herausforderung, in: Theo-Web. Zeitschrift für Religionspädagogik 13 (2014) H. 2, 198–206; https://www.theo-web.de/zeitschrift/ausgabe-2014-02/23.pdf.

Charta Oecumenica. Leitlinien für die wachsende Zusammenarbeit unter den Kirchen in Europa, verabschiedet vom Rat der Europäischen Bischofskonferenzen (CCEE) und von der Konferenz Europäischer Kirchen (KEK) am 22. April 2001.

Charta Oecumenica konkret. Anregungen für die Praxis der ökumenischen Zusammenarbeit; hg. von den drei Landeskirchen Luzerns, 30. Mai 2004.

Conzemius, Victor: Theologie als gelebtes Zeugnis, in: Otto Karrer – Theologe des Aggiornamento (1888–1976). Gedenkschrift zum 100. Geburtstag, hg. von der Otto-Karrer-Gesellschaft, Zürich 1989, 7–25.

Deutschschweizerische Ordinarienkonferenz (DOK): Bericht zum Leitbild «Katechese im Kulturwandel», o. O., o. J.; https://www.reli.ch/wp-content/uploads/2023/11/Bericht-zum-Leitbild.pdf.

Deutschschweizerische Ordinarienkonferenz (DOK): Leitbild «Katechese im Kulturwandel», verabschiedet am 17.03.2009; https://www.reli.ch/leitbild/.

Deutschschweizerische Ordinarienkonferenz (DOK): Qualifikationsbild Religionspädagog:in mit Diplomabschluss oder Bachelor of Arts in Religionspädagogik, 2023; https://www.bischoefe.ch/wir/dok/.

Dokumente wachsender Übereinstimmung. Sämtliche Berichte und Konsenstexte interkonfessioneller Gespräche auf Weltebene. 5 Bände (1931–2019), Paderborn/Frankfurt a. M./Leipzig 1983–2021.

Karrer, Otto: Rückblick und Ausblick, in: *ders./Cullmann, Oscar:* Einheit in Christus. Evangelische und katholische Bekenntnisse, Zürich u. a. 1960, 152–164.

Karrer, Otto: Das Zweite Vatikanische Konzil. Reflexionen zu seiner geschichtlichen und geistlichen Wirklichkeit (Kleine Schriften zur Theologie), München 1966.

Kasper, Walter Kardinal/Huber, Wolfgang: Auf welchen Wegen wollen wir gehen? Ökumene heute, hier und in Zukunft, Leipzig 2021.

Koslowski, Jutta: Konfessionelle Realitäten und ökumenische Theorien. Überlegungen zur Zukunft des Christentums und der Ökumene an der Schwelle des dritten Jahrtausends, in: *Bremer/Wernsmann (Hg.),* Ökumene, 301–316.

Link-Wieczorek, Ulrike: Im Religionsunterricht konfessionell kooperieren. Ökumenisch-theologische Grundlegung, in: *Lindner, Konstantin/Schambeck, Mirjam/Simojoki, Henrik/Neurath, Elisabeth (Hg.):* Zukunftsfähiger Religionsunterricht. Konfessionell – kooperativ – kontextuell, Freiburg i. Br. 2017, 123–138.

Netzwerk Katechese (Hg.): Konfessioneller Religionsunterricht und Katechese. Lehrplan für die Katholische Kirche in der Deutschschweiz, Luzern 2017; https://www.reli.ch/lehrplan/.

Neuner, Peter: Streiten für die Einheit. Erfahrungen mit der Ökumene in fünf Jahrzehnten, Freiburg i. Br. 2021.

Neuner, Peter/Kleinschwärzer-Meister, Birgitta (Hg.): Ökumene zwischen «postmoderner Beliebigkeit» und «Rekonfessionalisierung», in Zusammenarbeit mit Theodor Nikolaou und Gunther Wenz (Beiträge aus dem Zentrum für ökumenische Forschung München 3), Münster 2006.

Ökumene-Kommission der Schweizer Bischofskonferenz: Ökumene in der Schweiz – eine Ermutigung zu möglichen Schritten, o. O., 03.03.2011, veröffentlicht in: Schweizerische Kirchenzeitung 179 (2011) 184; https://www.e-periodica.ch/digbib/view?pid=skz-004%3A2011%3A179%3A%3A200&referrer=search#200.

Papst Franziskus: Die Spaltung unter uns Christen ist ein Skandal! Hg. von Stefan von Kempis, Stuttgart 2017.

Päpstlicher Rat zur Förderung der Einheit der Christen: Direktorium zur Ausführung der Prinzipien und Normen über den Ökumenismus (Verlautbarungen des Apostolischen Stuhls 110), 25. März 1993, 6. Auflage 2012.

Rahner, Karl/Vorgrimler, Herbert: Kleines Konzilskompendium. Sämtliche Texte des Zweiten Vatikanischen Konzils. Allgemeine Einleitung – 16 spezielle Einführungen – ausführliches Sachregister, Freiburg i. Br. ^{35}2008.

Schweizerische Bischofskonferenz: Lesehilfe der Schweizer Bischofskonferenz zum neuen Ökumenischen Direktorium, in: Schweizerische Kirchenzeitung 161 (1993) 730–732.

Stolz, Jörg u. a. (Hg.): Religionstrends in der Schweiz. Religion, Spiritualität und Säkularität im gesellschaftlichen Wandel, Wiesbaden 2022; DOI: 10.1007/978-3-658-36568-4.

Wäckerlig, Oliver/Baumann-Neuhaus, Eva/Bünker, Arnd: Entkirchlichung als Prozess. Beobachtungen zur Distanzierung gegenüber Kirche und kirchlicher Religiosität, in: *Stolz u. a. (Hg.),* Religionstrends, 105–142.

Entwicklungslinien ökumenischer Bildung in der Deutschschweiz

Kuno Schmid

1 Zweigleisige Grundstruktur

Seit dem 19. Jahrhundert zeichnete sich die religionsbezogene Bildung in der deutschsprachigen Schweiz durch eine Zweigleisigkeit aus.[1] Das eine Gleis bildete das Schulfach Biblische Geschichte, das in den meisten Kantonen vom Staat verantwortet und von schulischen Lehrkräften unterrichtet wurde. Das andere Gleis bildete der kirchliche Religionsunterricht, den die jeweilige Mehrheitskirche (oder mehrere Landeskirchen[2]) im Rahmen der Schule selbst organisierte und finanzierte und den sie als katechetische Präsenz der Kirche in der Schule gestaltete. Der religionspädagogische Diskurs in der Schweiz war geprägt von der Verhältnisbestimmung zwischen diesem staatlichen und dem kirchlichen religionsbezogenen Unterricht bzw. den dahinterliegenden oft konfliktreichen Beziehungen zwischen Staat und Kirche(n).[3] Andere Fragestellungen blieben weitgehend ausgeblendet, wie beispielsweise die Unterscheidung der kirchlichen Katechese von einem schulischen Religionsunterricht als Teil der Allgemeinbildung, wie sie in Deutschland seit den 1970er-Jahren diskutiert wurde.

In den vergangenen Jahrzehnten wurde das Fach Biblische Geschichte aufgrund der Säkularisierung sowie der wachsenden religiösen und kulturellen Vielfalt der Schweizer Gesellschaft im Rahmen des Lehrplans 21[4] zum neuen bekenntnisunabhängigen Fachbereich Ethik, Religionen, Gemeinschaft[5] umgestaltet. Auch der kirchliche Religionsunterricht veränderte sich und war

---

1 Vgl. Jakobs, Zweigleisigfahren.
2 Landeskirchen sind Kirchen, die im jeweiligen Kanton öffentlich-rechtlich anerkannt sind.
3 Vgl. Jakobs/Ebel/Schmid, Religion, 27–30.
4 Vgl. www.lehrplan.ch; 09.06.2023; der Name Lehrplan 21 bezieht sich auf die 21 beteiligten deutsch- und gemischtsprachigen Kantone.
5 Vgl. Jakobs/Ebel/Schmid, Religion, 14–16.

herausgefordert, seine Bildungsrelevanz unter Beweis zu stellen, wenn er denn in der Schule bleiben wollte.[6]

Dieser grosse geschichtliche Bogen differenzierte sich angesichts von Föderalismus und Gemeindeautonomie in eine unübersichtliche Vielfalt von lokalen Umsetzungen. An einigen Schlaglichtern soll jedoch der Frage nachgegangen werden, ob und wie Ökumene als Anliegen in diesen historischen Entwicklungslinien sichtbar geworden ist.

2 Interkonfessioneller Unterricht – staatlich verordnet

Ab den 1830er-Jahren setzten sich in zahlreichen Kantonen und auf Bundesebene liberal-demokratische Verfassungen durch.[7] Dies war eine konfliktreiche Entwicklung mit Auseinandersetzungen zwischen Liberalen und Konservativen, aber auch zwischen Staat und Kirche(n), die 1848 zur Gründung des Schweizerischen Bundesstaates und zu dessen Etablierung bis Ende des 19. Jahrhunderts führte. Ein zentrales Anliegen des jungen liberal-demokratischen Staatswesens war die Bildung: Aus gläubigen Untertanen müssten mündige Bürger gebildet werden, damit ein demokratisches Gemeinwesen gelingen könne (die Bürgerinnen blieben noch ausgegrenzt, sie wurden in der Schweiz erst 1971 politisch gleichberechtigt). Deshalb wurden überall staatliche Volksschulen für alle Kinder durchgesetzt und die konfessionellen Schulen verdrängt. Doch auch in der säkularen Volksschule sollten christliche Werte und Traditionen bedeutsam bleiben. Garant dafür war das Schulfach Biblische Geschichte, das überkonfessionell allen Kindern und Jugendlichen christliche Grundlagen vermitteln sollte.

Wurde damit bereits ein ökumenischer Unterricht durch staatliche Behörden eingerichtet? Oder sollte man besser von einer behördlich verordneten Ökumene sprechen? Die Umsetzungen in den einzelnen Schweizer Kantonen führten zu unterschiedlichen Lösungen. Die mächtigen reformierten Staatskirchen in Zürich und Bern arrangierten sich mit den Kantonsbehörden, machten sich das Fach Biblische Geschichte zu eigen und sorgten darüber hinaus dafür, dass der Volksschulunterricht insgesamt auf christlich-reformierter Grundlage blieb. Die katholische Minderheit erkämpfte sich das Recht, ihre Kinder von dieser reformierten Biblischen Geschichte abmelden zu können.[8] Auch in den katholischen Kantonen der Zentralschweiz sorgte der Einfluss der katholischen

---
6 Vgl. Cebulj/Schlag, Schweizer Lehrplan 21.
7 Vgl. von Vischer/Schenker/Dellsperger, Ökumenische Kirchengeschichte, 209–253; Lang/Meier, Kulturkampf.
8 Vgl. Arnold, Sittenlehre.

Kirche dafür, dass die Volksschule im Allgemeinen und das Fach Biblische Geschichte im Sinne der sogenannten Katholischen Pädagogik gestaltet wurden.[9] Ein anderes Bild ergab sich in konfessionell gemischten Kantonen oder dort, wo der Staat aufgrund seines säkularen Verständnisses das Fach Biblische Geschichte nicht anbot, sondern es ebenfalls den Kirchen überliess (Nordwestschweiz, Ostschweiz). Hier wurde um das Fach Biblische Geschichte gestritten. Jede Kirche musste sich mit den anderen Konfessionen auseinandersetzen, ihre Positionen kennenlernen und die Anliegen der Kirchen gemeinsam gegenüber dem demokratischen Staat begründen können. Ähnlich wie in der Spital- oder der Militärseelsorge wurde mancherorts auch die Schule mit ihrem Ringen um das Schulfach Biblische Geschichte zu einem wirklichen Lernort der Ökumene.

Beispiel Kanton Thurgau

Der Thurgau wurde 1803 zu einem eigenständigen Schweizer Kanton. Vorher war er in zahlreiche Herrschaftsgebiete gegliedert, die insgesamt als Untertanengebiet von den alten Orten der Eidgenossenschaft verwaltet wurden. Im Bemühen, die unterschiedlich geprägten Bevölkerungsteile zusammenzuführen, förderten die Behörden die Volksschulen und installierten das Fach Biblische Geschichte.[10] 1853 führte der Regierungsrat «Die Biblische Geschichte für Gemeindeschulen» von Christoph Schmid (1768–1854) als obligatorisches Lehrmittel ein.[11] Christoph Schmid war ein katholischer Religionspädagoge und ein erfolgreicher Kinder- und Jugendbuchautor. Er stammte aus Augsburg und seine Bücher fanden in verschiedenen liberal geprägten Regionen der Schweiz grossen Anklang. Schmid war ein Schüler des Theologieprofessors und späteren Bischofs Johann Michael Sailer (1751–1832), der Aufklärung und katholischen Glauben zu verbinden wusste.[12] Er war einer der Ersten, der einen ökumenischen Dialog mit protestantischen Freunden pflegte und deshalb später von den ultramontanen Fundamentalisten verunglimpft und bekämpft wurde. Der Schülerkreis Sailers forderte und förderte das Erzählen von biblischen Geschichten. Diese bildeten eine wichtige Ergänzung zu den Sätzen des Katechismus, die Kinder damals auswendig lernen mussten.

---

9 Vgl. Estermann, Pädagogik. Die Katholische Pädagogik war in der ultramontanen Offenbarungstheologie des 19. Jahrhunderts begründet. Als Katholische Pädagogik verband sie die Ziele der staatlichen Schule mit dem Glauben der katholischen Kirche. Die Kinder sollen nicht nur zu vaterländischen Bürgerinnen und Bürgern erzogen werden, sondern auch den Weg aus der Sündhaftigkeit zum ewigen Heil kennenlernen.
10 Vgl. Aubry, Schule, 51–76.
11 Vgl. Schmid, Geschichte; vgl. Pfändtner, Informationen.
12 Vgl. Scheuchenpflug, Sailer.

Gegen das vorgeschriebene Lehrmittel von Schmid opponierten evangelische Kreise, weil in ihm die Heilige Schrift nicht selbst zu Wort komme, sondern didaktisiert verkürzt und nacherzählt dargestellt werde.[13] Sie empfanden das Lehrmittel als zu grosse Konzession an die katholische Minderheit. Aber auch unter den Katholiken gab es Widerstand. Bei den radikalisierten ultramontanen Anhängern stiess jede noch so gemässigte liberale Stimme auf Ablehnung, so auch Schmid, der sich theologisch auf Sailer stützte. Die Thurgauer Behörden hielten jedoch am Lehrmittel fest. Zahlreiche Geistliche und Lehrer fanden im Gedankengut von Sailer und Schmid eine Basis für den Dialog über ihr je unterschiedliches Verständnis des christlichen Glaubens und dessen Verhältnisbestimmung zu gesellschaftlichen und pädagogischen Herausforderungen. Am Kreuzlinger Lehrerseminar wurden sowohl evangelische als auch katholische Lehrer anhand dieses Lehrmittels auf den Unterricht in Biblischer Geschichte vorbereitet und implizit entstand eine erste Didaktik ökumenischen Bibelunterrichts.

Die Thurgauer Behörden verlangten auch, dass der konfessionelle Religionsunterricht im Rahmen der Schule von Achtung und Toleranz gegenüber der jeweils anderen Konfession geprägt sei. Deshalb hatten sie Vorbehalte gegenüber dem neuen Katechismus, den Bischof Karl A. Obrist 1861 im Bistum Basel einführte:[14] Im paritätischen Kanton Thurgau sei diese gegenseitige Achtung eine Voraussetzung für alle Schulfächer. Auch aus dem reformierten Heidelberger Katechismus mussten anstössige Stellen entfernt werden. Allmählich wuchsen der gegenseitige Respekt und die Dialogbereitschaft. 1875 konnte der damalige Seminardirektor Johann Ulrich Rebsamen in einem Referat festhalten:

«Als wir noch die konfessionellen Schulen hatten und die katholischen Schüler am reformierten und die reformierten am katholischen Schulhaus vorüberzogen, waren Reibungen und Händel schon zwischen den Kindern beider Konfessionen viel mehr an der Tagesordnung. Da hiess es: Du lutherischer Ketzer, und dort: ihr Götzendiener und Dickköpfe, und von den Worten kam es nicht so selten zu Faustschlägen und Steinwürfen. Seit wir die konfessionell gemischten Schulen haben, hat sich diese Erscheinung mehr oder weniger verloren und protestantische und katholische Kinder sitzen friedlich nebeneinander.»[15]

---

13 Vgl. Aubry, Schule, 58.
14 Vgl. a. a. O., 60 f.
15 Rebsamen, Verhältnis, zitiert nach Aubry, Schule, 73.

Rebsamen sah gerade im Fach Biblische Geschichte die Möglichkeit, bei aller Verschiedenheit das Gemeinsame zu betonen und damit fundamentalistisches Denken zu vermeiden. Für ihn war das gemeinsame Lernen eine wichtige Voraussetzung für den Aufbau einer Haltung des Respekts gegenüber Andersgläubigen und für die Thurgauer Behörden war der wachsende Religionsfriede wichtig für die Stabilisierung ihres jungen demokratischen Kantons.

3 Schweizer Schulbibel

Ein wirklich ökumenisches Lehrmittel für den Bibelunterricht entstand erst hundert Jahre später. Die ökumenische Öffnung durch das Zweite Vatikanische Konzil machte den Weg frei für die Erarbeitung einer gemeinsamen Schweizer Schulbibel für die Mittelstufe der Volksschule.[16] Das Projekt wurde zu einem ökumenischen Meilenstein, an dem sich reformierte und katholische Bibelwissenschaftler, Religionspädagogen und Lehrpersonen engagiert beteiligten. Die neue Schulbibel sollte die biblischen Texte nicht interpretierend nacherzählen, sondern texttreu, aber in einer stufengerechten Sprache wiedergeben. Das Alte Testament orientierte sich an biblischen Gestalten wie Abraham oder David, die als «Mut- und Heldengeschichten» die Kinder der Altersstufe ansprachen.[17] Einzelne Texte des Mose-Zyklus wurden in drei Traditionen aufgeteilt nebeneinandergestellt (jahwistische Tradition, priesterschriftliche Tradition, Mirjamlied), um die Entstehungsgeschichte der biblischen Texte zu veranschaulichen. Ergänzt wurden die Erzählungen durch sogenannte Biblische Realien. Im Neuen Testament gab es einige synoptische Vergleiche. Die Texte selbst wurden jedoch nicht «vermischt», sondern in der Version eines Evangelisten dargestellt. Das 1972 gleichzeitig veröffentlichte Lehrerbuch[18] enthielt theologische und methodische Hinweise, um den Klassenlehrpersonen, die in der Regel keine fachspezifische Ausbildung hatten, das Unterrichten zu erleichtern. Die Bücher wurden mit Bildern und damals modernen Medien wie Dia-Serien und Schallplatten ergänzt. Diese neue Schweizer Schulbibel wurde überall gut aufgenommen und auch in katholischen und evangelischen Gebieten verpflichtend für das staatliche Schulfach Biblische Geschichte eingeführt. Die ökumenische Zusammenarbeit fand bei der Umsetzung in den Schulhäusern ihre Fortsetzung, gerade auch in den Kantonen der Zentralschweiz und im Kanton Zürich, in denen die konfessionelle Pluralität zunahm.

---

16 Vgl. Brüschweiler u. a., Schulbibel.
17 Eggenberger/Spahn, Lehrerbuch, 15.
18 Vgl. ebd.

Es gab jedoch auch kritische Stimmen. So bedauerte der damalige Leiter des Katechetischen Instituts Luzern, Alois Gügler (1909–2002), dass der ökumenisch gestaltete Bibelunterricht die Verbindung mit der kirchlichen Katechese und dem Pfarreileben erschwere und zu einer «vorderorientalischen Kulturkunde» zu verkommen drohe.[19]

Schon wenige Jahre später begann die Infragestellung des Faches Biblische Geschichte aufgrund der zunehmenden Säkularisierung. Mancherorts liessen sich Klassenlehrpersonen dispensieren und der Unterricht wurde von kirchlichen Religionslehrpersonen übernommen. Für die Oberstufe wurde das Fach um Berufs- und Lebenskunde erweitert. Eine Schulbibel für die Oberstufe wurde nicht mehr realisiert. Die Schweizer Schulbibel blieb jedoch eine wichtige Stütze aller damaliger Initiativen der ökumenischen Zusammenarbeit im Rahmen des Religionsunterrichts auf der Volksschulstufe.

4 Ökumenischer Aufbruch in der kirchlichen Erwachsenenbildung

In der zweiten Hälfte des 20. Jahrhunderts florierte die kirchliche Erwachsenenbildung. Ordensgemeinschaften, Verbände und Landeskirchen eröffneten Fachstellen und Bildungshäuser mit einem reichen Kursangebot in den Bereichen Spiritualität, Glauben, Sozialethik und Persönlichkeitsbildung. Früh begannen einzelne Organisationen mit Partnerinstitutionen der anderen Konfession zusammenzuarbeiten.[20] Seit 1969 traten beispielsweise die beiden Hilfswerke Fastenaktion und Hilfswerk der evangelischen Kirchen der Schweiz (HEKS), damals unter den Namen Fastenopfer und Brot für Brüder, mit einer gemeinsamen ökumenischen Informations- und Bildungskampagne in den Wochen vor Ostern an die Öffentlichkeit.[21] Später beteiligte sich zudem das christkatholische Hilfswerk Partner sein an dieser Zusammenarbeit.

In den 1980er Jahren intensivierte sich die Zusammenarbeit zwischen der Dachorganisation Erwachsenenbildung der reformierten Kirchen und der Katholischen Arbeitsgemeinschaft Erwachsenenbildung und ebenso zwischen den Trägern kirchlicher Schulen. Gemeinsame Jahrestagungen dienten dem Kennenlernen der Gemeinsamkeiten und Unterschiede im Bildungsverständnis und der Erweiterung der erwachsenenbildnerischen Methoden. Sie führten zu gemeinsamen Projekten, zur Kooperation bei den Kursprogrammen sowie 2013 zur Gründung des neuen ökumenischen Dachverbands plusbildung – Ökume-

---

19 Vgl. Gügler, Schulbibel.
20 Siehe dazu den Beitrag von Walter Lüssi in diesem Band (Seiten 247–266).
21 Vgl. https://transition.sehen-und-handeln.ch/50jahre/.

nische Bildungslandschaft Schweiz.[22] Ein Promotor dieser ökumenischen Entwicklung war Dr. Bruno Santini-Amgarten (1944–2005), der diesen Prozess als Lehrbeauftragter an der Theologischen Fakultät und im Rahmen des Ökumenischen Instituts an der Universität Luzern auch wissenschaftlich reflektierte und vertrat.[23]

5 Ökumenischen Religionsunterrichts in der Ost- und Nordwestschweiz

Basel-Stadt, Solothurn, Graubünden und St. Gallen waren Kantone, in denen an der Schule kein staatlich verantworteter Bibelunterricht erteilt wurde. Für die religiöse Bildung waren allein die Kirchen zuständig, die im Rahmen der Schule meist für zwei Lektionen Gastrecht genossen. Dieser kirchliche Unterricht in der Schule wurde jedoch angesichts der gesellschaftlichen Säkularisierung und Pluralisierung zunehmend infrage gestellt. In den 1990er-Jahren begannen die Kirchen in Basel-Stadt, Basel-Landschaft und Solothurn den kirchlichen Religionsunterricht an der Volksschule ökumenisch zu organisieren, um dessen Position zu stärken.

Dem neuen Lehrplan für die Solothurner Volksschule von 1992 konnten die Kirchen einen Anhang beisteuern unter dem Titel «Lehrplan für interkonfessionellen, kirchlichen Religionsunterricht».[24] Dieser Lehrplan hat die konfessionellen Lehrpläne nicht ersetzt, wollte aber eine Orientierungshilfe für diejenigen Schulen sein, an denen bereits ökumenisch unterrichtet wurde. Der Lehrplan-Anhang wurde ökumenisch erarbeitet und dem allgemeinen Lehrplan der Volksschule beigelegt, damit sich auch die Klassenlehrpersonen informieren und allfällige Kooperationsfelder erkennen konnten. Der Lehrplan wurde von der Solothurnischen Interkonfessionellen Konferenz (SIKO) erlassen. Die SIKO ist seit 1978 die institutionalisierte Form der Zusammenarbeit der christkatholischen, der evangelisch-reformierten und der römisch-katholischen Landeskirche im Kanton Solothurn, um gemeinsam gegenüber kantonalen Behörden und der Öffentlichkeit auftreten zu können.[25] Der ökumenische Lehrplan-Anhang wurde von den Schulen und den Lehrpersonen positiv aufgenommen und ermöglichte vielerorts ein besseres Miteinander von Schule und Religionsunterricht. Am Lehrerinnen- und Lehrerseminar Solothurn konnten zukünftige Lehrpersonen einen ökumenischen Zusatzkurs auf der Grundlage dieses Lehrplans absolvieren, um der eigenen Klasse ökumenischen Reli-

---

22 Vgl. https://plusbildung.ch; 22.01.2024.
23 Vgl. Santini-Amgarten, Bildung.
24 Vgl. Departement für Bildung und Kultur des Kantons Solothurn, Lehrplan, 193–198.
25 Siehe dazu den Beitrag von Evelyn Borer in diesem Band (Seiten 117–125).

gionsunterricht zu erteilen. In kirchlichen Kreisen gab es jedoch noch verbreitet Skepsis gegenüber diesen ökumenischen Entwicklungen.

1995 erliessen die kirchlichen Behörden des Kantons Basel-Landschaft gemeinsam einen ökumenischen Rahmenlehrplan für den kirchlichen Religionsunterricht. Er ersetzte die konfessionellen Lehrpläne und war elaborierter als der Solothurner «Anhang». Erlassen wurde er von der Synode der Evangelisch-reformierten Kirche des Kantons Basel-Landschaft und von der Pastoralkonferenz der Römisch-Katholischen Landeskirche des Kantons Basel-Landschaft und war dadurch entsprechend breit abgestützt.[26] In den folgenden Jahren wurde die ökumenische Kooperation im Bereich des Religionsunterrichts in den Kantonen der Nordwestschweiz auf die Aus- und Weiterbildung der Katechetinnen und Katecheten ausgeweitet. Sichtbar wurde die Zusammenarbeit durch die 2005 erfolgte örtliche Zusammenlegung der katechetischen Fachstellen und Medienzentren für die Kirchen von Basel-Landschaft und Basel-Stadt im Hatstätterhof in Basel und für die Solothurner Kirchen an der Pädagogischen Hochschule Solothurn.

Im Kanton St. Gallen erliessen der Bischof von St. Gallen und der Evangelisch-reformierte Kirchenrat des Kantons St. Gallen 1997 gemeinsam einen neuen Lehrplan für interkonfessionellen Religionsunterricht.[27] 1999 haben zahlreiche reformierte Kirchgemeinden des Kantons Solothurn entschieden, den St. Galler Lehrplan für ihren konfessionellen Religionsunterricht einzuführen. Im Jahr 2000 beschloss die SIKO, den St. Galler Lehrplan zu übernehmen, und erklärte ihn für den ökumenisch erteilten Religionsunterricht im Kanton Solothurn als verbindlich. Er löste damit den «Anhang» von 1992 ab. 2002 übernahm auch der Kanton Graubünden, vertreten durch den Generalvikar des Bistums Chur und den Dekan der Evangelisch-rätischen Synode, den St. Galler Lehrplan.[28]

6 Das Unterrichtswerk von Hubertus Halbfas

Was auffällt: Sowohl der interkonfessionelle Basler Lehrplan als auch der St. Galler Lehrplan orientierten sich am Unterrichtswerk von Hubertus Halbfas.[29] Hubertus Halbfas (1932–2022) wurde zu zahlreichen Weiterbildungen nach Basel und St. Gallen eingeladen. Trotz Vorbehalten in manchen religionspädagogischen Fachkreisen waren die kirchlichen Lehrpersonen beider Konfessionen

---

26 Vgl. Evangelisch-reformierte Kirche des Kantons Basel-Landschaft/Römisch-Katholische Landeskirche des Kantons Basel-Landschaft, Rahmenplan.
27 Vgl. Bildungsdepartement des Kantons St. Gallen, Bildungs- und Lehrplan Volksschule.
28 Vgl. Evangelisch-reformierte Landeskirche Graubünden/Katholische Landeskirche Graubünden, Lehrplan Religion.
29 Vgl. Halbfas, Religionsunterricht.

angetan vom eindrücklichen Unterrichtsmaterial, das die Lehrmittel anboten. Die Betonung des «Stoffes» war eine wohltuende Alternative zum lernzielorientierten Unterricht und zur lebenskundlich überformten Biblischen Geschichte, welche die Inhalte des Religionsunterrichts zu instrumentalisieren drohten. Der hermeneutische Zugang Halbfas', der Schülerinnen und Schülern ermöglichen wollte, Religion zu verstehen, um damit das Leben zu verstehen, überzeugte. Die Begriffsklärung wurde ergänzt durch ästhetische Zugangsweisen und beides bildete die Grundlage für die religiöse Sprachlehre und die Symboldidaktik. Hintergründige, metaphorische Sprachformen sollten die Tiefendimensionen erschliessen, die ein religiöses Verstehen jenseits von konfessionellen Grenzen ermöglichten. Biblische Texte wurden erweitert um Sprachformen aus der Literatur und aus anderen Religionen. Dieser sprachlich-hermeneutische Zugang sprach insbesondere auch reformierte Katechetinnen an, auch wenn der Basler Theologe Albrecht Grözinger in einem Interview mit ref.ch kritisch anmerkt: «Für Halbfas waren die Symbole manchmal wichtiger als das Wort. In der reformierten Tradition hat das Wort einen anderen Stellenwert.»[30] Trotzdem wurde das Halbfas-Lehrmittel auch inhaltlich und theologisch zur gemeinsamen Richtschnur für den ökumenischen Unterricht. Halbfas war ein offener Geist, aber kritisch in der katholischen Tradition verwurzelt, trotz seiner Ausgrenzung durch das kirchliche Lehramt in den späten 1960er-Jahren. Der reformierte Basler Religionspädagoge Matthias Mittelbach untersuchte in seiner Dissertation das religionsdidaktische Gesamtwerk von Halbfas und zeigte die Anknüpfungspunkte zur evangelisch-reformierten bildungstheoretisch geprägten Religionspädagogik und die Chancen für den ökumenischen Religionsunterricht auf.[31] Er benannte aber auch die Differenzen und Defizite und forderte eine kluge und kritische Verwendung des Unterrichtsmaterials. Wie schon im 19. Jahrhundert mit Christoph Schmid war es wiederum ein etwas dissidenter, weitblickender katholischer Religionspädagoge, der für den ökumenischen Religionsunterricht wichtige Impulse gab. Daraus eine ökumenische Religionspädagogik weiterzuentwickeln, blieb jedoch bisher ein Desiderat.

7 Blick auf die gymnasialen Mittelschulen

Die Gymnasien sind schweizweit mit grosser Autonomie ausgestattet. Einheitlich geregelt werden nur die Rahmenbedingungen und die abschliessende Maturitätsprüfung. Nebst den meist staatlichen Gymnasien gibt es auch einige in kirchlicher Trägerschaft. Ein Unterrichtsfach Religion hat es in unterschied-

---

30 ref.ch, Hubertus Halbfas ist tot.
31 Vgl. Mittelbach, Religion.

licher konfessioneller Ausprägung gegeben. Es hat jedoch nicht als ordentliches Fach im Sinne der eidgenössischen Maturitätsprüfung gegolten und ist deshalb immer äusserst randständig geblieben.[32]

Erst die Maturareform 1995 schuf das bekenntnisunabhängige Fach Religionslehre als wählbares Ergänzungsfach für die Maturitätsprüfung.[33] Seither ist das konfessionelle Fach Religion fast überall aus den Gymnasien verschwunden. In Zürich und im Aargau beispielsweise schufen die Kirchen als Kompensation ausserschulische «Foyers» mit einem Angebot von Gesprächskreisen und Freikursen.[34] Andere Gymnasien wie beispielsweise jene im Kanton Luzern entwickelten den Bereich als bekenntnisunabhängiges Fach Ethik und Religionskunde weiter und bauten es über alle Stufen bis zum Ergänzungsfach auf.[35] Eine dritte Variante ist das Angebot eines Wahlpflichtfachs wie im Kanton Solothurn oder im Kanton St. Gallen. Angeregt durch die Modelle aus Deutschland können die Schülerinnen und Schüler hier zwischen einem ökumenisch verantworteten oder religionskundlichen Fach Religion oder dem Fach Ethik bzw. Philosophie wählen.[36] An fast allen Gymnasien besteht die Möglichkeit, dass Absolventinnen oder Absolventen eine Maturaarbeit im Fachgebiet Religion verfassen.

Zurzeit wird die Maturitätsanerkennungsverordnung revidiert und die Stellung und Gestaltung des Fachs Religion ist erneut Gegenstand der Diskussion.[37]

Die Veränderung des Faches Religion ging meist pragmatisch vonstatten. Eine inhaltliche Auseinandersetzung oder ein ökumenischer Dialog kamen oft zu kurz. Die beiden Gymnasiallehrer Hans Alfred Stricker (evangelisch-reformiert) und Franz Eckert (römisch-katholisch) haben nach ihrer Pensionierung an der Solothurner Kantonsschule und aus der Distanz zum konkreten Unterricht ihre ökumenische Erfahrung in einer Publikation theologisch reflektiert.[38]

8 Stichworte zur Entwicklung der letzten Jahre

Während sich der Bibel- und Religionsunterricht in der Nordwestschweiz (Basel-Stadt, Basel-Landschaft, Solothurn, Aargau) und der Ostschweiz (St. Gallen, Graubünden, Thurgau) vielerorts zu einem ökumenischen Unterricht ent-

---

32 Vgl. Jakobs/Ebel/Schmid, Religion, 63–69.
33 Vgl. Schweizerischer Bundesrat, MAV Art. 9, Absatz 4 h.
34 Vgl. https://www.mittelschularbeit.ch; https://www.religion-aargau.ch.
35 Vgl. https://ksreussbuehl.lu.ch/ausbildung/Faecher_neu/Religionslehre.
36 Vgl. Departement für Bildung und Kultur des Kantons Solothurn, Lehrplan Gymnasium, 399–408; Erziehungsrat des Kantons St. Gallen, Lehrplan für die Gymnasien, 160–166.
37 Vgl. https://matu2023.ch.
38 Vgl. Eckert/Stricker, Gott.

wickelte, begann in den klassisch reformierten und katholischen Kantonen (Bern, Zürich, Luzern) die Umwandlung des schulischen Bibelunterrichts zu einem religionskundlichen Schulfach, das den Horizont auf die Vielfalt der Religionen weitete und sich als Fachbereich Ethik, Religionen, Gemeinschaft im Rahmen des Lehrplans 21 etablierte.[39]

Gleichzeitig entstanden hier auch neue konfessionelle Lehrpläne:[40] Die reformierte Berner Landeskirche verankerte das Konzept «Kirchliche Unterweisung» als ausserschulischen Religionsunterricht am Lernort Kirche.[41] Die reformierte Zürcher Landeskirche schuf ein «Religionspädagogisches Gesamtkonzept», das über das Schulalter hinaus auch die vorschulpflichtigen Kinder und die schulentlassenen Jugendlichen mit einbezog.[42] Unter dem Kürzel LeRUKa erliessen die katholischen Bischöfe einen Lehrplan für die katholische Kirche in der Deutschschweiz. Er umfasste sowohl den Religionsunterricht im Rahmen der Schule als auch die Katechese in den Gemeinden und orientierte sich am Kompetenzmodell des Lehrplans 21.[43]

In der Region Nordwestschweiz arbeiten seit 2012 die evangelisch-reformierte, die christkatholische und die römisch-katholische Kirche in den Kantonen Basel-Landschaft und Solothurn, teilweise auch in Basel-Stadt, verbindlich auf ökumenischer Basis zusammen. Sie haben die Impulse des Lehrplans 21 und des LeRUKa aufgenommen und ihren ökumenischen Lehrplan gemeinsam weiterentwickelt.[44] Dabei haben sie auch die Ausbildung für nebenamtliche Religionslehrpersonen ökumenisch organisiert und eine gemeinsame ökumenische Weiterbildungsstelle geschaffen.[45] Was ökumenische Ausbildung ist und wie die konfessionell geprägten Glaubensinhalte zu ökumenischen Unterrichtsgegenständen werden, ist Gegenstand von aktuellen Entwicklungsprozessen. Der ökumenische Religionsunterricht in der Schule wird ergänzt durch gemeindekatechetische Angebote in der jeweiligen Konfession.

In St. Gallen war die Einführung des Lehrplans 21 in der Volksschule ebenfalls Anlass für eine Neupositionierung.[46] Da der Staat bisher keine religionsbezogene Bildung kannte, lud er die Kirchen ein, das neue vom Lehrplan 21 geforderte bekenntnisunabhängige Schulfach Ethik, Religionen, Gemeinschaft (ERG) gemeinsam einzuführen und zu verantworten. Dazu wurde das Model

---

39 Vgl. Jakobs/Ebel/Schmid, Religion, 14–21.
40 Vgl. Lorenzen/Schmid, Religionsunterricht.
41 Vgl. https://www.refbejuso.ch/grundlagen/weitergabe-des-glaubens/kirchliche-unterweisung-kuw.
42 Vgl. Jakobs/Ebel/Schmid, Religion, 119–124.
43 Vgl. a. a. O., 125–133.
44 Vgl. Bezirkssynode Solothurn u. a., Lehrplan.
45 Vgl. https://www.oekmodula.ch; https://www.oekwbk.ch.
46 Vgl. Jakobs/Ebel/Schmid, Religion, 135–140.

eines Wahlpflichtfaches («ERG-Schule» oder «ERG-Kirchen») geschaffen. Die beiden Konfessionen haben dazu ein Lehrplankonzept erarbeitet und gleichzeitig ihren Lehrplan für den ökumenischen Unterricht überarbeitet und auf die Kompetenzen des Lehrplans 21 hin strukturiert. Von 2017 bis 2022 beteiligten sich die Kirchen am bekenntnisunabhängigen Unterricht Ethik, Religionen, Gemeinschaft, seither verantwortet ihn der Staat allein. Geblieben ist der ökumenische Religionsunterricht der Kirchen.

9 Historischer Rückblick – ein erstes Fazit

Aus dem historischen Rückblick ergeben sich für mich folgende vier erste Schlussgedanken:

1. Die Entwicklung ökumenischer Bildung ist in der Deutschschweiz nicht linear verlaufen. Ein erwartetes Modell, dass sich konfessioneller Unterricht zuerst auf ökumenischen und später religionskundlichen Unterricht erweitert hat, lässt sich so nicht darstellen. Vielmehr zeigt sich die Entwicklung als asymmetrisch und regional unterschiedlich. In den Kantonen mit einer traditionellen Mehrheitskirche hat eine ökumenische Auseinandersetzung erst später und mit weniger Intensität eingesetzt. Ausgeprägte Traditionen und Grössenunterschiede haben eine Kooperation auf Augenhöhe erschwert und Minderheitskirchen sind oft mit anderen Herausforderungen konfrontiert. Ökumenische Unterrichtsformen sind in konfessionell gemischten Regionen zeitlich früher als sinnvoll und nützlich erachtet worden. Sie haben sich abseits von den konfessionellen Bildungszentren in Zürich, Bern und Luzern entwickelt und gefestigt. Der ökumenische schulische Religionsunterricht ist hier neben dem bekenntnisunabhängigen Schulfach Ethik, Religionen, Gemeinschaft und der konfessionellen Katechese zu einer eigenständigen «Säule» religionsbezogener Bildung geworden.[47]

In Analogie zu der in der interkulturellen Pädagogik gängigen Kontakthypothese[48] könnte das heissen, dass dort, wo Kontakte, Auseinandersetzungen und Begegnungen häufiger sind, auch ein ökumenisches Miteinander und eine Dialogbereitschaft früher ermöglicht werden. Entsprechend müssten für die Weiterentwicklung der Ökumene in der Bildung die Form des gemeinsamen Lernens und die ambivalente Begegnungsdidaktik weiter vertieft werden.[49]

2. Ökumenisches Lernen verlangt über Handlungskompetenzen hinaus eine Auseinandersetzung mit Inhalten und Positionen sowie eine Auseinanderset-

---

47 Vgl. Religiöse Bildung auf drei Säulen, in: Jakobs/Ebel/Schmid, Religion, 21–26.
48 Vgl. Stangl, Kontakthypothese.
49 Vgl. Boehme, Begegnungslernen.

zung mit unterschiedlichen Perspektiven auf diese. Dazu hat das Unterrichtswerk von Hubert Halbfas viele Anregungen geliefert. Es wäre bedeutsam, die diesbezüglichen Erfahrungen im ökumenischen Unterricht zu evaluieren und nach möglichen Elementen für eine ökumenische Religionspädagogik zu fragen.

3. Sowohl die Beispiele in der Geschichte als auch die Evaluation in Solothurn von 2012 oder die Erfahrungen im Lehrplanprojekt St. Gallen 2017 machen deutlich, dass das Gelingen ökumenischen Unterrichts stark von den unterrichtenden Personen abhängt. Ihre menschlichen Sympathien, ihr Glaubensverständnis und ihre Erfahrungen mit den anderen Kirchen und deren Repräsentantinnen und Repräsentanten, ihre Vorurteile und Bilder beeinflussen das Unterrichtsgeschehen.

Eine gemeinsame ökumenische Ausbildung ist deshalb unabdingbar. Wie die Professionsforschung zeigt, ist dabei die Auseinandersetzung mit der eigenen Biografie zentral.[50] Hier müssen die eigenen positiven und negativen Erfahrungen mit anderen Christinnen und Christen und mit «Ökumene» bewusst gemacht und vom professionellen Auftrag als Lehrperson in einem ökumenischen Unterricht unterschieden werden.

4. Das Gelingen ökumenischen Lernens kann nicht allein von Lehrpersonen oder Dozierenden erwartet werden. Die Autonomie der Kirchgemeinde oder die Einstellung eines vorgesetzten Pfarrers kann rasch zum Hindernis werden. Der Erfolg hängt davon ab, ob die institutionellen Strukturen dahinter ebenfalls ökumenisch angelegt sind. Ein erstes ökumenisches Lernen haben früher staatliche Vorgaben ermöglicht. Heute braucht es verbindliche Vereinbarungen zwischen den Kirchgemeinden und Pfarreien, wie sie in der Nordwestschweiz eingefordert werden, oder gemeinsam eingesetzte ökumenische Unterrichtskommissionen, wie sie die Kirchen in St. Gallen auf lokaler und kantonaler Ebene eingerichtet haben.[51]

Literaturverzeichnis

Arnold, Markus: Von der Sittenlehre zur Ethik: Moral in der Schule, in: *Jakobs, Monika (Hg.):* Sehen und gesehen werden. Impulse zu 50 Jahren Religionspädagogik in der Schweiz, Zürich 2016, 143–151.

Aubry, Carla: Schule im Kreuzfeuer von Kirche und Staat, in: *Friedmann, Reto (Hg.):* Zwei Himmel über dem Thurgau. Zum Verhältnis von Kirche und Staat vom 18. bis ins 21. Jahrhundert, Frauenfeld 2020, 51–76.

---

50 Vgl. Ebel, Rolle; Schmid, Profession; Baumert/Kunter, Kompetenz.
51 Vgl. Jakobs/Ebel/Schmid, Religion, 139 f.

Baumert, Jürgen/Kunter, Mareike: Stichwort: Professionelle Kompetenz von Lehrkräften, in: Zeitschrift für Erziehungswissenschaften 9/4 (2006) 469–520.

Bezirkssynode Solothurn der Reformierten Kirchen Bern-Jura-Solothurn/Evangelisch-Reformierte Kirche des Kantons Solothurn/Römisch-Katholische Synode des Kantons Solothurn/Bischofsvikariat St. Verena, Bistum Basel/Evangelisch-Reformierte Kirche des Kantons Basel-Landschaft/Römisch-Katholische Landeskirche des Kantons Basel-Landschaft/Bischofsvikariat St. Urs, Bistum Basel/ Christkatholische Kirche der Schweiz (Hg.): Ökumenischer Lehrplan für den Religionsunterricht der Kirchen am Lernort Schule in den Kantonen Basel-Landschaft und Solothurn, Basel und Solothurn 2019.

Bildungsdepartement des Kantons St. Gallen (Hg.): Bildungs- und Lehrplan Volksschule Kanton St. Gallen, Rorschach 1997.

Boehme, Katja: Art. Interreligiöses Begegnungslernen, in: Wissenschaftlich-Religionspädagogisches Lexikon (WiReLex), 05.02.2019; DOI: 10.23768/ wirelex.Interreligises_Begegnungslernen.200343.

Brüschweiler, Willy u. a. (Hg.): Schweizer Schulbibel für die Mittelstufe der Volksschule, Zürich 1972.

Cebulj, Christian/Schlag, Thomas: Der Schweizer Lehrplan 21 – eine (nicht nur) ökumenische Herausforderung, in: Theo-Web. Zeitschrift für Religionspädagogik 13/2 (2014) 198–206; http://www.theo-web.de/zeitschrift/ausgabe-2014-02/23.pdf.

Departement für Bildung und Kultur des Kantons Solothurn (Hg.): Lehrplan für die Volksschule, Solothurn 1992.

Departement für Bildung und Kultur des Kantons Solothurn (Hg.): Lehrplan Gymnasium, Solothurn/Olten 2014.

Deutschschweizerische Erziehungsdirektorenkonferenz (Hg.): Lehrplan 21, Luzern 2014, https://www.lehrplan21.ch/.

Ebel, Eva: Rolle und Professionsverständnis der Lehrperson, in: *Bietenhard, Sophia/Helbling, Dominik/Schmid, Kuno: (Hg.):* Ethik, Religionen, Gemeinschaft. Ein Studienbuch, Bern 2015, 156–163.

Eckert, Franz/Stricker, Hans Alfred: Gott erfahren heute. Entdeckungsreisen mitten ins Leben, Luzern 2017.

Eggenberger, Hans/Spahn, Walter (Hg.): Schweizer Schulbibel. Lehrerbuch, Zürich 1972.

Erziehungsrat des Kantons St. Gallen (Hg.): Lehrplan für die Gymnasien im Kanton St. Gallen, St. Gallen 2006.

Estermann, Guido: Die katholische Pädagogik als offenbarungstheologisches Konzept der katholischen Kirche des ausgehenden 19. Jahrhunderts bis Mitte des 20. Jahrhunderts in der Schweiz, in: *Conrad, Anne/Maier, Alexan-*

der/Weber, Jean-Marie/Voss, Peter (Hg.): Lernen zwischen Zeit und Ewigkeit. Pädagogische Praxis und Transzendenz, Bad Heilbrunn 2018, 64–77.

Evangelisch-reformierte Kirche des Kantons Basel-Landschaft/Römisch-Katholische Landeskirche des Kantons Basel-Landschaft (Hg.): Katechetischer Rahmenplan für den kirchlichen Religionsunterricht an den Schulen des Kantons Basel-Landschaft, Liestal 1995.

Evangelisch-reformierte Landeskirche Graubünden/Katholische Landeskirche Graubünden (Hg.): Lehrplan Religion für die Volksschule Graubünden. Lizenzausgabe des Lehrplans Kanton St. Gallen, Chur 2002.

Gügler, Alois: Schweizer Schulbibel, in: Schweizer Schule, 59/17 (1972) 678–681.

Halbfas, Hubertus: Religionsunterricht in der Grundschule, Düsseldorf 1983.

Jakobs, Monika/Ebel, Eva/Schmid, Kuno: Bekenntnisunabhängig Religion unterrichten. Grundlagen – Erfahrungen – Perspektiven aus dem Kontext Schweiz, Ostfildern 2022.

Jakobs, Monika: Ist Zweigleisigfahren der Dritte Weg? Aktuelle Entwicklungen des schulischen Religionsunterrichts in der Schweiz, in: Theo-Web. Zeitschrift für Religionspädagogik 6/1 (2007) 123–133; https://www.theo-web.de/zeitschrift/ausgabe-2007-01/11.pdf.

Lang, Josef/Meier, Pirmin: Kulturkampf. Die Schweiz des 19. Jahrhunderts im Spiegel von heute, Baden 2016.

Leimgruber, Stephan: Interreligiöses Lernen, München 2007.

Lorenzen, Stefanie/Schmid, Kuno: Art. Religionsunterricht in der Schweiz, in: Wissenschaftlich-Religionspädagogisches Lexikon (WiReLex), 05.02.2019; DOI: 10.23768/wirelex.Religionsunterricht_in_der_Schweiz.200639.

Mittelbach, Matthias: Religion verstehen. Der theologische und religionspädagogische Weg von Hubertus Halbfas, Zürich 2002.

Pfändtner, Karl-Georg: Art. Ihr Kinderlein kommet (Christoph von Schmid), 03.12.2020, in: Historisches Lexikon Bayerns; http://www.historisches-lexikon-bayerns.de/Lexikon/Ihr_Kinderlein_kommet_(Christoph_von_Schmid).

ref.ch News der Reformierten: Hubertus Halbfas ist tot, 02.03.2022, https://www.ref.ch/news/hubertus-halbfas-ist-tot.

Santini-Amgarten, Bruno: Bildung als Kerngeschäft der Kirchen?, Luzern 2004.

Scheuchenpflug, Peter: Art. Sailer, Johann Michael (1751–1832), in: Wissenschaftlich-Religionspädagogisches Lexikon (WiReLex), 05.02.2019; DOI: 10.23768/wirelex.Sailer_Johann_Michael_17511832.200641.

Schmid, Christoph: Die biblische Geschichte für Gemeindeschulen. Ein Auszug, Willisau 1854.

Schmid, Kuno: Zwischen Profession und Professionalisierung, in: *Brandl, Arnd/ Pfeiffer, Matthias/Schellenberg, Urs (Hg.):* Kulturschichten und Horizonte. Eine Festschrift für Hans Rudolf Kilchsperger, Zürich 2021, 71–78.

Schweizerischer Bundesrat: Verordnung über die Anerkennung von gymnasialen Maturitätsausweisen (MAV), Bern 1995.

Stangl, Werner: Art. Kontakthypothese, in: Online Lexikon für Psychologie und Pädagogik, 2019; https://lexikon.stangl.eu/23058/kontakthypothese, 08.01.2024.

von Vischer, Lukas/Schenker, Lukas/Dellsperger, Rudolf (Hg.): Ökumenische Kirchengeschichte der Schweiz, Freiburg i. Üe./Basel 1994.

Ökumenisch und Ökumene lernen: Entwicklungen in Deutschland am Beispiel des konfessionell-kooperativen Religionsunterrichts

Jan Woppowa

Mit dem Leitgedanken dieses Bandes «Ökumenisch lernen – Ökumene lernen» lässt sich ein offener Prozess charakterisieren, der nicht in erster Linie «das ökumenische Lernen» im engeren Sinne meint. Vielmehr beschreibt er ein offenes Format religiösen Lernens wie beispielsweise ein Lernen und Lehren in konfessioneller Kooperation einschliesslich eines konstruktiven Umgangs mit Pluralität und Differenz sowie entsprechender professioneller Haltungen und Einstellungen. Zugunsten eines weiten Blicks auf verschiedene Prozesse verzichte ich daher an dieser Stelle auf eine Definition der spezifischen Lernform ökumenischen Lernens.[1] Denn in diesem weiten Rahmen lässt sich auch der konfessionell-kooperative Religionsunterricht von heute aus betrachtet als eine «ökumenische Erfolgsgeschichte»[2] bzw. als Erfolgsgeschichte ökumenischen Lernens charakterisieren, wenn auch mit offenem Ausgang.

Im Folgenden werden im Blick auf den bundesdeutschen Kontext und am Beispiel des konfessionell-kooperativen Religionsunterrichts solche Lern- und Entwicklungsprozesse nachgezeichnet, die für die Arbeit an der Qualität des schulischen Religionsunterrichts unter dem Anspruch ökumenischen Lernens relevant erscheinen, und zwar jeweils blitzlichtartig auf normativer, organisatorischer, konzeptioneller und empirischer Ebene (1), weiterhin im Blick auf Probleme und Aporien (2) sowie schliesslich in der Fokussierung didaktischer Potenziale und Perspektiven (3). Ein abschliessendes Fazit (4) mündet schliesslich in einen Ausblick auf die weitaus grössere Bedeutung von Unterrichtsqualität jenseits bestehender Modelldiskussionen zum Religionsunterricht.

---

1   Vgl. bspw. Pemsel-Maier, Ökumenisches Lernen (2021).
2   Woppowa/Simojoki, Ökumene 15; die folgenden Ausführungen basieren in Teilen auf diesem Beitrag.

1 A brief History of ... konfessionell-kooperativer Religionsunterricht: Von der Organisationsform zum didaktischen Modell

1.1 Normative Ebene kirchlicher Stellungnahmen

Beginnt man eine historische Revue in den siebziger Jahren des letzten Jahrhunderts, so lässt die frühe Stellungnahme der Evangelischen Kirche in Deutschland (EKD) aus dem Jahr 1971 bereits ein ökumenisches Anliegen erkennen: Der evangelische Religionsunterricht habe sich «mit den verschiedenen geschichtlichen Formen des christlichen Glaubens (Kirchen, Denominationen, Bekenntnisse) zu befassen», und zwar einerseits «um den eigenen Standpunkt und die eigene Auffassung zu überprüfen», und andererseits «um Andersdenkende zu verstehen und um zu größerer Gemeinsamkeit zu gelangen»[3]. Auch dem 1974 auf katholischer Seite gefassten wegweisenden Beschluss der Würzburger Synode zum schulischen Religionsunterricht ist sein ökumenisches Grundanliegen deutlich abzulesen:

«Wie die Kirchen durch ökumenisches Denken und Handeln immer stärker aufeinander zugehen [...], so ist auch der konfessionelle Religionsunterricht zur Offenheit verpflichtet; der Gesinnung nach ist er ökumenisch.»[4]

Was hier wie dort noch vorsichtig anklingt, kommt 1994 in der entscheidenden Denkschrift der EKD mit aller Kraft zum Ausdruck, wenn der Religionsunterricht zwischen «Identität und Verständigung» als «grundsätzlich *ökumenisch*»[5] verstanden und wenn für seine Weiterentwicklung in Richtung konfessioneller Kooperation plädiert wird. Diese Grundüberzeugungen werden 2014 seitens der EKD nochmals bestätigt, insofern dem konfessionell-kooperativen Religionsunterricht ein echter «Mehrwert»[6] beigemessen wird. Der im Jahr 1996 festgeschriebene apologetisch orientierte und rekonfessionalisierende Weg auf katholischer Seite[7] wird erst zwanzig Jahre später in der bischöflichen Erklärung zur «Zukunft des konfessionellen Religionsunterrichts» verlassen. Hier wird der Knoten der konfessionshomogenen Trias «auf einer theologischen Grundlage [...], die die Entwicklung der ökumenischen Beziehungen der vergangenen Jahrzehnte berücksichtigt»[8], aufgelöst und

---

3 Kirchenamt der EKD, Bildung, 60 f.
4 Bertsch, Gemeinsame Synode, hier im Beschlusstext zum schulischen Religionsunterricht (123–152): Abschnitt 2.7.1.
5 Kirchenamt der EKD, Identität, 63.
6 Kirchenamt der EKD, Religiöse Orientierung, 83.
7 Vgl. Sekretariat der Deutschen Bischofskonferenz, Kraft.
8 Sekretariat der Deutschen Bischofskonferenz, Zukunft, 26.

endlich die Kooperation mit dem evangelischen Religionsunterricht ausdrücklich empfohlen: «Auf diese Weise wird der konfessionelle Religionsunterricht zu einem ökumenisch bedeutsamen theologischen Lernort.»[9] Die unmittelbare Folgeerklärung der EKD kann als positive Reaktion und kontinuierliche Weiterführung des ökumenischen Dialogs über den Religionsunterricht gelesen werden.[10]

Die zitierten Schriften lassen sich auf zwei Ebenen als Zeichen des Fortschritts im Sinne einer Erfolgsgeschichte deuten: Zum einen belegen sie die gewachsene Akzeptanz des konfessionell-kooperativen Religionsunterrichts. Zum anderen stehen sie exemplarisch für eine neue Phase seiner Entwicklung, in der es nun längst nicht mehr primär um die blosse Plausibilisierung einer stärkeren konfessionellen Zusammenarbeit geht. Vielmehr stehen nun rechtliche Regelungen, Fragen der Implementierung und konkreten Gestaltung im Vordergrund, jeweils auf der Basis von Art. 7,3[11] des Grundgesetzes für die Bundesrepublik Deutschland, in den Bundesländern allerdings je unterschiedlich.

1.2 Organisatorische Ebene in den Bundesländern

Der Legitimitätszugewinn des konfessionell-kooperativen Religionsunterrichts hat in den letzten Jahren zu einer regionalen Expansion des Ansatzes in Deutschland geführt. Eine Vorreiterrolle haben schon lange Niedersachsen und Baden-Württemberg inne. In beiden Bundesländern ist der konfessionell-kooperative Religionsunterricht bereits seit Längerem erprobt, offiziell eingeführt und dann sukzessive weiterentwickelt worden, in Niedersachsen sogar schon seit 1998, in Baden-Württemberg seit 2005 auf der Grundlage mehrfacher zwischenkirchlicher Kooperationsvereinbarungen.[12] Darüber hinaus haben in den letzten Jahren weitere (Erz-)Diözesen und Landeskirchen Kooperationsvereinbarungen unterzeichnet, zuletzt grossflächig in Nordrhein-Westfalen, wo sich alle Landeskirchen und fast alle (Erz-)Bistümer im Sommer 2017 auf gemeinsame Regelungen zum konfessionell-kooperativen Religionsunterricht geeinigt haben, seit Frühjahr 2022 auch unter Beteiligung des Erzbistums Köln.

Die kürzlich erschienene Evaluationsstudie aus Nordrhein-Westfalen zeigt, dass aus Sicht der Lehrkräfte und Schulleitungen primär pädagogische Gründe

---

9 A.a.O., 30.
10 Vgl. Kirchenamt der EKD, Konfessionell-kooperativ erteilter Religionsunterricht.
11 Der Text der Bestimmung findet sich im Beitrag von Eva Ebel und Christian Höger in diesem Band bei Anmerkung 14 (S. 104).
12 Vgl. Pemsel-Maier/Sajak, Konfessionelle Kooperation. Eine Übersicht über die aktuellen Entwicklungen in den einzelnen Bundesländern bietet die vom Deutschen Katecheten-Verein initiierte Homepage: http://www.konfessionelle-kooperation.info/.

genannt werden, warum man sich zur Einführung des konfessionell-kooperativen Religionsunterrichts entscheidet.[13] Ökumenisch-theologische Argumente werden hier wesentlich zurückhaltender verwendet, was von empirischer Seite her deutlich werden lässt, dass der konfessionell-kooperative Religionsunterricht nur durch ein breites, mehrdimensionales Geflecht von theologischen, pädagogischen, schultheoretischen u. a. Argumentationsfiguren umfassend zu plausibilieren ist und je nach Akteuren und Interessen unterschiedliche Argumente präferiert werden.[14] Das Ausbleiben theologischer Argumente bei den Lehrkräften kann darauf hinweisen, dass ein ökumenisches Bewusstsein noch zu wenig ausgeprägt ist und auch in der fachlichen Ausbildung bislang nur eine marginale Rolle spielt.[15]

Die jüngste und mit der grössten Innovationskraft betriebene Entwicklung liegt wiederum in Niedersachsen vor, wo seit 2021 für ein neues Fach Christlicher Religionsunterricht[16] in ökumenischer Verantwortung der Bistümer und Landeskirchen geworben wird. Mittlerweile sind zwei Kommissionen zur Erarbeitung neuer Kerncurricula für die Primarstufe und die Sekundarstufe I offiziell seitens des Landes eingesetzt worden, damit das neue Schulfach zum Schuljahr 2025/26 eingeführt werden kann.

1.3 Konzeptionelle Ebene

Auf konzeptioneller Ebene zeigt sich, dass die zunächst reine Organisationsform und demografisch bedingte Notlösung der konfessionellen Kooperation immer mehr einem Modell weicht, das nun auch didaktisch in mehrfacher Hinsicht profiliert wird. Je eingehender man sich mit den kirchlichen Kooperationsvereinbarungen und Realisierungen konfessioneller Kooperation befasst, desto deutlicher tritt allerdings zutage, dass es *den* konfessionell-kooperativen Religionsunterricht nicht gibt. Die tatsächlichen Gestaltungsformen und die jeweiligen Innensichten variieren beträchtlich. Denn die Bezeichnung «konfessionell-kooperativer Religionsunterricht» ist zunächst nur ein Terminus technicus,[17] mit dem diese Organisationsform insbesondere seitens der beteiligten

---

13 Riegel/Zimmermann, Evaluation, 264f.
14 Vgl. bspw. die verschiedenen Argumente bei Schröder/Woppowa, Einleitung, 20–31.
15 Dazu passt auch die Einschätzung der Lehrkräfte über eine ungenügende universitäre Vorbereitung auf konfessionelle Kooperation (vgl. Riegel/Zimmermann, Evaluation 267); insgesamt bleiben in der Studie ökumenebezogene Fragestellungen leider weitestgehend unterbelichtet.
16 Das Positionspapier der Schulreferate und eine ausführliche Dokumentation des Beratungsprozesses finden sich unter: https://www.religionsunterricht-in-niedersachsen.de/christlicherRU. Siehe dazu auch weiter unten Abschnitt 3.4.
17 Vgl. Woppowa, Konfessionell-kooperativer Religionsunterricht, 199.

kirchlichen Entscheidungsträger von einem christlichen bzw. ökumenischen Religionsunterricht, von einem Religionsunterricht im Klassenverband sowie nicht zuletzt von der Zusammenarbeit mit andersreligiösem Religionsunterricht unterschieden werden soll. Während konfessionell-kooperativer Religionsunterricht *im engeren Sinne* auf die Präsenz und auf die personelle Kooperation von Lehrkräften beider Konfessionen beim Unterrichten konfessionell gemischter Lerngruppen zielt, wird konfessionell-kooperativer Religionsunterricht *im weiteren Sinne* ohne personelle Kooperationen in einer konfessionell gemischten Lerngruppe von einer konfessionell gebundenen Lehrkraft erteilt. Letzterer erfolgt *aus einer Haltung konfessioneller Kooperation* heraus, nämlich aus den gemeinsam interkonfessionell gewonnenen Überzeugungen und didaktischen Zielvorstellungen. Konfessionell-kooperativer Religionsunterricht nach der engeren Lesart mag im Prinzip zwar eine Idealform darstellen, was den Einbezug unterschiedlicher Teilnehmendenperspektiven während des Unterrichtsprozesses angeht. Die Praxis aber zeigt, dass die weite Lesart bzw. das Delegationsmodell gerade in solchen Regionen Vorrang erhält, wo signifikante konfessionelle Minoritätsverhältnisse vorliegen oder nicht genügend Lehrkräfte einer Konfession zur Verfügung stehen. Entscheidend ist daher, wie zukünftig ein Unterricht *aus konfessioneller Kooperation* vorangebracht werden kann. Diese Frage schliesst das Delegationsmodell ebenso mit ein wie aktuelle Aufbrüche zu einem ökumenisch verantworteten Christlichen Religionsunterricht in Niedersachsen. Nicht zuletzt gilt: Jenseits bestimmter Organisationsformen kommt es mehr denn je auf die Qualität bzw. auf die innere Gestalt des Unterrichts an.[18]

Der konfessionell-kooperative Religionsunterricht wird von Beginn an nicht ohne eine enge Bezugnahme auf die Lernform des ökumenischen Lernens gedacht, auch wenn er davon grundsätzlich zu unterscheiden ist, denn ökumenisches Lernen weist über den Rahmen von Schule und Unterricht hinaus. Mit der Profilierung als didaktisches Modell hat allerdings diese Fokussierung insbesondere in der jüngeren Vergangenheit weitere Ausschärfungen erhalten, insofern «Religionsunterricht in der Perspektive ökumenischer Konvivenz»[19] gesehen oder als «interkonfessionelle theologische Suchgemeinschaft»[20] nach gemeinsamen christlichen Lebensorientierungen beschrieben wird. Als «Dachbegriff»[21] ist ökumenisches Lernen wieder verstärkt zu einem strukturierenden Kriterium geworden, nämlich im Bewusstsein bleibender Differenz das

---

18 Vgl. Käbisch/Woppowa, Qualitätskriterien.
19 Möller/Wedding, Ökumenesensibilität, 151.
20 Link-Wieczorek, Ökumene, 58.
21 Pemsel-Maier, Ökumenisches Lernen (2019), 213.

verbindende Moment konfessionell-kooperativen Lernens herauszustellen. Dieses Kriterium «hält dazu an, konfessionell-kooperatives zu ökumenischem Lernen zu erweitern»[22], was sich u. a. auch in spezifischen didaktischen Leitlinien zeigt und was gleichsam prototypisch in den niedersächsischen Weg eines Christlichen Religionsunterrichts in ökumenischer Verantwortung mündet.

1.4 Empirische Ebene

Die zahlreichen empirischen Studien zum konfessionell-kooperativen Religionsunterricht zeigen bis in die jüngste Vergangenheit, dass Religionslehrkräfte ihr Engagement im konfessionell-kooperativen Religionsunterricht nicht immer, aber auch ausdrücklich ökumenisch begründen[23] oder dass sie sogar «durch eine ökumenische Sehnsucht getragen»[24] sind. Darüber kann auch ein primärer Zukunftswunsch von Lehrkräften nach einem ausdrücklich ökumenischen Religionsunterricht offengelegt werden, denn konfessionelle Differenzierung erscheint aus Sicht der Lehrkräfte überholt, auch weil bei schülernahen, lebensweltlichen Themen konfessionellen Unterschieden keine Relevanz mehr beigemessen wird.[25] Das Anliegen von Lehrkräften, in ihrer Rolle als Theologinnen und Theologen einen Beitrag zum ökumenischen Dialog leisten zu wollen, trifft mit der Durchführung des konfessionell-kooperativen Religionsunterrichts auf eine konkrete Möglichkeit der Realisierung. Das Unterrichten in konfessioneller Kooperation lässt sich daher als ein professionelles Handlungsfeld beschreiben, mit dem ein erhöhtes Selbstwirksamkeitserleben einhergehen kann, und zwar in Richtung ökumenischen Engagements. Bei der Einrichtung und Erteilung von konfessionsübergreifendem Religionsunterricht «geht es also nicht nur [in der Spur des pädagogischen Arguments] um den Klassenverband, sondern die Lehrerinnen und Lehrer sind bei ihren Zukunftsreflexionen auch von einer konfessionellen bzw. ökumenischen Perspektive geprägt.»[26]

2 Barrieren und Desiderate: ökumenerelevante Problemmarkierungen

Trotz dieser Erfolgsgeschichte sind in ökumenischer Hinsicht auch Barrieren zu erkennen, denn der konfessionell-kooperative Religionsunterricht bleibt ein Konsensmodell. So sind offizielle kirchliche Dokumente und dahinterliegende

---

22 A. a. O., 214.
23 Vgl. Schweitzer u. a., Gemeinsamkeiten 170; Schweitzer u. a., Dialogischer Religionsunterricht, 146; Isak, KRU, 137.
24 Gennerich/Mokrosch, Religionsunterricht, 61.
25 Vgl. Gennerich/Käbisch/Woppowa, Kooperation, 144 f.
26 A. a. O., 145.

Haltungen nicht selten ökumenisch unterbestimmt, wenn beispielsweise ein Schwerpunkt der Argumentation immer noch auf der Betonung und Sicherung der konfessionellen Identität des Fachs und einer entsprechenden Bewusstseinsprägung bei Kindern und Jugendlichen liegt. Der Anspruch auf der Konfessionalität des Religionsunterrichts bleibt selbstredend erhalten, wird kirchlicherseits aber stärker auf die Lehrkräfte als konfessionelle Bildungsagenten übertragen:

> «Die Religionslehrkräfte unterrichten konfessionsbewusst und differenzsensibel und sind als katholische oder evangelische Lehrkräfte erkennbar. So können die Schülerinnen und Schüler lernen, wie ein konfessioneller Standpunkt mit Verständnis und Offenheit für andere Konfessionen und Religionen verbunden werden kann.»[27]

Solche Akzentuierungen übersehen, was in diversen Evaluationsstudien zum konfessionell-kooperativen Religionsunterricht empirisch angezeigt wird: Lehrkräfte befürchten dahinter ideologische Re-Konfessionalisierungen und halten auch konfessionelle Bewusstseinsbildung von Kindern und Jugendlichen für unrealistisch und didaktisch unangemessen.[28] Dass eine solche Verengung des konfessionell-kooperativen Religionsunterrichts in der Realität und angesichts eines fehlenden konfessionellen Bewusstseins bei Kindern und Jugendlichen scheitern muss, ist nachvollziehbar und nicht überraschend.[29] Und auch wenn das eigene biografisch verankerte Glaubenszeugnis im Sinne individueller Positionalität von den Lehrkräften gerade nicht aus dem Unterrichtsgeschehen ausgeklammert wird, sondern von ihnen selbst und auch von den Schülerinnen und Schülern wertgeschätzt wird, geschieht das primär doch aus der eigenen individuellen Erfahrung heraus und erst sekundär oder gar nicht in Bezug auf institutionelle und konfessionelle Bindungen.[30] Der Unterricht selbst darf nicht der Gefahr erliegen, primär konfessionalisierende Lernprozesse oder konfessionelle Bewusstseinsbildung zu intendieren und damit elementare religiöse Bildung konfessionalistisch zu verkürzen.

Eine Schieflage zeigt sich in der Weite der hier verhandelten Ökumene, denn in den bisherigen Bemühungen um eine konzeptionelle Fundierung und schulische Implementierung des konfessionell-kooperativen Religionsunterrichts kommt das orthodoxe Christentum bislang nur am Rande vor. Mittler-

---

27 Sekretariat der Deutschen Bischofskonferenz, Zukunft, 33; vgl. kritisch dazu Woppowa, Positionierung.
28 Vgl. Zimmermann u. a., Standpunktfähigkeit, 55; Zimmermann u. a., Wahrnehmung, 121.
29 Vgl. entsprechende Erkenntnisse bei Riegel/Zimmermann, Evaluation, 273–278.
30 Vgl. Woppowa/Caruso, Befunde; Fabricius, Positionalität.

weile ist in einigen Bundesländern zwar ein orthodoxer Religionsunterricht eingerichtet worden, er wird in kirchlichen Stellungnahmen aber nur marginal bedacht. Der religionsdidaktische Aufmerksamkeitshorizont auf den orthodoxen Religionsunterricht bzw. auf eine orthodoxe Religionsdidaktik weitet sich dagegen in jüngerer Zeit konstruktiv aus.[31]

3 Potenziale und Perspektiven in didaktischer Hinsicht

Welchen Mehrwert bringt ein konfessionell-kooperativer bzw. ökumenischer Religionsunterricht für die Gestaltung religiöser Bildung in der Schule? Das religionspädagogische Argument für einen konfessionell-kooperativen bzw. ökumenischen Religionsunterricht liegt in seinem programmatischen Zugehen auf Heterogenität und Pluralität, mindestens in konfessioneller Hinsicht, aber auch darüber hinaus. Allerdings zielt er wie jede religiöse Bildung in der öffentlichen Schule zuallererst auf eine elementare religiöse Sprachfähigkeit der Lernenden. Denn auch in ihm stellt «die konfessionelle bzw. religiös-weltanschauliche Heterogenität der Lerngruppen [...] einen wichtigen und sichtbaren Faktor einer differenzsensiblen und pluralitätsbefähigenden dialogischen Unterrichtsgestaltung»[32] dar. Um dieser doppelten Herausforderung – nämlich einerseits einer gewissen Programmatik zu folgen und andererseits elementare religiöse Bildung zu realisieren – gerecht werden zu können, sind spezifische didaktische Leitlinien konfessioneller Kooperation, die im Folgenden nur exemplarisch anklingen können, notwendig und im besten Fall auch hinreichend.[33]

3.1 Konfessionelle Perspektivenverschränkung ermöglichen: Lernchancen zur kognitiven Aktivierung und Standpunktreflexion

Ein programmatisch mit Heterogenität und Pluralität umgehender Unterricht muss *multiperspektivisch* angelegt sein, um in den Unterrichtsprozessen differente konfessionelle, religiöse und subjektive Perspektiven miteinander verschränken zu können. Dem liegt die Annahme zugrunde, dass Erkenntnisse nie standpunktunabhängig sind, sondern immer von bestimmten (historischen, religiösen, konfessionellen etc.) Perspektiven aus gewonnen werden. Multiperspektivität folgt dem bildungstheoretischen Anspruch, die Vielfalt vorhandener Betrachtungsweisen von Wirklichkeit seitens der Lernenden sichtbar zu machen und mit anderen möglichen Deutungsperspektiven aus Kultur, Reli-

---

31 Vgl. zuletzt Simojoki u. a., Religionsunterricht.
32 Schröder/Woppowa, Einleitung, 4.
33 Vgl. ausführlich a. a. O., 36–44.

gion, Gesellschaft, Wissenschaft etc. in ein produktives Spannungsverhältnis zu setzen. Daraus kann zweierlei resultieren: erstens eine an den Subjekten des Lernens orientierte Auseinandersetzung mit Wirklichkeitsdeutungen einschliesslich spezifisch religiöser Deutungsperspektiven sowie zweitens bildende Lernprozesse, die es ermöglichen, den eigenen egozentrisch begrenzten Horizont zu überschreiten und neue Perspektiven zu erschliessen.

Spezifische Lernchancen eines *perspektivenverschränkenden* Unterrichts entstehen genau dann, wenn Schülerinnen und Schüler beispielsweise ausgewiesene Möglichkeiten zum Perspektivenwechsel zwischen verschiedenen konfessionellen und religiös-weltanschaulichen Standpunkten bekommen. Dadurch können kognitiv aktivierende Lernanlässe entstehen, um selbst religiös sprachfähig zu werden, wenn etwa der eigene, individuelle Standpunkt markiert und transparent kommuniziert werden soll. Das gilt zunächst für jeden guten Religionsunterricht, der konfessionell-kooperative Religionsunterricht verfolgt darüber hinaus aber auch den Anspruch, spezifische Lernchancen auf inhaltlicher Ebene zu bieten, weil er versucht, konfessionelle und religiöse Perspektiven so miteinander zu verschränken, dass daraus ein Mehrwert für religiöses Lernen entstehen kann.[34]

3.2 Konfessionelle Heterogenität und Vielfalt als bildsame Differenz begreifen: Lernchancen durch Kontroversität und Komplementarität

Wenn auf eine didaktisch inszenierte Verschränkung von konfessionellen bzw. religiösen Perspektiven auf die Wirklichkeit zurückgegriffen wird, entsteht dabei im besten Fall ein *kontroverser* Lernprozess. Dieser wiederum ist notwendig, um elementare religiöse Sprach- und Urteilsfähigkeit zu fördern. Kontroversität kann sich auf mehreren Ebenen zeigen: innerhalb der Lerngruppe, zwischen der Lerngruppe und den Inhalten, zwischen dem Individuum und einzelnen Inhalten, zwischen den verschiedenen inhaltlichen Perspektiven. Dabei ist die konfessionelle bzw. religiös-weltanschauliche Heterogenität der Lerngruppen angesichts der damit einhergehenden individuellen Ausprägungen von Religiosität ebenso als Lerngelegenheit wertzuschätzen wie auch die Pluralität konfessioneller Positionen und Perspektiven. Denn es gilt, individuell-religiöse sowie konfessionelle Differenzen gerade nicht als dysfunktionale Störungen auszublenden, sondern vielmehr als bereichernde Lernanlässe aufzu-

---

34 Im Handbuch «Theologie für den konfessionell-kooperativen Religionsunterricht» (Schröder/Woppowa) werden solche Möglichkeiten als *elementare Lernchancen* bezeichnet, weil sie unter impliziter Bezugnahme auf das Modell der Elementarisierung auf elementaren Strukturen bestimmter Inhaltsfelder aufbauen und in elementaren Lernformen konfessioneller Kooperation münden.

greifen, in denen gerade nicht die eine konfessionelle Perspektive auf Kosten einer anderen bevorzugt und damit auch nicht der Reichtum christlicher Ausdrucksformen beschnitten wird. Leitend wird daher die ökumenische Denkform der *Komplementarität*,[35] denn konfessionelle Spezifika werden nicht exklusiv, sondern inklusiv behandelt und sind im Sinne einer sich wechselseitig ergänzenden Komplementarität in ihrer Differenz didaktisch fruchtbar zu machen.

Ökumenisch lernen hiesse dann, konfessionelle Vielfalt wertzuschätzen und hinsichtlich ihrer wechselseitigen Ergänzungsbedürftigkeit kritisch lesen zu lernen. Denn im Kern muss es um eine bildende Annäherung an das Phänomen Religion bzw. an die Gottesfrage an sich gehen, auf die konfessionelle Standpunkte und Perspektiven in komplementärer Weise zu beziehen sind und nicht umgekehrt.

3.3 Ökumenische Differenzsensibilität pflegen: Lernchancen zur kritischen Urteilsfähigkeit

Ein perspektivenverschränkender Unterricht, der zugleich kontroverses und komplementäres Lernen ermöglicht, hat nicht zuletzt der Leitlinie *ökumenischer Differenzsensibilität* zu folgen. Ihr geht es um den Aufbau einer theologischen Unterscheidungsleistung, das heisst um die Unterscheidung zwischen solchen konfessionellen Differenzen, die «zu respektieren oder sogar als Bereicherung anzuerkennen sind (etwa Unterschiede in der Praxis des Gebets, in der Art und Weise theologischer Argumentation oder der Entfaltung prosozialen Engagements)» und solchen, «deren Berechtigung kritisch zu hinterfragen ist oder die als zu überwindende Übel anzusehen sind (etwa Unterschiede, die dominanz- und machtorientierten Strategien geschuldet sind – z. B. konfessionsspezifische Zulassungsregeln zu den Sakramenten)».[36] Konfessionelle Differenzlinien sind nicht absolut zu setzen, sondern in ihrer inter- wie intrakonfessionellen Differenz zwar wertzuschätzen, aber auch kritisch zu beurteilen und gegebenenfalls zu relativieren.

Die hier geforderte Unterscheidungsleistung soll ökumenisch inspiriert sein, um sowohl einen rein konfessionskundlichen als auch rekonfessionalisierenden Unterricht zu vermeiden, der die elementaren Fragen nach Gott und Mensch aus dem Blick verliert. Darin liegt zum einen eine Aufgabe für das religiöse Lehren und Lernen im konfessionell-kooperativen Religionsunterricht, es macht zum anderen auch einen normativen Anspruch an die Inhaltsauswahl des Unterrichts geltend. Denn durch diese Unterscheidungs-

---

35 Vgl. Thönissen, Anwalt.
36 Schröder/Woppowa, Einleitung, 42 f.

leistung können auch die Auswahl und der Zuschnitt von Lerngegenständen gesteuert werden.[37]

Vor dem Hintergrund ökumenischen Lernens hebt diese Leitlinie auf eine kritische Prüfung von Standpunkten und Perspektiven ab und schafft Lernchancen zur Ausbildung einer gleichermassen ideologie-, religions- und konfessionskritischen Urteilsfähigkeit.

3.4 Christlicher Religionsunterricht als Erprobungs- und Bewährungsfeld: Neuaufbruch ökumenischen Lernens und Lehrens?

Vor dem Hintergrund solcher und anderer bereits bestehender didaktischer Entwürfe zum konfessionell-kooperativen Religionsunterricht wird mit dem Christlichen Religionsunterricht (CRU) ein Erprobungs- und Bewährungsfeld eröffnet, das in besonderer Weise einen Boden für ökumenisches Lernen bereiten kann. Mit dem CRU rekurrieren die niedersächsischen Bistümer und Landeskirchen seit ihrem im Frühjahr 2021 begonnenen Beratungsprozess auf verschiedene bereits stattfindende Prozesse: die religionsdemografischen Veränderungen in einem Bundesland, in dem sich die Konfessionen je unterschiedlich auf einem sehr deutlichen Weg in Minderheitensituationen befinden oder schon sind; die erreichte Intensität im ökumenischen Gespräch und die Profilierung des Religionsunterrichts als Teil einer grösseren Ökumene; die Weiterentwicklung des lange Zeit wenig profilierten Modells der konfessionellen Kooperation. Problematische Aspekte wie etwa die zunächst weitgehende Ausblendung des orthodoxen Christentums, strukturellen Konsequenzen für die Lehrerbildungsinstitute, der Umgang mit den neu vorgebrachten Ansprüchen der Freikirchen etc. sind weitgehend identifiziert und harren noch auf eine befriedigende Bearbeitung.

Ob sich die Praxis des CRU gegenüber der des konfessionell-kooperativen Religionsunterrichts signifikant verändern wird, bleibt abzuwarten und dürfte in hohem Masse davon abhängen, wie der weitere Prozess inhaltlich gestaltet wird. Auf der Konzeptebene wird der CRU von vornherein ökumenisch plausibilisiert, das heisst, Christentum wird nicht primär entlang von konfessionellen Differenzlinien verstanden, sondern vom gemeinsamen Bekenntnis aus, gleichwohl ohne auf konfessionelle Differenzsensibilität verzichten zu wollen oder zu können. Im CRU hat sich gewissermassen die Begründungslogik gegenüber dem konfessionell-kooperativen Religionsunterricht umgekehrt: Konfessionelle Spezifika müssen nicht erst zueinander in Kooperation gebracht werden (etwa durch die Synopse entsprechender Lehrpläne), sondern konfessionelle

---

37 Vgl. weiterführend Woppowa, Inhaltsfrage.

Perspektiven werden aus ökumenischer Grundüberzeugung heraus und in didaktischem Interesse in den Religionsunterricht eingespielt. Im Blick auf den CRU liesse sich daher von einer realisierten ökumenischen Bildungsverantwortung sprechen, die einen Beitrag zum ökumenischen Dialog leistet, und zwar «auf der Ebene ökumenischer Verständigung durch gemeinsames Handeln».[38]

Insofern der CRU zu einem Erprobungsfeld bereits gewonnener didaktischer Einsichten zur konfessionellen Kooperation werden kann, markiert er einen Neuaufbruch ökumenischen Lernens und Lehrens in der Schule. Denn ihm geht es, sofern er eine spezifische Wirksamkeit entfalten will, um eine Neugestaltung des Religionsunterrichts von innen heraus. Jenseits seiner formalrechtlichen Organisation rücken nun inhaltliche und didaktische Fragen in neuer Weise ins Zentrum: eine grundständig neue Curriculumsentwicklung vor dem Hintergrund christlicher Grundbildung mit einer weniger materialdogmatisch gedachten als vielmehr religionspädagogisch geprägten Architektur; eine ökumenisch verantwortete Schulbuchentwicklung unter der notwendigen Voraussetzung adäquater Zulassungsverfahren der Kirchen; eine ökumenisch profilierte Lehrerbildung in allen Phasen u. a. m. Ob sich der CRU als ein solcher qualitativer Neuaufbruch auch bewähren wird, bleibt vorerst noch abzuwarten.

4 Fazit und Ausblick

Die Geschichte des konfessionell-kooperativen Religionsunterrichts ist ebenso vielschichtig wie ihr Ausgang bislang noch offenbleiben muss. Denn der gegenwärtige schulische Religionsunterricht in Deutschland ist geprägt von einer starken «Ungleichzeitigkeit» verschiedener Modelle. Regionalisierung, Zergliederung und Ausdifferenzierung, ihrerseits bedingt durch die komplexen Herausforderungen religiöser Pluralisierung, Säkularisierung und Entkonfessionalisierung, verbieten die Entscheidung, ein bestimmtes Modell dominant zu setzen.

Der schulische Religionsunterricht bewegt sich gegenwärtig daher in allen idealtypischen Ausprägungen eines konfessionellen, konfessionell-kooperativen bzw. ökumenischen oder christlichen, eines religionskundlichen und nicht zuletzt eines dialogischen Religionsunterrichts.[39] Zukunftsentscheidend allerdings wird nicht die Modelldiskussion werden, sondern die Arbeit an seiner Unterrichtsqualität im Vergleich mit den anderen schulischen Fächern. Daher wird nicht zuletzt auch die Frage danach spielentscheidend werden, welche Konsequenzen das Modell des konfessionell-kooperativen Religionsunterrichts

---

38 Schröder/Woppowa, Einleitung, 56.
39 Vgl. Woppowa, Modelle.

und die spezifischen Merkmale seiner Unterrichtsqualität für die Professionalisierung von Lehrerinnen und Lehrern haben können und müssen. Angesichts zukünftiger Herausforderungen ist Professionalisierung neu oder anders zu denken: bspw. im Umgang mit konfessioneller wie religiös-weltanschaulicher Heterogenität im Unterricht, mit dem Phänomen der Konfessionslosigkeit bzw. Religionsferne, mit der sich weiter verstärkenden Minderheitensituation kirchlich gebundenen Christentums[40] und im Blick auf alternative Möglichkeiten elementarer religiöser Grundbildung aus einem christlichen Traditionsbezug heraus. Zweifellos erhält dabei die Professionalisierung auf Ebene fachwissenschaftlicher und fachdidaktischer Kompetenzen neue Aufgaben, nämlich den Aufbau konfessionskundlicher und ökumenisch-theologischer Wissensbestände, eine hohe auch interreligiöse Anschlussfähigkeit christlicher Inhalte und Fragestellungen, spezifische heterogenitätsfähige und differenzsensible religionsdidaktische Ansätze etc.

Denn Qualität spricht sich herum, gute wie schlechte. Die zukünftige Unterrichtsqualität vermag deshalb die Plausibilisierung für religiöse Bildung in der Schule entscheidend zu beeinflussen, und zwar in beide Richtungen.

Literaturverzeichnis

Bertelsmann-Stiftung (Hg.): Religionsmonitor kompakt, Gütersloh 2022; https://www.bertelsmann-stiftung.de/de/publikationen/publikation/did/religionsmonitor-kompakt-dezember-2022.

Bertsch, Ludwig u. a. (Hg.): Gemeinsame Synode der Bistümer in der Bundesrepublik Deutschland. Beschlüsse der Vollversammlung. Offizielle Gesamtausgabe I, Freiburg i. Br. 1976.

Fabricius, Steffi: Art. Positionalität, Lehrende, in: Wissenschaftlich-Religionspädagogisches Lexikon (WiReLex) 07.02.2022; DOI: 10.23768/wirelex.Positionalitt_Lehrende.201013.

Gennerich, Carsten/Käbisch, David/Woppowa, Jan: Konfessionelle Kooperation und Multiperspektivität. Empirische Einblicke in den Religionsunterricht an Gesamtschulen, Stuttgart 2021.

Gennerich, Carsten/Mokrosch, Reinhold: Religionsunterricht kooperativ. Evaluation des konfessionell-kooperativen Religionsunterrichts in Niedersachsen und Perspektiven für einen religions-kooperativen Religionsunterricht, Stuttgart 2016.

Isak, Rainer: KRU im Spiegel der Äußerungen von Lehrerinnen und Lehrern, in: *Kuld, Lothar u. a. (Hg.):* Im Religionsunterricht zusammenarbeiten. Evalua-

---

40 Vgl. dazu bspw. Religionsmonitor kompakt.

tion des konfessionell-kooperativen Religionsunterrichts in Baden-Württemberg, Stuttgart 2009, 134–169.

Käbisch, David/Woppowa, Jan: Qualitätskriterien für kooperative Formate im Religionsunterricht, in: Religionspädagogische Beiträge. Journal for Religion in Education 45/2 (2022) 33–45; DOI: 10.20377/rpb-193.

Kirchenamt der EKD (Hg.): Bildung und Erziehung, Die Denkschriften der Evangelischen Kirche in Deutschland 4/1: Bildung und Erziehung, Gütersloh 1987.

Kirchenamt der EKD (Hg.): Identität und Verständigung. Standort und Perspektiven des Religionsunterrichts in der Pluralität. Eine Denkschrift der Evangelischen Kirche in Deutschland, Gütersloh 1994.

Kirchenamt der EKD (Hg.): Religiöse Orientierung gewinnen. Evangelischer Religionsunterricht als Beitrag zu einer pluralitätsfähigen Schule. Eine Denkschrift des Rates der Evangelischen Kirche in Deutschland, Gütersloh 2014.

Kirchenamt der EKD (Hg.): Konfessionell-kooperativ erteilter Religionsunterricht. Grundlagen, Standards und Zielsetzung, Hannover 2018.

Link-Wieczorek, Ulrike: Ökumene und Religionsunterricht, in: Katechetische Blätter 137 (2012) 52–59.

Möller, Rainer/Wedding, Michael: Mehr Communio- bzw. Ökumenesensibilität! – oder: Wird das Differenzkonzept religionspädagogisch überstrapaziert?, in: *Lindner, Konstantin u. a. (Hg.):* Zukunftsfähiger Religionsunterricht. Konfessionell – kooperativ – kontextuell, Freiburg i. Br. 2017, 139–158.

Pemsel-Maier, Sabine: Ökumenisches Lernen, in: *Kropač, Ulrich/Riegel, Ulrich (Hg.):* Handbuch Religionsdidaktik, Stuttgart 2021, 273–279.

Pemsel-Maier, Sabine: Ökumenisches Lernen im Religionsunterricht: Entwicklungen – Herausforderungen – Zukunftsperspektiven, in: *Schambeck, Mirjam/Simojoki, Henrik/Stogiannidis, Athanasios (Hg.):* Auf dem Weg zu einer ökumenischen Religionsdidaktik. Grundlegungen im europäischen Kontext, Freiburg i. Br. 2019, 202–218.

Pemsel-Maier, Sabine/Sajak, Clauß Peter: Konfessionelle Kooperation in Baden-Württemberg, Niedersachsen und Nordrhein-Westfalen – eine zukunftsorientierte Zusammenschau, in: *Lindner, Konstantin u. a. (Hg.):* Zukunftsfähiger Religionsunterricht. Konfessionell – kooperativ – kontextuell, Freiburg i. Br. 2017, 261–280.

Riegel, Ulrich/Zimmermann, Mirjam: Evaluation des konfessionell-kooperativen Religionsunterrichts in Nordrhein-Westfalen, Stuttgart 2022.

Schröder, Bernd/Woppowa, Jan: Einleitung, in: *dies. (Hg.):* Theologie für den konfessionell-kooperativen Religionsunterricht. Ein Handbuch, Tübingen 2021, 1–61.

Schweitzer, Friedrich/Biesinger, Albert u.a.: Gemeinsamkeiten stärken – Unterschieden gerecht werden. Erfahrungen und Perspektiven zum konfessionell-kooperativen Religionsunterricht, Freiburg i.Br. 2002.

Schweitzer, Friedrich/Biesinger, Albert u.a.: Dialogischer Religionsunterricht. Analyse und Praxis konfessionell-kooperativen Religionsunterrichts im Jugendalter, Freiburg i.Br. 2006.

Sekretariat der Deutschen Bischofskonferenz (Hg.): Die bildende Kraft des Religionsunterrichts. Zur Konfessionalität des katholischen Religionsunterrichts, Bonn 1996.

Sekretariat der Deutschen Bischofskonferenz (Hg.): Die Zukunft des konfessionellen Religionsunterrichts. Empfehlungen für die Kooperation des katholischen mit dem evangelischen Religionsunterricht, Bonn 2016.

Simojoki, Henrik/Danilovich, Yauheniya/Schambeck, Mirjam/Stogiannidis, Athanasios (Hg.): Religionsunterricht im Horizont der Orthodoxie. Weiterführungen einer ökumenischen Religionsdidaktik, Freiburg i.Br. 2022.

Thönissen, Wolfgang: Anwalt des Dialogs aus Überzeugung. Plädoyer für eine ökumenische Denkform der Komplementarität, in: *Baer, Harald/Sellmann, Matthias (Hg.):* Katholizismus in moderner Kultur (FS Hans Gasper), Freiburg i.Br. 2007, 185–198.

Woppowa, Jan: Positionierung. Von normativen Verschiebungen und religionsunterrichtlicher Praxis, in: Theo-Web 21/2 (2022) 204–219; DOI: 10.23770/tw0258./10.23770/tw0258.

Woppowa, Jan: Quo vadis? Aktuelle Modelle des schulischen Religionsunterrichts im Vergleich, in: Katechetische Blätter 148 (2023) 141–147.

Woppowa, Jan: Konfessionell-kooperativer Religionsunterricht, in: *Kropač, Ulrich/Riegel, Ulrich (Hg.):* Handbuch Religionsdidaktik, Stuttgart 2021, 198–204.

Woppowa, Jan: Vom «Was» zum «Wie» und wieder zurück. Der konfessionell-kooperative Religionsunterricht vor der Inhaltsfrage, in: *Gojny, Tanja/Schwarz, Susanne/Witten, Ulrike (Hg.):* Wie kommt der Religionsunterricht zu seinen Inhalten? Erkundungen zwischen Fridays for Future, Abraham und Sühneopfertheologie, Bielefeld 2023, 359–367.

Woppowa, Jan/Caruso, Carina: «... damit unsere Welt eine gute Welt werden kann.» Explorative Befunde einer Befragung von Religionslehrkräften zu ihrem professionsbezogenen Selbstverständnis. Theo-Web 20/2 (2021) 264–279; DOI: 10.23770/tw0223.

Woppowa, Jan/Simojoki, Henrik: Mehr Ökumene wagen. Eine Richtungsanzeige für den konfessionell-kooperativen Religionsunterricht, in: Una Sancta 75 (2020) 15–24.

Zimmermann, Mirjam/Riegel, Ulrich/Fabricius, Steffi/Totsche, Benedict: Die Wahrnehmung der Religiosität von Kindern und Jugendlichen im konfessionell-kooperativen Religionsunterricht NRWs durch die Lehrpersonen, in: Österreichisches Religionspädagogisches Forum 29/2 (2021) 103–121; DOI: 10.25364/10.29:2021.2.6.

Zimmermann, Mirjam/Riegel, Ulrich/Totsche, Benedict/Fabricius, Steffi: Standpunktfähigkeit und Perspektivenwechsel als Anforderung an die Lehrperson im konfessionell-kooperativen Lernsetting aus der Sicht von betroffenen Religionslehrkräften, in: Religionspädagogische Beiträge. Journal for Religion in Education 44/1 (2021) 47–57; http://dx.doi.org/10.20377/rpb-93.

Impulse aus dem deutschen Diskurs über konfessionell-kooperativen Religionsunterricht für die Deutschschweiz

Was sich übertragen lässt und was nicht

Eva Ebel / Christian Höger

In unserem Beitrag beziehen wir uns auf eine Podiumsdiskussion der Tagung «Ökumene lernen», bei der wir uns als in der Schweiz tätige Dozierende mit Jan Woppowa ausgetauscht haben, der zuvor über Entwicklungen ökumenischen Lernens in Deutschland am Beispiel des konfessionell-kooperativen Religionsunterrichts referiert hatte.[1]

Unser Beitrag zielt darauf ab darzulegen, inwiefern sich in Deutschland ausgemachte Entwicklungen und Modelle des ökumenischen und konfessionell-kooperativen schulischen Lernens auf die Situation in der Deutschschweiz übertragen lassen. Insofern stellen wir uns der komplexen Aufgabe, die institutionellen Rahmenbedingungen religiöser und religionsbezogener Bildung zweier Länder zu vergleichen, die in sich selbst nochmals heterogen gestaltet sind, um für den Schweizer Kontext gewinnbringende Denkanstösse zu liefern.

In einem Dreischritt skizzieren wir zunächst ein hilfreiches theoretisches Modell, um zu illustrieren, dass religionsbezogene Bildung in der Deutschschweiz mit drei Säulen darstellbar ist (1). Anschliessend bündeln wir den von Jan Woppowa referierten deutschen Diskurs und spitzen ihn so zu, dass Gemeinsamkeiten mit und Unterschiede gegenüber der Schweiz sichtbar werden (2). Schliesslich benennen wir entlang eines Drei-Säulen-Modells Impulse des deutschen Diskurses über den konfessionell-kooperativen Religionsunterricht für das ökumenische Lernen und das religiöse Lernen insgesamt in der Deutschschweiz (3).

---

1 Vgl. den Beitrag von Jan Woppowa in diesem Band (Seiten 83–98).

1 Drei Säulen religionsbezogener Bildung in der Deutschschweiz

Wie wird ethisch-religiöse Bildung in der Volksschulzeit[2] in der Deutschschweiz vermittelt? Um dies zu veranschaulichen, eignet sich das idealtypische Modell von Monika Jakobs, Eva Ebel und Kuno Schmid.[3] Es unterscheidet die folgenden drei Säulen religionsbezogener Bildung:[4]

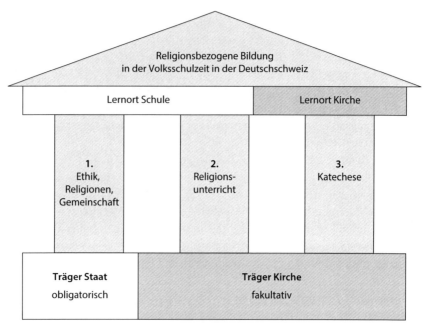

Abb. 2: *Vereinfachte Darstellung der Grafik von Jakobs/Ebel/Schmid, Religion, 22*

Bei den drei Säulen wird jeweils zwischen der Trägerschaft, dem Lernort, der Zielgruppe und dem Profil religiöser Bildung differenziert.[5]

Die *1. Säule* bildet das *obligatorische Schulfach Ethik, Religionen, Gemeinschaft (ERG)*. Es ist staatlich getragen, findet bekenntnisunabhängig am Lernort Schule statt und kennt eine Leistungsbewertung. Zielgruppe dieses

---

2 Unter Volksschulzeit sind in der Schweiz folgende elf Jahre zu verstehen: der zweijährige obligatorische Kindergarten, die sechsjährige Primarschule und die dreijährige Schulzeit in der Sekundarstufe I.
3 Vgl. Jakobs/Ebel/Schmid, Religion, 21–26.
4 Nach a.a.O., 22.
5 Vgl. a.a.O., 21–26.

Pflichtfachs sind alle Schülerinnen und Schüler. Die Lehrpersonen handeln in staatlichem Auftrag und werden vom Staat besoldet. Dieser bekenntnisunabhängige Religionsunterricht «hat die Aufgabe, die Ziele und Rahmenbedingungen des ‹Lehrplans 21› umzusetzen und die dort beschriebenen Kompetenzen aufzubauen».[6] Der Lehrplan 21 ist der gültige Rahmenlehrplan für die 21 Kantone und Halbkantone der Schweiz, in denen (teilweise) deutsch gesprochen wird, sowie für das Fürstentum Liechtenstein.[7] Didaktische Bezugsgrösse ist ein phänomenologischer Religionsbegriff, womit vor allem ein *teaching about religion* einhergeht.

Die 2. *Säule* bildet der *kirchliche Religionsunterricht an der Schule*, der in den meisten Kantonen möglich ist. Träger sind hier die Kirchen, der Lernort ist die Schule und zur Zielgruppe zählen primär alle christlichen Kinder und Jugendlichen, wobei der Unterricht für alle Heranwachsenden offen ist. Der konfessionelle oder ökumenische Religionsunterricht ist bekenntnisorientiert, freiwillig und kennt keine Leistungsbewertung. Die Lehrpersonen werden von der Kirche beauftragt und bezahlt. Die didaktische Bezugsgrösse besteht in einem *teaching in religion* über das Christentum oder den römisch-katholischen bzw. evangelisch-reformierten Glauben.

Als 3. *Säule* trägt die *Katechese* zur religiösen Bildung (in der Volksschulzeit) bei: Hier erfolgt eine Einführung in den christlichen Glauben, getragen von den Kirchen am Lernort Kirche. Zielgruppe sind (heranwachsende) Gemeindemitglieder und Interessierte. Die Katechese ist fakultativ und bekenntnisgebunden bzw. ökumenisch. «Performative religiöse Elemente, religiöse Praxis, Kreativität und gemeinsames Erleben u. a. sind in diesem Rahmen ohne weiteres möglich.»[8] Tätig werden hier Seelsorgerinnen und Seelsorger, Religionspädagoginnen und Religionspädagogen, Katechetinnen und Katecheten, die von ihrer Kirche beauftragt und bezahlt werden. Didaktisches Prinzip ist das *teaching in religion*.

Dieses Modell der drei Säulen wird nicht in allen Schweizer Kantonen vollständig umgesetzt. So fehlt im Kanton Solothurn die erste Säule, weil der Bereich Religion im schulischen Unterricht ausgeklammert wird.[9] Im Kanton Zürich existiert keine zweite Säule.

---

6 Vgl. a. a. O., 22.
7 Deutschschweizer Erziehungsdirektoren-Konferenz, Lehrplan 21.
8 Jakobs/Ebel/Schmid, Religion, 24.
9 Vgl. hierzu den Beitrag von Evelyn Borer in diesem Band (Seiten 117–125).

2 Zuspitzung von Jan Woppowas Vortrag zur Situation des konfessionell-kooperativen Religionsunterrichts in Deutschland für den Schweizer Kontext

2.1 Zusammenfassende Verdichtung des Vortrags

Jan Woppowa hat in seinem Hauptreferat auf der Tagung und in seinem Beitrag für diesen Band einen prägnanten Gesamtüberblick über die relativ erfolgreichen Entwicklungen der letzten Jahrzehnte in Deutschland zum ökumenischen Lernen am Beispiel des konfessionell-kooperativen Religionsunterrichts gegeben.[10]

Wie sein historischer Rückblick auf kirchliche Stellungnahmen zeigt, hat sich in Deutschland seit den 1970er-Jahren das ökumenische Profil des konfessionellen Religionsunterrichts verstärkt, weg von Rekonfessionalisierungstendenzen hin zur Empfehlung einer konfessionellen Kooperation v. a. zwischen römisch-katholischer und evangelisch-lutherischer Konfession.

Auf der organisatorischen Ebene wurden in den einzelnen Bundesländern, beginnend in Baden-Württemberg und in Niedersachsen, neue Wege beschritten. Dort zeichnet sich auch die jüngste Entwicklung eines neuen Fachs Christlicher Religionsunterricht ab.[11]

Auf der konzeptionellen Ebene wird deutlich, dass konfessionell-kooperativer Religionsunterricht in Deutschland längst nicht mehr nur eine Notlösung darstellt, sondern in vielfältigen Gestaltungsformen didaktisch profiliert wurde. Zur Sortierung dieser Fülle ist Woppowas Differenzierung zwischen konfessionell-kooperativem Religionsunterricht im *engeren* und im *weiteren Sinne* hilfreich: Während in der engeren Form zwei Lehrkräfte personell zusammenarbeiten und die beiden christlichen Konfessionen für eine konfessionell gemischte Lerngruppe repräsentieren, agiert bei der weiteren Form in einem Delegationsmodell eine einzige Lehrkraft aus der Haltung konfessioneller Kooperation heraus, was organisatorisch wesentlich einfacher zu bewerkstelligen ist.

Zur empirischen Ebene referiert Woppowa Befunde über die Einstellungen von Religionslehrkräften zum konfessionell-kooperativen Religionsunterricht, die auch ökumenische Zielvorstellungen beinhalten.

Woppowa benennt neben dieser Erfolgsgeschichte des konfessionell-kooperativen Religionsunterrichts auch ökumenische Probleme: Lehrerinnen und Lehrer befürchteten «ideologische Re-Konfessionalisierungen und hielten auch konfessionelle Bewusstseinsbildung» Heranwachsender «für unrealistisch und

---

10 Vgl. zum Folgenden den Beitrag von Jan Woppowa in diesem Band (Seiten 83–98).
11 Vgl. hierzu exemplarisch den Beitrag von Günter Nagel in diesem Band (Seiten 149–163).

didaktisch unangemessen».[12] Schliesslich fehle heutigen Schülerinnen und Schülern in der Regel ein konfessionelles Bewusstsein. Ein weiteres Manko der Entwicklung bestehe darin, dass der orthodoxe Religionsunterricht bis vor Kurzem in kirchlichen Verlautbarungen und religionsdidaktischen Debatten kaum berücksichtigt worden sei.

Woppowa zeigt Potenziale und Perspektiven eines konfessionell-kooperativen sowie ökumenischen Religionsunterrichts vor dem Hintergrund religiösweltanschaulicher Pluralität auf, indem er folgende Leitlinien konfessioneller Kooperation ausführt:
1. Konfessionelle Perspektivenverschränkung ermöglichen: Lernchancen zur kognitiven Aktivierung und Standpunktreflexion
2. Konfessionelle Heterogenität und Vielfalt als bildsame Differenz begreifen: Lernchancen durch Kontroversität und Komplementarität
3. Ökumenische Differenzsensibilität pflegen: Lernchancen zur kritischen Urteilsfähigkeit
4. Christlicher Religionsunterricht als Erprobungs- und Bewährungsfeld: Neuaufbruch ökumenischen Lernen und Lehrens?

In seinem Fazit und Ausblick geht Woppowa auf die Professionalisierung von Religionslehrkräften angesichts der starken Ungleichzeitigkeit unterschiedlicher Unterrichtsmodelle ein, von denen nicht ein einzelnes dominieren kann. Spielentscheidend wird die hohe Unterrichtsqualität im Vergleich zu anderen Schulfächern sein.

2.2 Zuspitzung auf den Schweizer Kontext

Somit wird für die meisten Bundesländer in Deutschland deutlich,[13] dass konfessionell-kooperativer Religionsunterricht sich aus den Kinderschuhen vorsichtiger Modellversuche religionsdidaktisch profiliert und nahezu zum Standardmodell entwickelt (hat), wobei das Delegationsmodell angesichts kleiner werdender konfessioneller Lerngruppen und knapper Personaldecken im Lehrerinnen- und Lehrerkollegium bald der Regelfall sein dürfte.

Grundsätzlich ist zu konstatieren, dass die prinzipielle Organisationsform des konfessionell-kooperativen Religionsunterrichts, wie sie derzeit in Deutsch-

---

12 Woppowa in diesem Band unter Verweis auf Zimmermann u. a., Standpunktfähigkeit, 55.
13 Um die Komplexität unseres Beitrags zu reduzieren, verzichten wir darauf, auf Lebensgestaltung-Ethik-Religionskunde (LER) in Brandenburg, den Religionsunterricht für alle in Hamburg oder die Situation des Religionsunterrichts in Berlin oder Bremen (Geltung der «Bremer Klausel», Art. 141 GG) einzugehen. Zum sich neu etablierenden Christlichen Religionsunterricht (CRU) in Niedersachsen vgl. Günter Nagels Beitrag in diesem Band.

land vorliegt, nicht ohne Weiteres auf die Schweiz übertragbar ist, da der Religionsunterricht in Deutschland rechtlich in einem Res-mixta-Verhältnis anders organisiert ist:

So stellt in Deutschland – im Grossen und Ganzen – der Religionsunterricht an öffentlichen Schulen aufgrund von Art. 7,3 des Grundgesetzes ein ordentliches Lehrfach dar, das in Übereinstimmung mit den Grundsätzen der Religionsgemeinschaften von staatlichen Lehrkräften mit jeweiliger kirchlicher Beauftragung unterrichtet wird.[14] Ethikunterricht wird für römisch-katholischen oder evangelischen Religionsunterricht[15] als ein Ersatzfach, dessen Bezeichnung und Profil je nach Bundesland variiert (Ethik, Philosophie oder Werte und Normen), für diejenigen Schülerinnen und Schüler angeboten, die sich aus Glaubens- und Gewissensgründen vom Religionsunterricht abgemeldet haben oder keiner christlichen Konfession angehören. Insofern gibt es dort die Differenzierung zwischen der 1. und 2. Säule nicht. Ökumenisches Lernen findet demnach entweder in einem bekenntnisorientierten schulischen Religionsunterricht statt, der konfessionell-kooperativ sein kann, oder in der Katechese, der kirchlichen Jugendarbeit oder in der Familie.[16]

Aus diesem Blick auf die Situation in Deutschland ergeben sich im Folgenden Fragen hinsichtlich der Vergleichbarkeit und Übertragbarkeit auf die Deutschschweiz.

3 Zur Frage der Übertragbarkeit der deutschen Situation auf die Deutschschweiz

Diese Frage beantworten wir entsprechend dem in Kapitel 1 skizzierten Drei-Säulen-Modell religionsbezogener Bildung in drei Schritten: Zunächst wird auf den ERG-Unterricht am Lernort Schule eingegangen (3.1), dann auf (ökumenischen) Religionsunterricht, der am Lernort Schule stattfindet und kirchlich verantwortet wird (3.2), schliesslich auf Katechese bzw. konfessionelle Bildung

---

14 Vgl. Art. 7,3 GG: «Der Religionsunterricht ist in den öffentlichen Schulen mit Ausnahme der bekenntnisfreien Schulen ordentliches Lehrfach. Unbeschadet des staatlichen Aufsichtsrechtes wird der Religionsunterricht in Übereinstimmung mit den Grundsätzen der Religionsgemeinschaften erteilt. Kein Lehrer darf gegen seinen Willen verpflichtet werden, Religionsunterricht zu erteilen.» Vgl. Kalbheim/Ziebertz, Rahmenbedingungen, 306–310.
15 Auch auf den in vielen Bundesländern inzwischen etablierten islamischen Religionsunterricht gehen wir nicht näher ein.
16 Mit dem deutschschweizerischen obligatorischen religionskundlichen ERG-Unterricht wäre das Fach LER im Bundesland Brandenburg vergleichbar, das «bekenntnisfrei, religiös und weltanschaulich neutral» unterrichtet wird (Gesetz über die Schulen im Land Brandenburg, § 11, Abs. 3), bei dem aber, obwohl es grundsätzlich ein Pflichtfach ist, dennoch eine Abmeldemöglichkeit besteht.

(3.3). In Anlehnung an Woppowas Vortrag kommen dabei je nach betrachteter Säule in unterschiedlicher Ausprägung die *normative Ebene* (kirchliche Stellungnahmen, Lehrpläne, Reglemente), die *konzeptionelle Ebene* (Unterrichtsanliegen, Rolle der Lehrperson), die *didaktische Ebene* (Vorgehen im Unterricht) und die *organisatorische Ebene* (Unterrichtsformate und Ausbildungswege für die Lehrpersonen) in den Blick.

3.1 ERG

Normative Ebene

Die Zuständigkeit für die Schulen liegt in der Schweiz bei den Kantonen.[17] Um jedoch der zunehmenden Mobilität Rechnung zu tragen und kantonsübergreifende Bildungsstandards zu schaffen, wurde ein Lehrplanprojekt für die 21 deutschsprachigen Kantone und Halbkantone lanciert. Die demografische Entwicklung mit beständiger Verringerung des Anteils von Christinnen und Christen, wachsender religiöser Vielfalt und starker Zunahme konfessionsloser Personen[18] und die Bedeutsamkeit religionsbezogener Fragen für das Zusammenleben in einer multireligiösen und multikulturellen Gesellschaft machten es nach intensiven Diskussionen letztlich plausibel, dass das Lernen über Religionen in den 2014 freigegebenen Lehrplan 21 aufgenommen wurde. Das Fach Ethik, Religionen, Gemeinschaft wird als Teilbereich des sachunterrichtlichen Integrationsfaches Natur, Mensch, Gesellschaft (NMG) je nach Stufe und Kanton separat oder integriert unterrichtet.[19]

Konzeptionelle Ebene

Auf der Zielebene lässt sich die von Woppowa beschriebene Pluralitätsfähigkeit in den Zielbeschreibungen des Lehrplans 21 wiederfinden:

«In der Perspektive Ethik, Religionen, Gemeinschaft entwickeln Schülerinnen und Schüler Kompetenzen für das Leben mit verschiedenen Kulturen, Religionen, Weltanschauungen und Werteeinstellungen. In einer pluralistischen und demokratischen Gesellschaft gilt es, eine eigene Identität zu finden, Toleranz zu üben und zu einem respektvollen Zusammenleben beizutragen. Dazu denken Schülerinnen und Schüler über menschliche Grund-

---

17 Bundesverfassung Art. 62.
18 Zum Anteil der verschiedenen Konfessionen und Religionen an der Schweizer Wohnbevölkerung im Jahr 2021 vgl. Bundesamt für Statistik (BFS), Religionen.
19 Zu den Umsetzungen in den Kantonen vgl. Jakobs/Ebel/Schmid, Religion, 53–56.

erfahrungen nach und gewinnen ein Verständnis für Wertvorstellungen und ethische Grundsätze. Sie begegnen religiösen Traditionen und Vorstellungen und lernen mit weltanschaulicher Vielfalt und kulturellem Erbe respektvoll und selbstbewusst umzugehen. Dies trägt zur Toleranz und Anerkennung von religiösen und säkularen Lebensweisen und damit zur Glaubens- und Gewissensfreiheit in der demokratischen Gesellschaft bei.»[20]

Auch wenn hier in Bezug auf das gesamte Fach von «Identität» gesprochen wird, so werden für den Teilbereich Religionen die eigene Positionierung und die von Woppowa betonte «kritische Urteilsfähigkeit» gerade nicht erwähnt. Es geht hier um Offenheit und respektvollen Umgang, aber nicht um eine Formulierung oder gar Veränderung der eigenen religiösen Haltung der Schülerinnen und Schüler:

«Grundlage und Ziel des Unterrichts ist eine unvoreingenommene, offene Haltung und ein nicht diskriminierender Umgang mit Religionen und Weltanschauungen.»[21]

Die Zielvorgaben weisen bereits daraufhin, welche Rolle der Lehrperson im Fach ERG zukommt. Sie agiert keinesfalls, wie es im Teamteaching in einem konfessionell-kooperativen Religionsunterricht im engeren Sinne der Fall wäre, als Repräsentantin einer Konfession oder Religion, sondern repräsentiert in ihrer wertungsfreien Grundhaltung gegenüber allen Religionen und Weltsichten deren Gleichwertigkeit und zeigt in ihrem Sprechen und Handeln modellhaft auf, wie ein respektvoller Umgang mit religiöser und weltanschaulicher Vielfalt aussehen kann:

«Die Lehrperson ist sich ihres eigenen weltanschaulichen Horizontes bewusst und leitet die Schülerinnen und Schüler transparent mit einer interessierten und respektvollen Haltung zu Erkundungen und Begegnungen an.»[22]

Für ein solches Bewusstsein ist ein Reflexionsprozess der eigenen Position notwendig, der nicht automatisch geschieht. Im Zuge der auch von Woppowa geforderten Professionalisierung der Lehrpersonen gilt es deshalb, das Nachdenken über die eigene religiöse Biografie in der Ausbildung anzuleiten und so

---
20 Deutschschweizer Erziehungsdirektoren-Konferenz, Lehrplan 21, 248.
21 A.a.O., 258.
22 Ebd.

den unbewussten Einfluss von positiven und negativen Erfahrungen und eigenen Überzeugungen auf die Unterrichtsgestaltung zu verhindern.

Zugleich aber ist auch es geboten, im Rahmen der Ausbildung die Grenzen und Formen von Aussagen der Lehrpersonen zu ihrer eigenen Haltung zu reflektieren. Auch in einem auf der Gleichwertigkeit aller Religionen und Weltsichten beruhenden Unterricht im Fach ERG darf die Lehrperson dann, wenn sie von den Schülerinnen und Schülern gefragt wird und ihre eigene Meinung nicht absolut setzt, diese formulieren.[23]

Didaktische Ebene

Besonders anregend für die didaktischen Fragen innerhalb des Faches ERG ist das Modell des Christlichen Religionsunterrichts (CRU) mit seiner Leitlinie, vom Gemeinsamen auszugehen und konfessionelle Unterschiede als komplementär und als Bereicherung zu betrachten:

«Auf der Konzeptebene wird der CRU von vornherein ökumenisch plausibilisiert, das heisst, Christentum wird nicht primär entlang von konfessionellen Differenzlinien verstanden, sondern vom gemeinsamen Bekenntnis aus, gleichwohl ohne auf konfessionelle Differenzsensibilität verzichten zu wollen oder zu können.»[24]

«Leitend wird daher die ökumenische Denkform der *Komplementarität*, denn konfessionelle Spezifika werden nicht exklusiv, sondern inklusiv behandelt und sind im Sinne einer sich wechselseitig ergänzenden Komplementarität in ihrer Differenz didaktisch fruchtbar zu machen.»[25]

Für den bekenntnisunabhängigen Unterricht über Religionen bedeutet diese Grundhaltung, als Ausgangspunkt des Unterrichts nicht die Unterschiede der Religionen zu nehmen, sondern bei den dahinterstehenden Bedürfnissen und Erfahrungen, auf welche die Religionen auf einer gewissen Abstraktionsebene ähnlich, aber im Detail jedoch verschiedenen antworten, anzufangen. Ein solches Vorgehen wäre auch aus dem Lehrplan 21 abzuleiten, wenn man innerhalb des Faches ERG die Vielfalt der Religionen und Weltsichten als «Spezialfall» der Vielfalt von menschlichen Grunderfahrungen und Grundbedürfnissen interpretiert.[26]

---

23 Vgl. Ebel, Rolle.
24 Woppowa in diesem Band, S. 93.
25 A. a. O., S. 92.
26 Anzustrebende Kompetenzen für das Nachdenken über menschliche «Grunderfahrungen» werden in NMG.11 für den Kindergarten und die Primarstufe und in ERG.1 und

Organisatorische Ebene

Die Anforderungen an die Lehrperson und die Unterrichtsgestaltung sind komplex, auf der Organisationsebene aber ist die Ausbildung der Lehrpersonen für das Fach ERG weitaus einfacher als bei den von Woppowa beschriebenen Formen von ökumenischem Unterricht: Die Ausbildung der Lehrpersonen für das Fach ERG an der Volksschule erfolgt weitgehend an Pädagogischen Hochschulen. Lediglich in den Kantonen mit Universitäten, an denen auch Theologie oder Religionswissenschaft gelehrt werden, besuchen die Studierende einzelne fachwissenschaftliche oder fachdidaktische universitäre Module. Für die Zulassung zur Ausbildung im Fach ERG existieren keine speziellen Kriterien wie die Zugehörigkeit zu einer Religion oder einer christlichen Kirche. Die daraus resultierende religiöse und weltanschauliche Vielfalt der Studierenden ist für diese ein Übungsfeld für den respektvollen und professionellen Umgang mit einer solchen Vielfalt unter ihren zukünftigen Schülerinnen und Schülern, deren Eltern und ihren Kolleginnen und Kollegen und bietet zahlreiche Möglichkeiten, den Perspektivenwechsel zu erproben. Die für das Gelingen des Unterrichts im Fach ERG zentrale Differenzsensibilität wird so nicht nur theoretisch erarbeitet, sondern im Dialog der angehenden Lehrpersonen gefordert und geübt.

Die Einfachheit der Organisation setzt sich im obligatorischen Fach ERG in der Schule fort: Der Unterricht erfolgt stets im Klassenverband und durch eine Lehrperson, die alle Religionen und dazu Philosophieren und ethisches Urteilen unterrichtet. Eine Aufteilung der Schülerinnen und Schüler für diese Lektion oder ein turnusmässiger Wechsel der Lehrpersonen sind aus Gründen des Fachprofils nicht erforderlich. In diesem Sinne ist das Fach ERG organisatorisch in Ausbildung der Lehrpersonen und in der schulischen Umsetzung ein Fach wie jedes andere.

3.2 Kirchlicher (ökumenischer) Religionsunterricht

Normative Ebene

In aller Regel macht es aus religionspädagogischer Perspektive Sinn, dass religionsbezogene Bildung am Lernort Schule neben dem obligatorischen bekenntnisunabhängigen Fach ERG (1. Säule) durch fakultativen kirchlichen Religionsunterricht an der Schule (2. Säule) ergänzt wird.

ERG.2 für die Sekundarstufe I formuliert. Aufzubauende Kompetenzen für das Erkunden von «Religionen und Weltsichten» werden anschliessend in NMG.12 für den Kindergarten und die Primarstufe und in ERG.3 und ERG.4 für die Sekundarstufe I beschrieben.

Kirchlich und religionsdidaktisch gesehen ist das im Fach ERG bei den Schülerinnen und Schülern grundgelegte Wissensfundament zu begrüssen, zugleich kann der kirchliche Religionsunterricht hierauf bekenntnis- und subjektorientiert aufbauen und seine Stärke ausspielen:

«Er vertieft Themen inhaltlich, fokussiert auf das Christentum, konfrontiert Schülermeinungen mit normativen kirchlichen Positionen und fordert von Schülerinnen und Schülern, dass sie sich dazu verhalten – mit Zustimmung, mit Ablehnung, mit Fragen, mit Zweifeln. Damit provoziert der Religionsunterricht existenzielle Lernprozesse, die für die Schülerinnen und Schüler manchmal irritierend oder zumindest ungewohnt sind, jedoch ihre Entwicklung und Reifung unterstützen. Der Religionsunterricht ermöglicht auf diese Weise die Auseinandersetzung mit dem Glauben und der gelebten Praxis der christlichen Gemeinschaft und bietet einen Ort, wo Begegnungen und Erlebnisse kritisch reflektiert werden können.»[27]

Eine wichtige Grundlage wurde in der Deutschschweiz 2017 mit dem Lehrplan für die Katholische Kirche[28] (LeRUKa) gelegt:

«Unter dem Namen *Konfessioneller Religionsunterricht und Katechese. Lehrplan für die Katholische Kirche in der Deutschschweiz* haben die für die Deutschschweiz zuständigen Bischöfe in Absprache mit den staatskirchenrechtlichen Gremien die religiöse Bildung neu geregelt [...] Der Lehrplan übernimmt die Kompetenzorientierung des schulischen Lehrplans 21 und versteht sich komplementär dazu. [...] Der Lehrplan kann an die unterschiedlichen kantonalen Voraussetzungen angepasst werden. [...] Der Lehrplan ist außerdem kompatibel mit dem in vielen Kantonen praktizierten ökumenischen Unterricht.»[29]

Aktuell wird in der Deutschschweiz kontrovers darüber diskutiert, ob sich der konfessionelle Religionsunterricht aus der Schule verabschieden und in die Pfarrei verlagern soll oder nicht.[30] Einerseits sind klare Gegenargumente in Erinnerung zu rufen, die für einen notwendigen Verbleib konfessioneller religiöser Bildung am Lernort Schule plädieren, auch da ein obligatorischer bekenntnisunabhängiger ERG-Unterricht nicht das Gleiche intendiert und leis-

---

27 Schmid, Religionsunterricht.
28 Vgl. Netzwerk Katechese, Religionsunterricht.
29 Lorenzen/Schmid, Religionsunterricht, 3.2.
30 Vgl. z. B. Schmid, Abschied.

tet wie kirchlich verantworteter Religionsunterricht. Ohne ihn würde christlich konturierte Bildung unwiederbringlich aus der schulischen Lebenswelt Heranwachsender zu verschwinden drohen.[31]

Andererseits mehren sich auch die Stimmen, die für eine Verlagerung religiöser Bildung an den Lernort Kirche argumentieren, etwa auch um den schwierigen 45-minütigen Randstunden zu entkommen und grössere Zeitgefässe für ganzheitliche katechetische Lernanlässe ausserhalb des Klassenraums in der Pfarrei respektive Kirchgemeinde oder anderen Lernorten zu gewinnen.[32]

Pauschale Antworten und religionsdidaktische Globalempfehlungen greifen zu kurz, um diese Diskussion zu beenden. Denn bekanntlich sieht es in jedem Kanton und Ort für römisch-katholischen oder evangelisch-reformierten bzw. ökumenischen Religionsunterricht immer ein wenig anders aus. Historisch bedingt hat sich in manchen Kantonen, beispielsweise in Bern und in Zürich, ohnehin kein kirchlicher Religionsunterricht in der Schule etabliert. Und dort, wo es ihn (noch) gibt, wirken auf dem flachen Land oder in Städten andere Rahmenbedingungen als in Bergregionen: Wo eine Verlagerung des konfessionellen Religionsunterrichts in die Gemeinde sinnvoll und praktikabel erscheinen mag, z. B. an einem Ort, der verkehrstechnisch gut angebunden ist, wäre sie andernorts völlig unrealistisch, z. B. im Kanton Uri, wo die Schülerinnen und Schüler aus der Höhe mit verschiedenen Bahnen zum Unterricht anreisen, um am Nachmittag (auch zur landwirtschaftlichen Arbeit) dorthin zurückzukehren. Dort würde ein am Lernort Kirche platzierter Religionsunterricht im Block, etwa am Samstagvormittag, von vornherein nicht nachgefragt.[33]

So ist vieles möglich, da in der Deutschschweiz – anders als in Deutschland, wo seit der Würzburger Synode 1974 eine klare Trennung zwischen den Lernorten Kirche und Schule festgelegt ist[34] –, eine solche nicht deutlich durchgesetzt wurde. Vielmehr geht auch der Lehrplan für den konfessionellen Religionsunterricht und die Katechese (LeRUKa) von fliessenden Übergängen zwischen beiden Lernorten sowie Religionsunterricht und Katechese aus. Damit sind auch diverse Lösungsansätze möglich und je nach religionspädagogischer Situation zu erproben.

---

31 Vgl. Schmid, Religionsunterricht.
32 Vgl. Wakefield, Katechese.
33 Vgl. Höger, Religionsunterricht.
34 Vgl. Der Religionsunterricht in der Schule.

Organisatorische Ebene

Der kirchliche Religionsunterricht an der Schule kann entweder von einer einzelnen Konfession geprägt oder ökumenisch orientiert sein, was von Kanton zu Kanton differiert, wie die folgenden Beispiele vor Augen führen:

Beispielsweise findet in den Kantonen der Nordwestschweiz (Basel-Stadt, Basel-Landschaft, Solothurn, z. T. Aargau) kirchlicher Religionsunterricht an der Schule weitgehend in ökumenischer Ausrichtung statt. Er wird von den beiden Grosskirchen sowie von der christkatholischen Kirche als dort anerkannte dritte Landeskirche gemeinsam getragen.[35]

Als positiv hervorzuheben ist der Ökumenische Lehrplan von 2019, der für Basel-Landschaft sowie Solothurn gilt und bei dem die Kompetenzorientierung des Lehrplans 21 und des LeRUKa aufgenommen und weiterentwickelt wurde.[36] Hierin wurden 15 Themenfelder vorgelegt, z. B. «Eigenes Leben», «Neues Testament», «Jesus» oder «Kirche», wobei die darin enthaltenen anzustrebenden Kompetenzen sowohl die christliche gemeinsame Basis als auch die konfessionsspezifischen Unterschiede reflektieren.[37] So wird in diesem Lehrplan das umgesetzt, was Woppowa mit konfessioneller Perspektivenverschränkung, Standpunktreflexion und ökumenischer Differenzsensibilität benannt hat.

Um ein weiteres Beispiel zu nennen: Im Kanton Aargau findet in den ersten beiden Jahren der Primarschule ein ökumenischer Religionsunterricht statt. Sobald ab Klasse 3 in der Gemeinde die Vorbereitung auf die Erstkommunion ansteht, werden die Kinder nach Konfessionen getrennt unterrichtet.

In St. Gallen, wo die Kirchen am Fach ERG von 2017 bis 2022 beteiligt waren, hat sich die Situation für ökumenischen Religionsunterricht anders entwickelt.[38]

Besonders wichtig für die Etablierung und Sicherstellung eines guten ökumenischen Religionsunterrichts sind fundierte Ausbildungswege für angehende Lehrpersonen. Hierfür existieren im Idealfall bereits gemischt-konfessionelle Lerngruppen und konfessionell-kooperativ angelegte Module. Ein gutes Beispiel hierfür bietet das duale Studium am Religionspädagogischen Institut RPI an der Theologischen Fakultät der Universität Luzern: Hier ist seit Langem ein entsprechendes Ökumene-Modul Bestandteil des Curriculums, bei dem Dozierende römisch-katholischer, evangelisch-reformierter und christkatholischer Konfession Hand in Hand mit den Studierenden arbeiten. Zudem

---

35 Vgl. Lorenzen/Schmid, Religionsunterricht, 3.3.
36 Vgl. Bezirkssynode Solothurn u. a., Lehrplan.
37 Vgl. a. a. O., 12–14.
38 Vgl. hierzu im Beitrag von Kuno Schmid in diesem Band das 8. Kapitel «Stichworte zur Entwicklung der letzten Jahre» (Seiten 76–78) und Jakobs/Ebel/Schmid, Religion, 135–140.

studieren in den Kursen am RPI in der Regel neben der Mehrheit römisch-katholischer Personen auch evangelisch-reformierte Personen.

3.3 Katechese oder konfessionelle Bildung für Heranwachsende

Normative Ebene

Um ein Grundverständnis von Katechese zu geben, ist auf den LeRUKa zu verweisen:

> «Theologisch versteht sich die Katechese von den Grundvollzügen der Gemeinde her (Martyria, Diakonia, Leiturgia und Koinonia). Die Ziele der Katechese lassen sich als Begleitung und Beheimatung zusammenfassen. Katechetisch Tätige, die Kinder und Jugendliche auf ihrem Lebens- und Glaubensweg begleiten, folgen dem Ansatz des erfahrungsbezogenen und in diesem Sinn mystagogischen Lernens. Das heisst, sie wollen Kinder und Jugendliche für Gotteserfahrungen sensibilisieren und gehen davon aus, dass die Kinder und die Jugendlichen bereits in einer Gottesgegenwart stehen und leben, eine eigene Glaubenskompetenz besitzen und diese nicht erst hergestellt oder vermittelt werden muss.»[39]

Für eine ausführlichere Klärung dessen, was in der katholischen Religionspädagogik unter Katechese zu verstehen ist, fehlt hier der Raum.[40] Auch zum Pendent, dem evangelisch geprägten Begriff Gemeindepädagogik, ist auf Literatur zu verweisen.[41]

Jedenfalls findet sich in der Deutschschweiz eine ökumenische Ausrichtung der konfessionellen Bildung in den Kirchgemeinden und Pfarreien meist lediglich auf römisch-katholischer Seite. Das Leitbild «Katechese im Kulturwandel»[42] der Deutschschweizer Ordinarienkonferenz hält im 5. Leitsatz fest:

> «Katechese ist ökumenisch angelegt. Die christlichen Kirchen machen situationsbezogen in gemeinsamen Angeboten Menschen mit der Bibel, der christlichen Tradition und Kultur und mit dem engagierten Handeln in der Welt vertraut.»[43]

---

39 Netzwerk Katechese, Religionsunterricht, 11.
40 Vgl. etwa Jakobs, Wege; Fleck, Katechese.
41 Vgl. z. B. Adam, Gemeindepädagogik; Fleck, Katechese, 35.
42 Deutschschweizerische Ordinarienkonferenz, Leitbild.
43 A. a. O., Nr. 5.

Auf evangelisch-reformierter Seite wird diese Dimension zwar von den Fachstellen und in den Konzepten für den kirchlichen Unterricht empfohlen[44] und auch vor Ort vereinzelt umgesetzt, grundsätzliche Erklärungen auf landeskirchlicher Ebene dazu fehlen allerdings.

Konzeptionelle Ebene

In Unterrichtsmodellen, die wie ERG für Kinder und Jugendliche verschiedener Religionen und Weltsichten oder wie CRU für Kinder und Jugendliche aller christlichen Konfessionen konzipiert sind, wird Differenzsensibilität selbstverständlich als Kompetenz von den Lehrpersonen gefordert und für die Lernenden angestrebt. Zu wenig beachtet wird aber die Differenzsensibilität, die in von den Zugangsvoraussetzungen her scheinbar homogenen Lerngruppen der 3. Säule erforderlich ist und erworben werden kann, obwohl doch eigentlich die gelebte Vielfalt innerhalb einer Konfession unbestritten ist. Sie muss sogar in einer scheinbar homogenen Lerngruppe besonders angesprochen werden. Nur dann, wenn die Lehrperson nicht einfach voraussetzt, dass ein Wissen über die eigene Konfession und eine gelebte Praxis bei den teilnehmenden Kindern und Jugendlichen vorhanden sind, kann der Unterricht gelingen und zu einem positiven Verhältnis der Lernenden zu den Inhalten führen. In diesem Sinne umfasst die von Woppowa beschriebene Standpunktfähigkeit einen reflektierten und gegebenenfalls auch distanzierten oder sehr kritischen Umgang mit der eigenen Konfession.

Fazit

Die unterschiedlichen rechtlichen Grundlagen und die Verschiedenheit der Modelle, die in der religiösen Bildung in Deutschland und der Deutschschweiz umgesetzt werden, machen es nahezu unmöglich, die Strukturen und Ausbildungsformen des in manchen deutschen Bundesländern praktizierten schulischen konfessionell-kooperativen Religionsunterrichts direkt auf eine der drei Säulen der religiösen Bildung in der Deutschschweiz zu übertragen.

Sehr anregend für alle drei Säulen sind jedoch die Ziele, die dort mit dem ökumenischen Lernen angestrebt werden, wie Standpunktfähigkeit und Differenzsensibilität, sowie die didaktischen Grundlinien «Vom Gemeinsamen zum

---

44 So werden z. B. im zürcherischen «Religionspädagogischen Gesamtkonzept» (rpg) «ökumenische Tageslager» und «ökumenische Kinderwochen und Familienferienwoche» vorgeschlagen (Evangelisch-reformierten Landeskirche des Kantons Zürich, Gesamtkonzept, 5).

Verschiedenen» und «Verschiedenheit als Komplementarität und Bereicherung». Diese sind ein Schlüssel für ein ökumenisches Lernen, das nicht bei einem Auflisten von Unterschieden stehenbleiben, sondern eine umfassende Kompetenzentwicklung der Lernenden fördern will.

Literaturverzeichnis

Adam, Gottfried: Was ist Gemeindepädagogik?, in: *ders./Lachmann, Rainer (Hg.):* Neues Gemeindepädagogisches Kompendium, Göttingen 2008, 15–39.

Bezirkssynode Solothurn der Reformierten Kirchen Bern-Jura-Solothurn/Evangelisch-Reformierte Kirche des Kantons Solothurn/Römisch-Katholische Synode des Kantons Solothurn/Bischofsvikariat St. Verena, Bistum Basel/Evangelisch-Reformierte Kirche des Kantons Basel-Landschaft/Römisch-Katholische Landeskirche des Kantons Basel-Landschaft/Bischofsvikariat St. Urs, Bistum Basel/ Christkatholische Kirche der Schweiz (Hg.): Ökumenischer Lehrplan für den Religionsunterricht der Kirchen am Lernort Schule in den Kantonen Basel-Landschaft und Solothurn, Basel/Solothurn 2019.

Bundesamt für Statistik (BFS): Religionen; https://www.bfs.admin.ch/bfs/de/home/statistiken/bevoelkerung/sprachen-religionen/religionen.html.

Bundesverfassung der Schweizerischen Eidgenossenschaft vom 18.04.1999; https://fedlex.data.admin.ch/filestore/fedlex.data.admin.ch/eli/cc/1999/404/2022 0213/de/pdf-a/fedlex-data-admin-ch-eli-cc-1999-404-20220213-de-pdf-a-4. pdf.

Der Religionsunterricht in der Schule, in: *Bertsch, Ludwig (Hg.):* Gemeinsame Synode der Bistümer in der Bundesrepublik Deutschland (Offizielle Gesamtausgabe), Freiburg i. Br. 1976, 113–152; https://www.dbk.de/fileadmin/re daktion/Synoden/gemeinsame_Synode/band1/04_Religionsunterricht.pdf.

Deutschschweizer Erziehungsdirektoren-Konferenz (D-EDK) (Hg.): Lehrplan 21, Luzern 2016; https://v-fe.lehrplan.ch/container/V_FE_DE_Gesamtausgabe. pdf.

Deutschschweizerische Ordinarienkonferenz (DOK): Leitbild Katechese im Kulturwandel. 2009; https://www.reli.ch/katechese-im-kulturwandel/leitbild.

Ebel, Eva: Rolle und Professionsverständnis der Lehrperson, in: *Bietenhard, Sophia/Helbling, Dominik/Schmid, Kuno (Hg.):* Ethik, Religionen, Gemeinschaft. Ein Studienbuch, Bern 2015, 156–163.

Evangelisch-reformierte Landeskirche des Kantons Zürich: Das Religionspädagogische Gesamtkonzept rpg. Aufwachsen – Aufbrechen – Mitgestalten, Zürich 2022; https://www.zhref.ch/media/1236/remote-download.

Fleck, Carola: Katechese in Geschichte und Gegenwart, in: *Kaupp, Angela/Leimgruber, Stephan/Scheidler, Monika (Hg.):* Handbuch der Katechese. Für Studium und Praxis, Freiburg i. Br. 2011, 21–37.

Höger, Christian: Religionsunterricht in der Pfarrei?, in: Schweizerische Kirchenzeitung 191 (2023) 329.

Jakobs, Monika: Neue Wege der Katechese, München 2010.

Jakobs, Monika/Ebel, Eva/Schmid, Kuno: Bekenntnisunabhängig Religion unterrichten. Grundlagen – Erfahrungen – Perspektiven aus dem Kontext Schweiz, Ostfildern 2022.

Kalbheim, Boris/Ziebertz, Hans-Georg: Unter welchen Rahmenbedingungen findet Religionsunterricht statt? Religionsunterricht – Ethik – LER – Religionskunde, in: *Hilger, Georg/Leimgruber, Stephan/Ziebertz, Hans-Georg (Hg.):* Religionsdidaktik. Ein Leitfaden für Studium, Ausbildung und Beruf, München ⁴2015, 302–320.

Land Brandenburg: Gesetz über die Schulen im Land Brandenburg (Brandenburgisches Schulgesetz – BbgSchulG); https://bravors.brandenburg.de/gesetze/bbgschulg.

Lorenzen, Stefanie/Schmid, Kuno: Art. Religionsunterricht in der Schweiz, in: Wissenschaftlich-Religionspädagogisches Lexikon (WiReLex), 05.02.2019; DOI: 10.23768/wirelex.Religionsunterricht_in_der_Schweiz.200639.

Netzwerk Katechese (Hg.): Konfessioneller Religionsunterricht und Katechese. Lehrplan für die katholische Kirche in der Deutschschweiz, Luzern 2017; https://www.reli.ch/drucksachen/leruka/.

Schmid, Kuno: Religionsunterricht gehört in die Schule, in: Schweizerische Kirchenzeitung 185 (2017) 75 f.

Schmid, Samuela: Abschied vom Lernort Schule?, in: Schweizerische Kirchenzeitung 187 (2019) 410 f.

Wakefield, David: Katechese mit Profil, in: Schweizerische Kirchenzeitung 187 (2019) 408 f.

Zimmermann, Mirjam/Riegel, Ulrich/Totsche, Benedict/Fabricius, Steffi: Standpunktfähigkeit und Perspektivenwechsel als Anforderung an die Lehrperson im konfessionell-kooperativen Lernsetting aus der Sicht von betroffenen Religionslehrkräften, in: Religionspädagogische Beiträge. Journal for Religion in Education 44/1 (2021) 47–57; DOI: 10.20377/rpb-93.

Ökumene – Zusammenarbeit und Verständigung

Evelyn Borer

1 Wenn von Ökumene die Rede ist ...

Wenn von Ökumene die Rede ist, dann ist in aller Regel das Verhältnis zwischen römisch-katholischer und evangelisch-reformierter Kirche gemeint. Dazu hat sich auf der Ebene vieler Kirchgemeinden eine gute Zusammenarbeit entwickelt. Der Begriff Ökumene meint aber noch mehr als die Begegnung zweier Konfessionen. Das Wort Ökumene kommt aus dem Griechischen und steht für «die ganze bewohnte Erde». Im Laufe der vergangenen 2000 Jahre hat sich das Christentum über die ganze Erde verbreitet und vielfältige Ausprägungen entwickelt. Ökumene bedeutet denn auch, den Reichtum der weltweiten Christenheit wahrzunehmen und die Unterschiedlichkeit der Konfessionen in ihrem Selbstverständnis kennenzulernen.[1]

In Dornach, meiner Wohngemeinde, in der ich als Präsidentin des Kirchgemeinderates fungiere, wird seit Jahrzehnten die ökumenische Zusammenarbeit gepflegt. Wir feiern mit den Mitgliedern der katholischen Kirchgemeinde gemeinsame Gottesdienste zu Weihnachten, begehen die Osternacht, feiern wechselweise in der katholischen und reformierten Kirche Erntedank und Suppentage, führen einen Mittagstisch und Ferien für Seniorinnen und Senioren durch und organisieren ebenfalls gemeinsam seit Jahrzehnten den ökumenischen Religionsunterricht.

Die Katechetinnen und Katecheten sind von den beiden Kirchgemeinden angestellt – je etwa die Hälfte der Mitarbeitenden –, werden von einem Rektorat auf ökumenischer Basis geleitet, planen gemeinsam die Stundentafel und seit Neuestem auch einen projektbasierten Religionsunterricht für die Oberstufenschülerinnen und -schüler.

Das war nicht immer so.

---

1 Vgl. Koerrenz, Ökumene, 9.

2 Gestern – ein Blick in die persönliche Vergangenheit

Der Kanton Solothurn ist katholisch geprägt. Ursprünglich organisierten sich die reformierten Dornacher Einwohnerinnen und Einwohner mit dem benachbarten Arlesheim BL. Als in den 40er-Jahren des letzten Jahrhunderts der Kanton Basel-Landschaft eine eigene Kirchenordnung schuf, mussten sich die Dornacher neu organisieren und gründeten 1952 eine eigene Kirchgemeinde. Wir sind mit dem geschichtlichen Auge betrachtet noch ein Jungspund und leben in einer Diaspora-Situation.

Im Spital Dornach wurde anfangs bis in die Mitte des letzten Jahrhunderts die Pflege durch die Barmherzigen Schwestern vom heiligen Kreuz aus Ingenbohl SZ geleistet. Diese Schwestern halfen bei der Seelsorge mit und leiteten zudem den ortsansässigen Kindergarten.

Meine beiden älteren Schwestern besuchten denn auch diesen Kindergarten. Zur gleichen Zeit arbeitete mein Vater als nebenamtlicher Sigrist bei der reformierten Kirchgemeinde. Als die katholische Kirchgemeinde ein neues Gebäude für den Kindergarten erstellte, wurde dieser Bau mit einem kleinen Fest eingeweiht. Bei dieser Gelegenheit sagte meine Schwester zusammen mit einem gleichaltrigen Knaben ein Gedicht auf.

Das war für einige reformierte Kirchgemeindeangehörige des Guten zu viel: Die Tochter des reformierten Sigristen sagt ein Gedicht auf bei der Einweihung des katholischen Kindergartens! Und überhaupt, dass reformierte Kinder den katholischen Kindergarten besuchen, war der Gemeinde schon längere Zeit ein Dorn im Auge. Die Empörung einiger Mitglieder war gross. Ein eigener Kindergarten musste her. Der Wunsch wurde umgehend in die Tat umgesetzt und ein eigener reformierter Kindergarten gegründet. Der als Provisorium erstellte Pavillon blieb bis in die 1990er-Jahre in Betrieb. Jedoch rückte das «Reformierte» am Kindergarten nach und nach in den Hintergrund. Anfang der 1990er-Jahre übernahm die Einwohnergemeinde sowohl den katholischen als auch den reformierten Kindergarten und betreibt sie seitdem als gemeindeeigenes Angebot.

Eine andere Entwicklung nahm der Religionsunterricht. Ich kann mich nicht erinnern, je einen anderen als einen ökumenischen Religionsunterricht besucht zu haben. Der damalige reformierte Pfarrer war sehr aufgeschlossen und überzeugte den weniger ökumenisch orientierten katholischen Kollegen zu gemeinsamen Aktivitäten. Zudem war das Eingebettetsein im schulischen Unterricht wenig geeignet, den Religionsunterricht in den unterschiedlichen Konfessionen anzubieten.

Nicht alle Mitglieder der Kirchgemeinden, sowohl der katholischen als auch der reformierten, goutierten dieses Zusammengehen. Man fürchtete um die eigene Identität. Nicht zuletzt die persönliche Haltung der jeweiligen Pfarrpersonen war massgebend für die Entwicklung der Ökumene respektive des gemeinsamen Wegs.

Nach der Pensionierung des eher zurückhaltend agierenden katholischen Pfarrers folgte ein aufgeschlossener und progressiv denkender Geistlicher. Und das ökumenische Zusammengehen der beiden Kirchgemeinden nahm an Fahrt auf.

3 Heute – ökumenischer Religionsunterricht

Der Religionsunterricht als ökumenisches Projekt war zur Selbstverständlichkeit geworden und ist es bis heute geblieben.

Die Katechetinnen und Katecheten treffen sich regelmässig zum Austausch und zur Besprechung der schulischen Inhalte. Gegenseitige Unterstützung und Inspiration für den Unterricht sind eine Selbstverständlichkeit. Im Religionsunterricht sind alle Schülerinnen und Schüler willkommen, unabhängig von ihrer Konfessions- oder Religionszugehörigkeit.

Hinzu kommt, dass viele unserer Schülerinnen und Schüler ab der 4. und 5. Klasse die weiterführenden Schulen infolge eines mangelnden kommunalen Angebotes im benachbarten Kanton Basel-Landschaft absolvieren, wo sie wiederum ökumenischen Unterricht besuchen können.

Der Integrationsgedanke der staatlich geführten Schule, der allen Schülerinnen und Schüler – unabhängig von ihrer Herkunft, ihrem sozialen Status, ihrem Geschlecht oder ihrer Religionszugehörigkeit – zugute kommt, bildet sich im Religionsunterricht ab.

Die Kinder und Jugendlichen erhalten eine Wissensgrundlage. Ihnen werden unterschiedliche Ausprägungen des Glaubens, unterschiedliche Auffassungen von Religion und Tradition aufgezeigt sowie Werte und Haltungen vermittelt. Damit wird die Grundlage geschaffen und die Möglichkeit gegeben, eigene Werte und Haltungen zu erarbeiten, zu wachsen und zu eigenen Persönlichkeiten heranzureifen.

Was nun die Identität in der eigenen Religion respektive Konfession angeht und die Angst vor deren Verlust, so sehe ich darin keine reale Gefahr. Es ist den Kirchgemeinden unbenommen und eine grosse Chance, eigene Angebote zu schaffen und die Gemeinschaft innerhalb der Kirchgemeinde zu fördern. Diese Bestrebungen finden sich u.a. im Bereich der Vorbereitung für Firmung und Konfirmation, aber auch in den Angeboten der Kinder- und Jugendarbeit, die notabene in unserer Kirchgemeinde ebenfalls als offene Jugendarbeit geführt wird.

4 Ökumene und Staat

Die Evangelisch-Reformierte Kirche Kanton Solothurn gehört zu den eher kleinen Kantonalkirchen. Dies ist unter anderem darauf zurückzuführen, dass es im Kanton Solothurn zwei reformierte Landeskirchen gibt: Die von mir geleitete Evangelisch-Reformierte Kirche Kanton Solothurn sowie die reformierte Bezirkssynode als Teil der Reformierten Kirchen Bern-Jura-Solothurn.

Das hat wie so vieles im kirchlichen Bereich Gründe, die weit in die Geschichte der Staatsgründung der Schweiz und in die Entwicklung der Kantone und deren Landreformen und Grenzziehungen zurückreichen.

Im Rahmen meiner Aufgaben bin ich Mitglied der verschiedensten kantonalen als auch interkantonalen und nationalen Gremien.

Was einen Teil der kantonalen Gremien ausweist, ist – zum Teil schweizweit einzigartig und macht uns im Kanton Solothurn auch stolz – die ökumenische Ausrichtung.

Als Erstes erwähnen will ich die Solothurner Interkonfessionelle Konferenz (SIKO). Diese besteht seit über 50 Jahren. Nachfolgend ein Auszug aus ihrem Reglement:

«§ 1. Zusammensetzung
Die Solothurnische Interkonfessionelle Konferenz (SIKO) ist ein Zusammenschluss von Vertreterinnen und Vertretern der folgenden vier öffentlich-rechtlich anerkannten Synoden des Kantons Solothurn:
1. der Römisch-Katholischen Synode des Kantons Solothurn;
2. des Christkatholischen Synodalverbandes des Kantons Solothurn;
3. der Bezirkssynode Solothurn der Reformierten Kirchen Bern-Jura-Solothurn;
4. der Evangelisch-Reformierten Kirche Kanton Solothurn.»[2]

«§ 8. Aufgaben
Die SIKO hat insbesondere folgende Aufgaben:
1. Die SIKO leistet einen Beitrag zur Wahrung des konfessionellen Friedens und zur Förderung des gegenseitigen Verständnisses und des allgemeinen Wohls.
2. Sie sorgt für ein einheitliches Auftreten der öffentlich-rechtlich anerkannten Religionsgemeinschaften gegenüber dem Kanton Solothurn.
3. Sie fördert den ökumenischen und den interreligiösen Gedanken.

---

2 Christkatholischer Synodalverband des Kantons Solothurn/Evangelisch-Reformierte Kirche Kanton Solothurn/Römisch-Katholische Synode des Kantons Solothurn, Geschäftsreglement, 1.

4. Sie ist offizielle Partnerin bei Vernehmlassungsverfahren des Kantons Solothurn und verfasst Stellungnahmen und Empfehlungen zu kantonalen Erlassen.
5. Sie ist Ansprechstelle des Kantons Solothurn in allen Kirchenfragen.
6. Sie gibt Empfehlungen an die öffentlich-rechtlich anerkannten Religionsgemeinschaften ab.
7. Sie engagiert sich in allen Bereichen, welche für Kirchen und Staat von Bedeutung sind (z. B. Religionsunterricht, Spezialseelsorge, Hilfswerke, Betreuung von Asylsuchenden, Ehe-, Familien- und Schwangerschaftsberatung, Betreuung der Ausländerinnen und Ausländer im Kanton Solothurn, etc.).
8. Sie sorgt für einen permanenten Informationsaustausch zwischen den öffentlich-rechtlich anerkannten Religionsgemeinschaften und setzt sich für die bessere Integration von Angehörigen anderer Religionsgemeinschaften ein und steht mit ihnen im Dialog.
9. Sie trifft sich jährlich mindestens einmal mit einer Vertretung des Regierungsrates des Kantons Solothurn zu einer Aussprache.»[3]

Die SIKO besteht nicht nur seit rund 50 Jahren, sondern sie funktioniert auch effektiv so lange, was aus meiner Sicht ein grosses Plus für die Solothurner Landeskirchen darstellt.

Basierend auf dieser Zusammenarbeit, dem steten Informationsaustausch und der Diskussion über anstehende Herausforderungen hat eine Entwicklung im Kanton Solothurn stattgefunden, die ihresgleichen sucht.

Zum Beispiel: Die Spezialseelsorgen in den Spitälern der Solothurner Spitäler AG (soH) sowie in den Untersuchungsgefängnissen und der Justizvollzugsanstalt in Deitingen werden gestützt durch Vereinbarungen mit den Institutionen organisiert, finanziert und ökumenisch getragen. Die Gehörlosenseelsorge der Nordwestschweiz wird von allen vier Kantonen respektive den jeweiligen Landeskirchen in ökumenischer Zusammenarbeit organisiert und finanziert. Und als letztes Beispiel wird die ökumenische Seelsorge für Asylsuchende mit Sitz in Basel interkantonal getragen und finanziert.

Die notwendigen Vereinbarungen werden innerhalb der SIKO erarbeitet und jeweils von den einzelnen Synoden der Landeskirchen behandelt und bewilligt. Die Führungsgremien der verschiedenen Spezialseelsorgen sind zusammengesetzt aus Vertretungen aller Landeskirchen sowie der jeweiligen Institutionen. Beschlüsse werden im Konsens gesucht und gefunden. Ebenfalls

---

3 A.a.O., 2.

gemeinsam und im ökumenischen Geist werden die Mitarbeitenden für die entsprechenden Aufgaben gesucht.

Aktuell befinden wir uns in der Gefängnisseelsorge in einer Pilotphase: Als Ergänzung zum Team der Seelsorgenden wurde der Imam der muslimischen Gemeinschaft in Solothurn als Seelsorger angestellt. Nach Ablauf der Pilotphase wird eine Evaluation durchgeführt und über die weitere Entwicklung der interreligiösen Zusammenarbeit beraten. Damit eine Diskussion auf Augenhöhe stattfinden kann, haben sich die islamischen Gemeinschaften im Kanton Solothurn zu einem Dachverband zusammengeschlossen.

Eine solche Entwicklung ist möglich mit tragfähigen und erprobten Gefässen der Zusammenarbeit und des Dialogs sowohl von staatlicher als auch von kirchlicher Seite. Diese Gefässe müssen stetig gepflegt, auf ihre Tauglichkeit geprüft und allenfalls angepasst werden. Das wiederum braucht mündige Menschen, die sich und das Gegenüber kennen und respektieren. Ein Prozess, der nicht früh genug angegangen und gefördert werden kann.

5 Begleitung der aktuellen gesellschaftlichen Entwicklungen als ökumenische Trägerschaft

Thomas Wipf, ehemaliger Präsident des Rates, hat es im Papier der Evangelischen Kirche Schweiz (EKS), vormals Schweizerischer Evangelischer Kirchenbund (SEK), so formuliert: «Wir sind Kirche.» Für ihn geht es dabei um einen «ganz einfachen» Sachverhalt hinsichtlich der Ökumene.[4] Im Grunde, könnte man folgern, ist Ökumene ganz einfach. Wipf beruft sich auf Mt 18,20: «Denn wo zwei oder drei in meinem Namen versammelt sind, da bin ich mitten unter ihnen.» Wir sind ökumenische Kirche. Das Bemühen und die Leidenschaft der Reformatoren galten immer der ganzen, der einen Kirche Jesu Christi.

Ganz so einfach ist es natürlich – oder soll ich sagen leider? – nicht. In den knapp 2000 Jahren, die diesen Worten aus dem Matthäusevangelium gefolgt sind, haben sich die Welt, die Gesellschaft und ihre Menschen mehrfach neu erfunden, Erkenntnisse gewonnen, Meinungen erarbeitet, Traditionen gefestigt. Wir wurden mehr, benötigten entsprechend mehr Ressourcen, bestehende Machtverhältnisse werden in Frage gestellt, neu geordnet und organisiert.

Dafür braucht es nicht einmal den Blick in die weite Welt. Es genügt, wenn wir die Schweiz und ihre Kantone betrachten. Oder noch genauer in einen Kanton und seine Kirchgemeinden Einblick nehmen.

---

4   Vgl. Wipf, Wort, 5.

Am Beispiel Solothurn, meinem Heimat- und Wohnkanton, zeigen sich die verschiedenen Haltungen exemplarisch. Allein die Tatsache, dass es im Kanton Solothurn zwei reformierte Landeskirchen gibt, lässt aufhorchen.

Anlässlich der Tagung vom 01.02.2023 wurde in den Inputreferaten der Vertreterinnen und Vertreter der drei Landeskirchen ein Blick auf die Ökumene und deren Entwicklung geworfen. Damit wurde ein Teppich an Erkenntnissen und Möglichkeiten des Zusammengehens ausgebreitet.

Als Ausgangspunkt der Tagung stand die Frage: Ökumenisch lernen – Ökumene lernen.

Und damit zielte die Frage auf den Religionsunterricht, auf die Vermittlung des Glaubens als Basis von Wissen, Verständnis und der Fähigkeit des Erkennens.

Im 3-Säulen-Prinzip der religionsbezogenen Bildung ist es angelegt:

Säule 1: Ethik, Religionen, Gemeinschaft am Lernort Schule
Säule 2: Religionsunterricht am Lernort Schule
Säule 3: Katechese am Lernort Kirche

Wir sind alle in der Pflicht: Kirchgemeinden, Kantonalkirchen und Kantonsregierungen respektive Kantonsparlamente.

Es ist unser aller Aufgabe, christliche Werte und Haltungen zu vermitteln. Das geht am besten und ist organisch, wenn diese Vermittlung ein Teil des staatlichen schulischen Unterrichts ist. Eine eigene Identität zu entwickeln und deren Wurzeln zu kennen, die Erscheinungsformen anderer christlicher Kirchen und fremde Religionen kennenzulernen, verbunden mit der Möglichkeit, deren Eigenheiten und Alterität zu verstehen, sie anzuerkennen und ihnen mit Wertschätzung zu begegnen, sind zentrale Ziele und Lerngegenstände des ökumenischen Religionsunterrichts.

Einen Weg des Friedens gehen, die Bewahrung der Schöpfung in Kenntnis, Respekt und Anerkennung anderer Sichten und Lebensweisen, können wir nur gemeinsam schaffen.

Umso bedauerlicher, dass nach den vielen Jahren des Suchens und Findens gemeinsamer Wege eine deutliche Tendenz zur «Rückbesinnung» oder vielmehr zum Rückzug auf die eigenen religiösen oder konfessionellen Werte zu beobachten ist. Dazu gehört auch der Rückzug des Religionsunterrichts aus den staatlichen Schulen.

Wobei diese Rückbesinnung nicht nur kirchlich motiviert ist. Die immer wieder hochkochende Diskussion über die staatliche Finanzierung der Kirche durch juristische Steuern, das Hinterfragen von Glaube überhaupt sowie von Religion und Kirche befördert die Diskussion zur absoluten Trennung von Kirche und Staat. Auch wenn wir gerade im Kanton Solothurn mit der Organisation der vielfältigen Spezialseelsorge beweisen, dass ein Miteinander von Staat und Kirche zu frucht- und tragbaren Lösungen führt. Diese Rückbesinnung wird nicht der Stärkung des eigenen Glaubens oder der eigenen Konfession dienen, sondern der Polarisierung Vorschub leisten.

Das ist aus meiner Sicht der falsche Weg.

Die Kirche bedauert den Verlust von Deutungshoheit. Gleichzeitig läuft sie Gefahr, sich selbst zu entmächtigen, wenn der Religionsunterricht aus den staatlichen Bildungssystemen der Kantone herausgenommen wird.

Es ist mühsam und der Religionsunterricht ist dauernd unter Druck, an den Rand gedrängt zu werden.

Es ist mühsam, da immer weniger Schülerinnen und Schüler einer christlichen Konfession oder überhaupt einer Religion angehören und die Zahl derer, die sich zum Glauben bekennen, kleiner wird. Und trotzdem oder gerade deswegen dürfen wir nicht aufgeben, müssen uns einbringen, müssen mitreden und im Dialog bleiben.

Wir werden weniger. Das ist unbestritten. Deshalb sind wir aber nicht weniger wichtig. Die Kirche – wir – ist Teil der Gesellschaft und hat ihr etwas mitzuteilen. Und wenn wir uns aus einem Feld wie dem staatlichen Religionsunterricht zurückziehen, dann verlassen wir aktiv den Platz am Tisch.

Aktuell in der Diskussion im Kanton ist die Einführung des Fachs Ethik, Religionen, Gemeinschaft (ERG). Der Kanton Solothurn ist einer der letzten Deutschschweizer Kantone, die dieses Fach bei der Einführung des Lehrplans 21 nicht aufgenommen haben. Ich habe jedoch meine Zweifel, ob dieser Weg der richtige ist. Denn die Gefahr ist gross, dass bei einem Fach ERG der Religionsunterricht marginalisiert und damit inexistent wird. Natürlich wird in diesem Fach das Thema Religion behandelt, aber mit Sicherheit nicht im gleichen zeitlichen Umfang und in der Tiefe, wie es im Religionsunterricht selbst möglich ist. Aus meiner Sicht wäre eine verbesserte kooperative Lösung von Staat und Landeskirchen zielführender.

Warum nicht ein Modell, wie wir es im Kanton Solothurn mit den Spezialseelsorgen erarbeitet haben und erfolgreich führen?

Das in einigen Kantonen praktizierte Modell 1+1 wäre ein möglicher Weg. Eine Lektion wird durch die Lehrperson mit dem Fach ERG und eine Lektion wird als Religionsunterricht durch Religionslehrpersonen erteilt. Ein entsprechendes Positionspapier ist in Arbeit und soll dem Regierungsrat unterbreitet werden. Sowohl Finanzierung als auch Verantwortung werden geteilt und geben dem Fach Religion den gebührenden Platz und die entsprechende Gewichtung.

6 Morgen – ökumenischer Religionsunterricht

Im März 2023 war ich auf einer Indienreise mit dem Thema «Auf den Spuren der Basler Mission». Die Reise wurde organisiert durch Mission 21 in Basel und wir waren vor allem im Süden des Subkontinents unterwegs. Wir besuchten Kirchen und Tempel, eine Primarschule und eine Mädchenschule sowie eine Ziegelei, die ursprünglich von der Basler Mission gegründet worden war.

Eine unglaublich eindrückliche Reise durch ein Land, das die Vielfalt der Religionen kennt und lebt, ohne die Differenzen und Schwierigkeiten auszublenden, ständig danach bestrebt, auf dem Weg des interreligiösen Dialogs nach tragfähigen Lösungen für eine stabile Konvivenz zu suchen.

Beim Betrachten der Kinder habe ich oft an meine Enkel gedacht. Sie sind noch klein. Der ältere der beiden Buben tritt im Sommer in den Kindergarten ein. Und ich stelle mir vor, wie er in wenigen Jahren in der Schule den Religionsunterricht besucht. Neben ihm sitzt vielleicht ein kleines Hindumädchen, hinter ihm zwei Jungen aus einer muslimischen Familie und vor ihm ein Mädchen, dessen Eltern Agnostiker sind.

Und alle sprechen sie gemeinsam über das Beten und erarbeiten ein Gebet – und lernen sich und ihr Gegenüber kennen. Ökumene der Zukunft? Hoffentlich.

Literaturverzeichnis

Koerrenz, Marita: Ökumene Lernen. Auf der Suche nach christlicher Gemeinschaft in der einen Welt, Göttingen 2014.

Römisch-Katholische Synode des Kantons Solothurn/Christkatholischer Synodalverband des Kantons Solothurn/Bezirkssynode Solothurn der Reformierten Kirchen Bern-Jura-Solothurn/Evangelisch-Reformierte Kirche Kanton Solothurn (Hg.): Geschäftsreglement der Solothurnischen Interkonfessionellen Konferenz (SIKO), Solothurn 2020.

Wipf, Thomas: Wo das Wort ist, da ist Kirche. Ein reformiertes Wort im ökumenischen Kontext, SEK Impulse 3, Bern 2007.

Ökumene als Einheit und Heiligkeit

Mit Bruder Klaus ein authentisches Zeugnis für das Evangelium wagen

Abt Urban Federer OSB

Machen wir uns nichts vor: Auch wenn viele Menschen in den verschiedenen christlichen Denominationen Ökumene selbstverständlich leben und sich davon noch mehr erhoffen, stehen wir in einer für die Ökumene nicht einfachen Zeit. Da ich diese Zeilen schreibe, lese ich für unser nördliches Nachbarland den Online-Titel: «Die Ökumene in Deutschland ist am Tiefpunkt angelangt.»[1] Zumindest macht die Ökumene im Moment nicht von sich reden, zu sehr scheinen die Kirchen mit sich selbst beschäftigt. Kann das für die Ökumene auch eine Chance sein?

1 Ein Heiliger an der Schnittstelle der Konfessionen

Es gibt in der Schweiz eine Gestalt, die schon immer für beides herhalten musste: für das Trennende der christlichen Konfessionen wie für das Verbindende. Wer sich mit der Geschichte der Rezeption dieser Person auseinandersetzt, findet sich an der Schnittstelle der verschiedenen Konfessionen wieder. Ich spreche hier von Niklaus von Flüe, besser bekannt als Bruder Klaus. Seine Lebensdaten 1417–1487 weisen ihn als eine vorreformatorische Gestalt aus, was später wohl zu seiner konfessionsübersteigenden Akzeptanz geführt hat. Dieser wird in der römisch-katholischen Kirche als Heiliger verehrt und geniesst in der Kirche der Schweiz eine Bekanntheit wie wohl nur ganz wenige andere Personen im Heiligenkalender. Das Lied «Mein Herr und mein Gott», das auf das bekannte Gebet von Bruder Klaus zurückgeht, ist eines der meistgesungenen Lieder in Gottesdiensten und eines der wenigen, das viele Menschen auswendig singen können. Wer in der Pfarr- und Wallfahrtskirche von Sachseln die Grabstätte von Bruder Klaus aufsucht – oder besser gesagt: den Zelebrationsaltar, in dem seine Gebeine ruhen –, findet dort auch sein berühmtes Meditationsbild sowie einen Rock, den er als Einsiedler getragen hat und von dem überliefert ist, seine Frau Dorothee habe ihn gewoben und genäht. Wer

---
1 Müller, Ökumene.

möchte, kann eigene Gebetsanliegen der Fürbitte des Heiligen anvertrauen, indem sie oder er die Hand um einen Stein hält, in dem eine Reliquie von Bruder Klaus eingelassen ist. Auch wenn in der Schweiz die Verehrung von Reliquien kaum eine grössere Rolle spielt – in Sachseln scheint diese eine Gewohnheit zu sein. Ist darum Bruder Klaus im geografischen Zentrum der Schweiz definitiv ein katholischer Heiliger?

Eine solche Sichtweise teilt der reformierte Theologe und Autor Walter Nigg (1903–1988) gerade in zweifacher Hinsicht, sowohl geografisch als auch konfessionell, nicht. Zum Obwaldner Eremiten schreibt er: «[T]rotzdem ist Bruder Klaus nicht nur unser Heiliger, sondern jener der ganzen Christenheit. Alle Menschen ohne Unterschied der Konfession und der Nation dürfen und sollen sich um ihn scharen.»[2] Darüber hinaus ist Nigg überzeugt: «Es bedeutet immer ein Wagnis, sich mit Niklaus von Flüe einzulassen, [...] denn nur zu leicht kann es geschehen, dass man eines seiner Worte nicht mehr los wird.»[3] Bruder Klaus hat offenbar ein Wort für alle – für Menschen aus den verschiedenen christlichen Traditionen.

2 Glaube und Bekenntnis

Worte von Bruder Klaus sind uns über seinen Dankesbrief an die Ratsherren von Bern überliefert. Der auf den 4. Dezember 1482 datierte Brief beginnt mit einem Bekenntnis: «[D]er Name Jesus sei euer Gruss».[4] Zusammen mit diesem Bekenntnis drückt er seinen zweifachen Glauben aus: einerseits, dass der Heilige Geist der Lohn für das Leben, und andererseits, dass Gott der Friede sei. Wenn also Bruder Klaus heute ein Wort für alle Konfessionen hat, dann ist es zuerst einmal jenes vom Glauben an den dreieinen Gott und vom Bekenntnis zu diesem. Zwar sind wir uns auf dem gemeinsamen ökumenischen Weg bewusst, dass nicht alle Konfessionen ein verpflichtendes Bekenntnis kennen. Auch die Taufe als «Eingangstor» zum christlichen Leben ist nicht überall bindend gegeben. Doch ein ökumenischer Weg sollte sich nicht hinter politischer Korrektheit verstecken und sich auch nicht mit reinen Strukturfragen beschäftigen. Vielmehr kann die gegenwärtige Situation der christlichen Glaubensgemeinschaften eine Chance für die Ökumene sein, da viele der gewohnten Strukturen wegbrechen und Bekenntnisse wichtiger werden, um sich der eigenen Berufung und Sendung zu vergewissern. In der gleichzeitigen Suchbewegung der einzelnen christlichen Konfessionen können diese das Evangelium als eine

---

2 Nigg, Nikolaus von Flüe, 50.
3 Nigg, Heiligen, 111 f.
4 Der Brief wird hier zitiert nach Rothen, Brief, 198.

echte und bewährte Stimme für unsere Gesellschaft bezeugen, die aus dem Glauben an einen Gott stammt, der in sich selbst Leben und Gemeinschaft ist und dies auch für die Menschen sucht.

3 Ohne Gerechtigkeit kein Friede

Ein weiteres Wort von Bruder Klaus an die Ökumene von heute ist in seinem erwähnten Brief an die Ratsherren von Bern mit dem Wort «Gehorsam» gegeben: «Gehorsam ist die grösste [Ehre], die im Himmel und auf dem Erdreich ist. Darum sollt ihr schauen, dass ihr einander gehorsam seid, und Weisheit ist das Allerliebst deswegen, weil sie alle Dinge zum Besten anfängt.»[5]

Gehorsam als eine geistliche Haltung meint ein echtes Aufeinander-Hören, das Eingehen auf andere, den wechselseitigen Dialog. Kennen sich die verschiedenen christlichen Konfessionen genügend? Oder meinen wir, nächste Schritte in der Ökumene bereits zu kennen und so nicht mehr wirklich aufeinander hören zu müssen? In der gegenwärtigen Umbruchszeit schält sich wohl wieder deutlicher heraus, was die einzelnen christlichen Konfessionen letztlich ausmacht und was in ihrem bisherigen Erscheinungsbild nicht mehr trägt. Ein neues Hinhören ist darum für die Ökumene wichtig, will sie sich den Reichtum der verschiedenen Traditionen zunutze machen.

Der Gehorsam muss für Bruder Klaus mit Weisheit gepaart werden und ein Ziel haben: den Frieden. Was stört für Bruder Klaus im Fortgang des Briefs an die Berner Obrigkeit den Frieden? Frei zusammengefasst: die Unlust, Frieden wirklich zu wollen. Und eine Überheblichkeit, die Gott gegenüber keine Dankbarkeit zeigt. Von daher müsste es heute geradezu eine Chance für die Ökumene sein, dass keine der christlichen Konfessionen mehr die Möglichkeit zu Überheblichkeit hat: Alte Machtpositionen müssen abgegeben werden. Eigentlich wäre dies eine Voraussetzung für neuen Gehorsam, der noch interessierter als früher vom Reichtum der anderen erfahren und lernen möchte. Dieses Lernen kann sich für Bruder Klaus aus der Haltung der Dankbarkeit heraus gestalten, der jedes Überheblichkeitsdenken fremd ist.

Im Übrigen ist für Bruder Klaus der Friede nicht zerstörbar, denn für ihn ist Gott der Friede. Das ist für den Eremiten im Ranft allerdings kein Grund, sich auf diesem Frieden auszuruhen, sondern ihn zum Ausgangspunkt für ein solidarisches Engagement zu machen. Auch das ist ein Wort des Eremiten aus dem Ranft an eine Ökumene von heute: Friede muss mit Gerechtigkeit gepaart sein und kann ohne diese nicht gelebt werden. Sprach er für seine Zeit von Witwen und Waisen, die es zu beschirmen galt, ist die Kirche herausgefordert, die sozia-

---

5   Ebd.

len Probleme von heute zu meistern. Friedensförderung und der Einsatz für die Würde aller Menschen: Dies sind heute vor allem ökumenische Herausforderungen im Einsatz für eine gerechtere Welt.

4 Ökumenisch Lernen für ein glaubwürdiges christliches Zeugnis

Wer nach dem Besuch der Kirche von Sachseln in die Ranftschlucht in Flüeli hinuntersteigt, stösst auf die Kapelle mit der angebauten Klause des Eremiten. Das Fenster ist noch heute zu sehen, durch das Bruder Klaus der Messe beiwohnte. Auch ist überliefert, dass Bruder Klaus über Jahre hinweg als einzige Speise das eucharistische Brot zu sich genommen hat. Dennoch herrscht im Ranft nicht das Gefühl vor, es mit einem spezifisch «katholischen Ort» zu tun zu haben. Der Ranft ist geprägt von der herben Umgebung, von der Kraft und dem Tosen des Baches, der Grossen Melchaa, und vom eigenen Hinabsteigen in diese Schlucht. Konfessionen und deren Grenzen spielen dabei keine Rolle, was sich auch an den Menschen zeigt, die diesen Ort aufsuchen: Sie repräsentieren verschiedenste weltanschauliche Hintergründe, Alters- und Sprachgruppen. Sie finden hier, was in der Pfarrkirche von Sachseln der Eremitenrock zeigt: die Einfachheit des Lebens. Sie entdecken, was durch das Sachsler Meditationsbild ausgedrückt wird: Spiritualität und Zentriertheit, eingebettet in einer Natur, welche die Besucherinnen und Besucher unmittelbar prägt. Diese werden in der Ranftschlucht hineingenommen in das, was auch die Worte des Gebets von Bruder Klaus in sich bergen: göttlichen Frieden. Einen Frieden, der Konfessionsgrenzen übersteigt. Wer in die Ranftschlucht abtaucht, hat die Chance, Einfachheit zu lernen, sich neu in Gott und in der Schöpfung zu zentrieren und damit feinfühlig dafür zu werden, was jenseits der uns gesetzten Grenzen liegt: für andere Menschen, für die Natur, für den Frieden. Wer aus dieser Schlucht wieder auftaucht, darf eine neue Offenheit für andere und anderes erlernen. Auch eine ökumenische Offenheit.

Die Klause im Ranft ist also von beidem geprägt: von einer spezifisch konfessionellen Tradition und von einer konfessionsübersteigenden Offenheit. Während die Haltung der Offenheit Menschen begeistern kann, ist eine konfessionelle Verwurzelung heute kaum mehr gegeben. Geht aber Ökumene nicht davon aus, dass Menschen ihre eigene Tradition kennen und vor diesem Hintergrund mit Offenheit auf andere zugehen, um von ihnen zu lernen? Heute leben wir allerdings in einer Zeit der Entkonfessionalisierung. Diese kennt die Gestalten konkreter Konfession kaum mehr. Ökumenisches Lernen braucht darum mehr als Offenheit. Es braucht Wurzeln und gemeinsames Suchen. Und ökumenisches Lernen muss das Zentrieren auf das Wesentliche der christlichen Religion zum Ziel haben.

Zuerst braucht es darum die Katechese, um den Boden einer Tradition betreten zu können, auf dem Offenheit für andere und anderes überhaupt möglich wird. Dies erfordert einen sorgsamen Umgang mit konfessionellen Differenzen, weshalb ökumenisches Lernen am besten von Voraussetzungen ausgeht, die in den verschiedenen Konfessionen gegeben sind. Und schliesslich braucht es das konkrete Erfahren der eigenen und anderer Traditionen, sei es beim Besuch von Gottesdiensträumen, beim Kennenlernen von Feiern und Riten und in der Auseinandersetzung mit den Überzeugungen anderer Konfessionen, um in der Differenz den Reichtum der christlichen Botschaft zu entdecken.

Themen, die bei einem Besuch im Flüeli-Ranft wie selbstverständlich evoziert werden – Frieden, Gerechtigkeit, das eigene Eingebettetsein in der Schöpfung, der Sinn des Lebens und die Frage nach Gott –, werden von unserer Gesellschaft umso glaubwürdiger verstanden, je mehr sie ökumenisch gelebt werden. Dafür braucht es das ökumenische Lernen, denn der christlichen Botschaft kommt ihre Kraft von der Einheit und nicht durch die Trennung zu. Daher muss im Religionsunterricht oder in der Katechese religiöses Lernen immer auch ökumenisch angelegt werden. Deutlich sagten die Deutschschweizer Bischöfe 2009 im Leitbild «Katechese im Kulturwandel», es brauche eine ökumenisch ausgerichtete Glaubensbildung:

> «Katechese ist ökumenisch angelegt. Die christlichen Kirchen machen situationsbezogen in gemeinsamen Angeboten Menschen mit der Bibel, der christlichen Tradition und Kultur und mit dem engagierten Handeln in der Welt vertraut.»[6]

Konkreter Lerninhalt kann dabei Leben und Spiritualität von Bruder Klaus sein. Wird seine Person auch konfessionell verschieden interpretiert, führt sie doch zu einer Einheit im Glauben und im Bekenntnis, über die heute sogar Menschen erreicht werden können, die nicht kirchlich sozialisiert sind.

5 In Einfachheit die Einheit lernen

Bruder Klaus hat ein Wort für alle. Ist es nicht vor allem dieses Wort von der Einheit, das uns sein Gebet und die Kraft des Ranfts mitgeben? Mit Bruder Klaus zusammen beten heute viele Gläubige:

---

6 Deutschschweizerische Ordinarienkonferenz, Leitbild, Leitsatz Nr. 5, 3.

Mein Herr und mein Gott,
nimm alles von mir,
was mich hindert zu dir.

Mein Herr und mein Gott,
gib alles mir,
was mich führet zu dir.

Mein Herr und mein Gott,
nimm mich mir
und gib mich ganz zu eigen dir.

Wenn hier die Einheit mit Gott in Gebetsform ausgesprochen wird, können wir diese nicht in einer individualistischen Sichtweise verstehen. Denn eine solche liegt dem Spätmittelalter fern. Was mich auf dem Weg zu Gott hindert, was mich zu Gott führt und was mich die göttliche Einheit erfahren lässt, hat immer auch mit meinem Erleben des Eingebettetseins in oder des Getrenntseins von Schöpfung und sozialem Gefüge zu tun. Wer sich darum auf die raue Natur der Ranftschlucht und dabei auf sich selbst einlässt, erfährt Einheit mit sich selbst und mit der den Menschen umgebenden Schöpfung.

Bruder Klaus lehrt uns somit: Wer die eigenen Wurzeln in der Einheit mit Gott sucht, findet dabei auch die Einheit mit sich selbst und mit der Umwelt. Diese Einheit verbindet sich bei Bruder Klaus mit der Einfachheit der Sprache, mit der Einfachheit der Beziehung zwischen dem angesprochenen Du und der betenden Person. Es verwundert darum nicht, dass Papst Pius XII. 1947 in seiner Ansprache an die Menschen aus der Schweiz, die für die Heiligsprechung von Bruder Klaus nach Rom gepilgert waren, die Natur der Innerschweiz als Folie verwendete, auf der er das Bild des Heiligen zeichnete. Indem er auf die Einfachheit von Bruder Klaus zu sprechen kam, sagte er:

«Das Vorbild christlicher Tugend und Vollkommenheit, das im hl. Nikolaus aufleuchtet, ist so einfach natürlich, so entzückend schön, inhaltsvoll und vielgestaltig wie der Farbenreichtum einer in ihrer Blumenpracht daliegenden Alpenwiese.»[7]

Gerade die Einfachheit und die Natürlichkeit dieses Einsiedlers aus Obwalden dürften auch Huldrych Zwingli (1484–1531) interessiert haben, wenn er in Bru-

---

7 Papst Pius XII., Discorso.

der Klaus einen authentischen Zeugen des Evangeliums erkannte. Aus diesem Grund ist Bruder Klaus für den Beinahe-Zeitgenossen Zwingli ein «guter Christ» gewesen.[8] Offenbar lehrt uns Bruder Klaus gerade in seiner Einfachheit Gedanken der Einheit und des Friedens.

6 Ein Prophet christlicher Erneuerung

Menschen, welche die Klause von Bruder Klaus aufsuchen, unternehmen den Pilgerweg in die Schlucht mit den eigenen Füssen und gehen so ihr eigenes Tempo, den eigenen Rhythmus. Und sie steigen zugleich in die eigene Tiefe hinab. Wer in der Kapelle die Ruhe dieses Ortes sucht, kann göttlichen Frieden erfahren, den wir uns schenken lassen dürfen. Es bleibt der Wunsch an diesen Pilgerweg, dass jene Menschen, die aus der Ranftschlucht auftauchen, Menschen des Friedens sind.

Könnte Niklaus von Flüe darin ein Wegweiser für die Zukunft der Ökumene sein? Er war ein radikaler Gottsucher. Er hat es gewagt loszulassen, um Neues zu empfangen. Als vorreformatorische Gestalt erscheint er wie ein Mahner für die Menschen aller Konfessionen, Frieden zu suchen, diesen zu wagen und im Glauben zu wachsen und reifen zu wollen. Insofern ist Bruder Klaus eine prophetische Gestalt. Da von ihm nicht viele Worte überliefert sind, kann seinen Glaubensweg nur nachvollziehen, wer sich selbst auf das Ab- und Aufsteigen in Gott einlässt. Ist das nicht ein Anruf, der jegliche konfessionelle Trennung übersteigt? Gott lässt sich im tiefsten Grund unseres Seins finden. Dort geschieht Erneuerung, die weitere Dimensionen des Glaubens einbezieht: andere Menschen, die eigene kirchliche Gemeinschaft, das ökumenische Aufeinander-Zugehen. Was hinsichtlich der Schweizer Reformatoren Huldrych Zwingli und Heinrich Bullinger (1504–1575) geschrieben wurde, hat darum Vorbildcharakter für Gottsuchende aller christlichen Traditionen heute:

«Vielmehr galt ihnen Niklaus von Flüe in jeder Hinsicht als ein authentischer Glaubenszeuge. Was diese Erkenntnis für das ökumenische Gespräch bedeutet, ist bisher kaum bedacht worden.»[9]

---

8 Vgl. Gloor, Bruder Klaus, 14–16.
9 A. a. O., 18.

7 Die Gottsuche als Zeugnis der Einheit

Bruder Klaus war ein radikaler Gottsucher. Er hat sich dabei von einer Kirche abgewandt, die mit sich selbst beschäftigt war, und hat sich stattdessen Gott und dem Nächsten zugewandt. Insofern ist die Botschaft von Bruder Klaus für uns eine Chance. Wenn uns seine Lehre die Einfachheit des Lebens, die Bedeutsamkeit von Spiritualität und von der Zentrierung in Gott, das Eingebettetsein in der uns umgebenden Schöpfung und die Suche nach Frieden predigt, der aus Gott stammt, ist sie modern in einem allzeit gültigen Sinn. Wird Ökumene aus einer so verstandenen Gottsuche heraus gestaltet, ist sie Zeugin vom Evangelium der Einheit, die in Gott ihren Ursprung hat: «Alle sollen eins sein: Wie du, Vater, in mir bist und ich in dir bin, sollen auch sie in uns sein, damit die Welt glaubt, dass du mich gesandt hast» (Joh 17,21).

Eine glaubwürdige und tragfähige Ökumene rechnet deshalb mit der Einheit, weil sie auf die gemeinsamen Wurzeln blickt und aus diesen lebt. Die sinkenden Mitgliederzahlen der einzelnen Kirchen zwingen alle, von Einfluss und Selbstreferenzialität zu lassen. Die gemeinsame ökumenische Suche «packt» die prophetische Chance eines Bruder Klaus dann, wenn der Verlust an Geltung mithilft, über den eigenen Tellerrand hinauszublicken und in den anderen Konfessionen Gottsucherinnen und Gottsucher zu erkennen, die in Einfachheit aus ihrer Gottesbeziehung heraus Einheit leben und den Frieden suchen. Hätte Huldrych Zwingli bereits Ökumene leben können, hätte er einem solchen ökumenischen Lernen – wie er es für Bruder Klaus getan hat – ein Zeugnis «für die Wahrheit des Evangeliums»[10] ausstellen müssen. Denn darum muss es der Ökumene gehen: um das Evangelium und um den Menschen, für den dieses Evangelium erklingt. Die Stimme dieser Frohen Botschaft können wir in einer Zeit, in der die Hoffnungslosigkeit wie eine Pandemie um sich greift, vor allem gemeinsam einbringen. In der Einheit unserer Wurzel liegt die Chance, als Christinnen und Christen aller Konfessionen das Evangelium in Einfachheit zu leben und zu bezeugen.

Literaturverzeichnis

Deutschschweizerische Ordinarienkonferenz (DOK): Leitbild Katechese im Kulturwandel, verabschiedet am 17.03.2009; https://www.reli.ch/katechese-im-kulturwandel/leitbild.

Gloor, Fritz: Bruder Klaus und die Reformierten. Der Landesheilige zwischen den Konfessionen, Zürich 2017.

---

10 A.a.O., 15.

Müller, Roland: Die Ökumene in Deutschland ist am Tiefpunkt angelangt, 23.07.2023; https://www.katholisch.de/artikel/46014-die-oekumene-in-deutschland-ist-am-tiefpunkt-angelangt.

Nigg, Walter: Die Heiligen kommen wieder. Leitbilder christlicher Existenz, Freiburg i. Br. 1973.

Nigg, Walter: Nikolaus von Flüe. Eine Begegnung mit Bruder Klaus. Mit 48 Farbtafeln von Toni Schneiders, Freiburg i. Br. 1976.

Papst Pius XII.: Discorso di Sua Santità Pio XII ai pellegrini elvetici. Deutsche Übersetzung, Basilica Vaticana, 16. Mai 1947; https://www.vatican.va/content/pius-xii/de/speeches/1947/documents/hf_p-xii_spe_19470516_pellegrini-elvetici.html.

Rothen, Bernhard: Brief an die Berner Ratsherren: «Von Liebe wegen», in: *Gröbli, Roland u. a. (Hg.):* Mystiker, Mittler, Mensch. 600 Jahre Niklaus von Flüe 1417–1487, Zürich 2016, 197–202.

Christkatholische Anliegen im Rahmen kirchlicher und ökumenischer Bildungsarbeit

Kontexte, Kooperationen, Kompetenzen

Adrian Suter

Welche Bedeutung hat Ökumene für die christkatholische Kirche im praktischen Alltag der religiösen Bildung, speziell im kirchlichen Unterricht? Was sind christkatholische Anliegen bei einer ökumenischen Zusammenarbeit im Bildungsbereich? Christkatholischer Unterricht[1] findet unter ganz anderen Rahmenbedingungen statt als römisch-katholischer oder evangelisch-reformierter, was viele kirchenpolitischen Anliegen und Fragestellungen dieser Kirchen für die christkatholische Kirche weitgehend irrelevant werden lässt. Zum besseren Verständnis werden daher als Erstes kurz diese Rahmenbedingungen des christkatholischen Unterrichts dargestellt. Ein zweiter Abschnitt beleuchtet die Situation der christkatholischen Kirche in einem Umfeld, das weitgehend durch die evangelisch-reformierte und römisch-katholische Kirche geprägt ist, und vergleicht dies mit der Herausforderung, vor der alle Kirchen in einer mehr und mehr säkularisierten Gesellschaft gemeinsam stehen. In einem dritten Schritt kommen konkrete ökumenische Kooperationen zur Sprache, die zeigen, inwiefern das ökumenische Miteinander im Bildungsbereich eine wichtige Ressource darstellt. In einem vierten Schritt führe ich den Begriff der ökumenischen Differenzierungskompetenz ein und erläutere seine Bedeutung als zentrales Ziel und wesentliches Mittel ökumenischer Bildung.

---

1 Es gibt in der christkatholischen Kirche aktuell eine Revision des Lehrplans, in deren Rahmen auch einige terminologische Änderungen angestrebt werden: Statt «Unterricht» soll es in Zukunft «christkatholischer Lernraum» heissen, die Unterrichtenden sollen unabhängig von ihrer Ausbildung oder ihrer Zugehörigkeit zur Geistlichkeit konsequent «Lernbegleiterinnen und Lernbegleiter» genannt werden und statt von Schülerinnen und Schülern oder Kindern und Jugendlichen soll von «Heranwachsenden» gesprochen werden. In diesem Beitrag wird indessen noch die traditionelle Terminologie verwendet.

1 Rahmenbedingungen des christkatholischen Unterrichts

Die christkatholische Kirche ist klein.[2] Im Jahr 2023 leben in der Schweiz 11 109 Christkatholikinnen und Christkatholiken in 28 Kirchgemeinden und 10 Diasporagebieten. Die Kirchgemeinden decken zum Teil grosse Gebiete ab, die Gemeinden Basel, Luzern, Schaffhausen, St. Gallen und Zürich umfassen jeweils den ganzen Kanton. Nur in den Kantonen Aargau, Basel-Landschaft, Bern, Genf und Solothurn gibt es dörfliche Kirchgemeinden, und nur im Fricktal, in der Region Basel und in der Region Olten-Aarau befinden sich mehrere Kirchgemeinden auf engem geografischem Raum. Für den Unterricht bedeutet dies:[3] Die Zahl der Kinder, die überhaupt den christkatholischen Unterricht besuchen könnten, ist klein, und oft wohnen sie verstreut. Sie besuchen nicht nur unterschiedliche Schulhäuser, sondern leben auch in verschiedenen politischen Gemeinden, bisweilen sind sie sogar auf mehrere Kantone verteilt.

In den meisten Kirchgemeinden findet christkatholischer Unterricht deshalb blockweise statt, an Halbtagen am Samstag oder Sonntag. Zwei oder oft auch noch mehr Jahrgänge werden in einer Gruppe[4] unterrichtet. Um Geschwisterkindern und ihren Familien den Unterrichtsbesuch zu vereinfachen, werden meistens alle Altersgruppen zusammengenommen und am gleichen Blocktag parallel unterrichtet. Die Abstände zwischen den Unterrichtsterminen sind gross, die sich aus den Blocktagen ergebende Gesamtlektionenzahl ist knapp. Dass dieses Unterrichtskonzept die Unterrichtenden vor besondere didaktische Herausforderungen stellt, liegt auf der Hand: Altersdurchmischtes Lernen und gruppendynamische Besonderheiten in heterogenen, sich nur in grösseren zeitlichen Abständen treffenden Gruppen mögen als Stichworte genügen. Die Rahmenbedingungen bieten aber auch besondere Chancen: Mehrstündige Arbeit an einem Thema, Einbeziehung ins Leben der Kirchgemeinde sind Beispiele dafür, oder auch die Rhythmisierung des Unterrichts durch einen gemeinsamen Anfang und Abschluss aller Gruppen.

Die Rahmenbedingungen haben zur Folge, dass manche Fragen, welche die evangelisch-reformierte und die römisch-katholische Kirche stark beschäftigen, die christkatholische nicht betreffen: Die Frage nach dem Unterrichtsort Schule und die Einbindung des Religionsunterrichts in schulische Stundenpläne ist für die christkatholische Kirche irrelevant. Sehr relevant ist für sie hingegen die Frage, nach welcher Art von «Säulenmodell»[5] in verschiedenen

---
2   Vgl. Suter/Berlis/Zellmeyer, Kirche, 230–233.
3   A. a. O., 243 f.
4   Da christkatholische Unterrichtsgruppen mehrere Jahrgänge umfassen, wird selten von «Klasse» gesprochen.
5   Vgl. dazu den Beitrag von Ebel/Höger in diesem Band (Seiten 99–115).

Kantonen bekenntnisunabhängiger oder ökumenischer Unterricht erteilt wird. Die christkatholische Kirche empfiehlt den Besuch ökumenischen Religionsunterrichts, wo es ihn gibt, und versteht ihren eigenen Unterricht als Ergänzung mit Schwerpunkt auf dem christkatholischen Kirchenverständnis und der eigenen kirchlichen Praxis – also als konfessionell, und das durchaus bewusst.[6]

2 Missverstandene Begriffe, konfessionelle Abgrenzung und gemeinsame Interessen

Eine ganz andere Art von «Rahmenbedingung» ergibt sich daraus, dass das christliche Alltagsverständnis in der Gesellschaft von der römisch-katholischen und der evangelisch-reformierten Kirche geprägt ist. Christkatholische Primarschülerinnen und Primarschüler sprechen mit ihren Freundinnen und Freunden, die römisch-katholisch sind und Erstkommunion feiern. Sie erzählen zu Hause davon, und dann fragen die Eltern ihre Pfarrerin oder ihren Pfarrer, wie das eigentlich heutzutage in der christkatholischen Kirche ist. Sie, die Eltern, hatten ja seinerzeit auch einmal Erstkommunion – aber ist es heute noch wie damals?

Nun spricht die Christkatholische Kirche der Schweiz in ihrem Konzept zur Eingliederung in die Kirche[7] und in ihrer Liturgie, beide von der Nationalsynode beschlossen, nicht von Erstkommunion, sondern vom Kommunionfest.[8] Der Kommunionempfang ist theologisch, so christkatholische Überzeugung, ab der Taufe möglich, und das wird von einzelnen, in der Kirche stark verwurzelten Familien auch so praktiziert. Es ist zwar in der heutigen Praxis die Ausnahme, dass Kinder schon im Vorschulalter die Kommunion empfangen, theologisch aber ist das nichts Ausserordentliches und auch in der Alten Kirche belegt. Auch wenn es für viele Kinder beim Kommunionfest das erste Mal ist, dass sie die Kommunion empfangen, ist die Erstmaligkeit nicht das zentrale und unterscheidende Kennzeichen dieses Kommunionempfangs. Dennoch hält sich die Bezeichnung Erstkommunion auch in der christkatholischen Kirche hartnäckig – nicht zuletzt, weil der römisch-katholische Cousin das auch hat und weil die Patin sich darunter ebenfalls etwas vorstellen kann. Ich gebe zu, die Bezeichnung Erstkommunion auch selbst gelegentlich zu verwenden. Ich behelfe mir damit, dass ich «Erst-» nicht in einem zeitlichen Sinn verstehe,

---

6 Lehrmittel für den christkatholischen Unterricht und Handreichungen für Lehrpersonen wurden in den vergangenen Jahrzehnten im Selbstverlag herausgegeben und sind deswegen nicht im Buchhandel erhältlich. Öffentlich zugänglich sind sie zum Beispiel an der Universitätsbibliothek Bern, Bibliothek für Christkatholische Theologie; https://www.ub.unibe.ch/teilbibliotheken/theologie/christkatholische_theologie/index_ger.html.
7 Vgl. Christkatholische Kirche der Schweiz, Protokoll, 54–65.
8 Vgl. Christkatholische Kirche der Schweiz, Gebet- und Gesangbuch, 206–208.224.

sondern im Sinne von «besondere, hervorgehobene Kommunion» – wie der «Erstverantwortliche» auch nicht zeitlich der Erste sein muss.

Es gibt zahlreiche weitere Beispiele für kirchliche Begriffe, die vom Umfeld geprägt sind, für die christkatholische Kirche aber nicht passen: «Pfarrei» wird in der christkatholischen Kirche nicht verwendet, da die Gemeinde bzw. Kirchgemeinde nicht nur als staatskirchenrechtliche, sondern auch als geistliche Grösse betrachtet wird.[9] Ein «Synodalrat» existiert in der christkatholischen Kirche nur auf nationaler Ebene, die entsprechenden kantonalen Gremien haben andere Bezeichnungen.[10] Und bei «katholisch» bestehen Christkatholikinnen und Christkatholiken darauf, dass dieser Begriff, für sich allein stehend, als Konfessionsbezeichnung ungeeignet ist.[11]

Die christkatholische Kirche sieht sich in ihrer Bildungsarbeit daher vielleicht noch stärker als andere Konfessionen vor der Aufgabe, die eigene Identität herauszuarbeiten. Der dritte Bischof der Christkatholischen Kirche der Schweiz, Urs Küry, hatte 1968 eine «Kleine Unterscheidungslehre» für den Gebrauch im Religionsunterricht vorgelegt.[12] Diese hat aber (zu) stark den Charakter einer Auflistung von Gemeinsamkeiten und Unterschieden und wirkt aus heutiger Sicht plakativ, so dass sie schon seit längerer Zeit nicht mehr in Gebrauch ist. Dennoch kommen christkatholische Geistliche und Religionslehrpersonen auch heute nicht umhin, in abgrenzender Weise von anderen Kirchen und konfessionellen Traditionen zu sprechen. Christkatholische Heranwachsende wollen spätestens ab dem Teenageralter wissen, was ihre eigene Kirche denn von den anderen, grösseren unterscheidet.

Entscheidend für eine ökumenische Offenheit im konfessionellen Unterricht ist in einem solchen Kontext nicht, *ob* andere Konfessionen mitbedacht werden, sondern *wie* sie zur Sprache kommen. Abgrenzung lässt sich gerade in einer Minderheitenkirche in einem von anderen Kirchen geprägten Umfeld nicht vermeiden, doch ist dabei entscheidend, die anderen Kirchen wertschätzend und nicht polemisch zur Sprache zu bringen. Natürlich wird konfessioneller Religionsunterricht in der christkatholischen Kirche die christkatholische Identität aufzeigen und legitimieren wollen; die Unterrichtenden müssen aber der Versuchung widerstehen, Christinnen und Christen anderer Konfessionen etwa als verbohrt und uneinsichtig darzustellen.[13]

---

9 Vgl. Suter/Berlis/Zellmeyer, Kirche, 230.
10 Vgl. a.a.O., 231.
11 Vgl. a.a.O., 142.
12 Küry, Kirchengeschichte, 77–89.
13 Sinngemäss schon in der Utrechter Erklärung der altkatholischen Bischöfe von 1889: «Wir ermahnen die unserer Leitung unterstellten Geistlichen, in der Predigt und bei dem Unterrichte die wesentlichen christlichen Glaubenswahrheiten, zu welchen sich die

Die christkatholische Situation widerspiegelt sich im grösseren Kontext einer zunehmend säkularen Gesellschaft für alle Kirchen: Auch in der römisch-katholischen und in der evangelisch-reformierten Kirche und in ihrer Bildungs- und Unterrichtspraxis wird so manches anders gesehen als im gesellschaftlich verbreiteten Vorverständnis. Begriffe, die in Kirche und Theologie wichtig sind und eine spezielle Bedeutung haben, werden nicht mehr richtig verstanden. Das landläufige Verständnis ist mit Vorurteilen behaftet, so dass diese Begriffe zunehmend auch innerkirchlich missverständlich wirken. Zu denken ist an Begriffe wie Sünde oder Mission – aber auch die Begriffe Priester, Bischof und in gewissem Sinn sogar Kirche sind davon betroffen. Was in der Gesellschaft als für die Kirchen charakteristisch angesehen wird, entpuppt sich in vielen Fällen als Vorurteil, das der kirchlich-theologischen Reflexion, der kirchlichen Praxis oder beidem hinterherhinkt.[14] Daher muss es ein gemeinsames Anliegen aller Kirchen und damit eine wesentliche Aufgabe ökumenischer Bildungsarbeit sein, gesellschaftlich verbreitete Vorurteile abzubauen. Genau deswegen ist ökumenische Zusammenarbeit gerade in der Bildung besonders wichtig: Da alle Kirchen unter gesellschaftlichen Vorurteilen leiden, ist es ihr gemeinsames Interesse, ein überholtes Vorverständnis zu korrigieren und zur Weiterentwicklung des gesellschaftlichen Verständnisses von dem, was in der Kirche geschieht und wichtig ist, beizutragen.

3 Erfolgreiche Zusammenarbeit im Bildungsbereich

Es gibt mehrere erfolgreiche ökumenische Zusammenarbeiten im Bildungsbereich, an denen sich die Christkatholische Kirche der Schweiz beteiligt und die für sie wichtig sind. Als Erstes ein persönliches Beispiel mit Lokalkolorit: Schon seit vielen Jahren, lange bevor ich Pfarrer in Luzern geworden bin, unterrichte ich einmal jährlich am Religionspädagogischen Institut RPI der Universität Luzern. Im Modul «Ökumene lernen und leben. Theologische und religionspädagogische Grundlagen» werden Vertreterinnen und Vertreter anderer christlicher Konfessionen eingeladen, um den angehenden Religionspädagoginnen und -pädagogen die Eigenheiten und Anliegen ihrer eigenen Tradition

---

kirchlich getrennten Confessionen gemeinsam bekennen, in erster Linie zu betonen, bei der Besprechung der noch vorhandenen Gegensätze jede Verletzung der Wahrheit und der Liebe sorgfältig zu vermeiden und die Mitglieder unserer Gemeinden durch Wort und Beispiel anzuleiten, Andersgläubigen gegenüber sich so zu verhalten, wie es dem Geiste Jesu Christi entspricht, der unser aller Erlöser ist.» (Aus: von Arx/Weyermann, Statut, 26 f.; auch in: Suter/Berlis/Zellmeyer, Kirche, 305).

14 Im Idealfall reflektiert Theologie die kirchliche Praxis und basiert die Praxis auf theologischer Reflexion. In der Realität kann es geschehen, dass die beiden auseinanderklaffen und eins von beidem näher am gesellschaftlichen Vorurteil ist, das andere weiter weg.

aus erster Hand näherzubringen. Dieser Ansatz, sich nicht auf eine Fremddarstellung zu verlassen, sondern die anderen Konfessionen selbst zu Wort kommen zu lassen, ist vorbildlich.

Eine zentrale Errungenschaft ökumenischer Zusammenarbeit im Bildungswesen ist OekModula.[15] Es handelt sich dabei um einen ökumenischen Ausbildungsgang für Religionslehrpersonen, der von evangelisch-reformierten und römisch-katholischen Landeskirchen in den Kantonen Solothurn und beider Basel sowie seit 2021 auch von der Christkatholischen Kirche der Schweiz getragen wird.[16] Diese Kooperation ist auf unterschiedlichen Ebenen von Bedeutung. Erstens und ganz praktisch hilft die ökumenische Zusammenarbeit den beteiligten Kirchen, überhaupt einen qualitativ hochstehenden Ausbildungsgang für Religionslehrpersonen durchzuführen. Dies ist für die christkatholische Kirche besonders wichtig, da sie auf sich allein gestellt weder ausreichende Ressourcen noch genügend Interessierte hätte, um einen solchen Ausbildungsgang anbieten zu können.

Zweitens gilt der erworbene Fachausweis in allen beteiligten Kirchen, wobei darüber die jeweiligen anstellenden Behörden selbst entscheiden. Da OekModula dem römisch-katholischen ForModula-Standard entspricht, ermöglicht die Ausbildung eine Unterrichtstätigkeit in allen römisch-katholischen Landeskirchen in der deutschsprachigen Schweiz. Aus christkatholischer Sicht macht dies den Ausbildungsgang in zweierlei Hinsicht attraktiv: Einerseits erweitert sich der Stellenmarkt für christkatholische Absolventinnen und Absolventen, die nicht ausschliesslich in der eigenen Kirche tätig sein können, weil es vielerorts nur Kleinstpensen gibt. Andererseits können christkatholische Kirchgemeinden bei der Suche nach geeigneten Religionslehrpersonen auch auf anderskonfessionelle OekModula-Absolventinnen und -Absolventen zugehen. Aus diesem Grund legen Bischof und Synodalrat der Christkatholischen Kirche der Schweiz als Mitträger des Ausbildungsganges grossen Wert darauf, dass christkatholische Inhalte unabhängig davon zum Tragen kommen, ob in einer aktuellen Ausbildungsgruppe jemand von der christkatholischen Kirche teilnimmt oder nicht.

Ein gemeinsamer Ausbildungsgang für Religionslehrpersonen ist eine kirchenpraktisch bemerkenswerte Errungenschaft. Ein darüber hinausgehendes kirchenpolitisches Ziel wäre ein gemeinsamer Ausbildungsstandard für Religionslehrpersonen. Die überkonfessionelle Anerkennung des Abschlusses ist

---

15 Zu OekModula vgl. den Beitrag von Hanspeter Lichtin in diesem Band (Seiten 231–245).
16 Einzelne christkatholische Teilnehmende und eine Zusammenarbeit bei bestimmten Modulen gab es schon davor. Der Beitritt zur Trägerschaft war ursprünglich im Laufe des Jahres 2020 vorgesehen, doch pandemiebedingt verzögerte sich die Zustimmung der beteiligten Trägerkirchen zum neuen Kooperationsvertrag.

ein Schritt in diese Richtung. Ab 2024 gelten für den Fachausweis Katechese von ForModula neue Module. Auf der Webseite heisst es dazu: «Die Ausbildung ist so konzipiert, dass ökumenisch arbeitende oder kooperierende Modulanbieter weiter – oder sogar noch besser – damit arbeiten können.»[17] Eine weitere, sehr wünschenswerte Stufe ökumenischer Zusammenarbeit würde darin bestehen, die nächste Revision des Modulbausatzes ökumenisch zu verantworten und so zu einem gemeinsamen Ausbildungsstandard zu kommen.

4 Kompetenz der ökumenischen Differenzierung

Eine dritte Konsequenz der Kooperation im Rahmen von OekModula, und die kirchen- und bildungspolitisch wesentlichste, ist die Veränderung der angestrebten Kompetenzen. Es ist ein wichtiges (nicht nur) christkatholisches Anliegen, dass die Absolventinnen und Absolventen die Kompetenz zur ökumenischen Differenzierung erwerben.

Als die Christkatholische Kirche der Schweiz der OekModula-Trägerschaft beigetreten ist, war ihr wichtig, dass christkatholische Inhalte in hinreichendem Mass zum Tragen kommen. Praktisch bot es sich an, das Modul Firmung – im (alten) Modulbaukasten vorgesehen, aber bei OekModula davor nie angeboten – in römisch-katholisch-christkatholischer Zusammenarbeit neu zu entwickeln.[18] In einem Ausbildungsmodul zur Firmung kann vieles vorkommen, das für das Verständnis der christkatholischen Identität wichtig ist. Ein zentrales Thema im Zusammenhang mit der Firmung ist «Verantwortung»: im eigenen Leben der Jugendlichen, Mitverantwortung aller Getauften und Gefirmten in der Kirche, die Rolle kirchlicher Verantwortungsträgerinnen und -träger. Da in der christkatholischen Kirche der Bischof fast alle Firmungen selbst spendet und die Begegnung mit ihm als wesentliches Element der Firmung betrachtet wird, kommt in der Firmvorbereitung das Bischofsamt besonders stark in den Blick. All diese Fragen stehen im Kontext des apostolischen Dienstes in der Kirche, der Partizipation aller Kirchenglieder an diesem Dienst und der synodalen Einbettung des Bischofsamtes – genau jene Art von Fragen, die für das christkatholische Selbstverständnis wesentlich sind.

Vom ForModula-Standard ist eine umfangreiche Liste von Lernzielen für ein Ausbildungsmodul zur Firmung vorgegeben. In der Planung des Moduls war die erste Aufgabe, dieser Liste spezifisch christkatholische Lernziele hinzu-

---

17 ForModula, Modulbausatz.
18 Das Firm-Modul wurde vom römisch-katholischen Religionspädagogen Markus Portmann und mir gemeinsam erarbeitet und 2020/21 erstmals durchgeführt. Vgl. OekModula, Modul 20.

zufügen, die angehende Religionslehrpersonen erreichen sollen. Da das Firmsakrament gemeinsame katholische Tradition ist, stellen sich in der christkatholischen und römisch-katholischen Firmvorbereitung dieselben Fragen, die zum Teil gleich, zum Teil unterschiedlich beantwortet werden. Während manche Themen in römisch-katholischer und christkatholischer Firmvorbereitung nicht den gleichen Stellenwert haben, so waren doch alle Themen, die für ein christkatholisches Firmverständnis wichtig sind, in den ForModula-Lernzielen bereits enthalten. Es war deswegen nur ein einziges zusätzliches Lernziel anzufügen: «Die Lernenden können bei all diesen Lernzielen zwischen allgemeiner katholischer Tradition einerseits, christkatholischer bzw. römisch-katholischer Theologie und Praxis andererseits differenzieren.»[19]

Dies ist vielleicht die entscheidende Kompetenz, wenn wir von Bildung in einem ökumenischen Kontext bzw. von Ökumene in einem Bildungskontext sprechen: Der differenzierte und differenzierende Blick, der einerseits gemeinsame Tradition und gemeinsame Anliegen wahrnimmt, andererseits aber für konfessionsspezifische Ausgestaltungen und Eigenheiten sensibel ist. Ich spreche von der *Kompetenz zur ökumenischen Differenzierung* oder kurz Differenzierungskompetenz.

Mit Differenzierungskompetenz ist nicht gemeint: eine Liste von Gemeinsamkeiten und Unterschieden abarbeiten. «Liste abarbeiten» würde bedeuten: «Aha, die christkatholische und die römisch-katholische Kirche haben beide ein sakramental verstandenes Priesteramt (Gemeinsamkeit), aber in der christkatholischen Kirche werden auch Frauen geweiht, in der römisch-katholischen nicht (Unterschied); andererseits sind in der christkatholischen wie in der evangelisch-reformierten Kirche Frauen zu allen Ämtern zugelassen (Gemeinsamkeit), wobei die christkatholische Kirche ein sakramentales Priesteramt kennt, die evangelisch-reformierte nicht (Unterschied).»

Das Gefüge von Gemeinsamkeiten und Unterschieden zwischen den Kirchen ist viel komplexer, als dass man ihnen in einer blossen Auflistung gerecht würde. Es zeigt sich, dass es Unterschiede gibt, hinter denen ein gemeinsames Anliegen steckt. Die Ämterstruktur in der christkatholischen und der evangelisch-reformierten Kirche ist völlig unterschiedlich; doch beide versuchen, die Partizipation an der Verantwortung und die gleiche Würde von Geistlichen und Laien zum Ausdruck zu bringen. Im reformierten Kontext spricht man gern vom «allgemeinen Priestertum», im christkatholischen Kontext von der «synodalen Verantwortung», was in unterschiedlichen Begriffen ähnliche theologische Grundanliegen zum Ausdruck bringt. Damit ist keiner Gleichmacherei das

---

19 Ebd.

Wort geredet: In den verschiedenen Begriffen kann eine unterschiedliche Perspektive zum Tragen kommen. Im genannten Beispiel betont die evangelisch-reformierte Rede vom «allgemeinen Priestertum» stärker die individuelle Perspektive, dass die einzelnen Getauften für ihr persönliches Angenommensein durch Christus keine Vermittlung durch kirchliche Amtsträgerinnen und -träger bedürfen; während Christkatholikinnen und Christkatholiken, wenn sie von «synodaler Verantwortung» reden, eher die gemeinschaftliche Perspektive einnehmen, dass alle Getauften an der Leitung der Kirche teilhaben.

Ökumenische Differenzierungskompetenz bedeutet, sich in solchen komplexen Zusammenhängen von Gemeinsamkeiten und Unterschieden, Begriffen und Perspektiven zurechtzufinden. Wenn sie das gemeinsame Anliegen hinter den unterschiedlichen Ausprägungen erkennen lässt, ermöglicht sie, gemeinsame Wege zu gehen, wo es zunächst aussichtslos schien. Und ökumenische Differenzierungskompetenz hilft, das anderskonfessionelle Gegenüber in seinen oder ihren Eigenheiten ernst zu nehmen und nicht vorschnell über unterschiedliche Perspektiven hinwegzugehen, nur weil an der Oberfläche alles so ähnlich erscheint. Ökumenische Differenzierungskompetenz ist im Bildungskontext das Pendant zu dem, was im Kontext theologischer Dialoge «differenzierter Konsens» genannt wird: Hier wie dort geht es darum, Gemeinsamkeiten und Unterschiede festzustellen, in ihren komplexen Zusammenhängen zu analysieren und in ihrer Relevanz zu bewerten.

Um den Bogen zurück zur Ausbildung von Religionslehrpersonen zu schlagen: Wie hilft ihnen die Kompetenz zur ökumenischen Differenzierung in ihrer Tätigkeit? Wenn sie die Gemeinsamkeiten und Unterschiede in ihren komplexen Zusammenhängen differenziert betrachten können, fällt es ihnen viel leichter, wertschätzend von anderen Kirchen und Traditionen zu reden. Wenn ich selbst am Religionspädagogischen Institut RPI in Luzern die angehenden, mehrheitlich römisch-katholischen Religionspädagoginnen und Religionspädagogen zum Thema Christkatholizismus unterrichte, zitiere ich zum Beispiel das Unfehlbarkeitsdogma des Ersten Vatikanischen Konzils von 1870 und betone, dass es in der römisch-katholischen Kirche nach wie vor und ohne Abstriche in Geltung ist; ich führe aber zugleich aus, dass es innerhalb der römisch-katholischen Theologie eine Vielzahl unterschiedlicher Herangehensweisen gibt, päpstliche Unfehlbarkeit zu verstehen, die auch ihre kirchenamtliche Abstützung haben, zum Beispiel in der Kirchenkonstitution *Lumen gentium* des Zweiten Vatikanischen Konzils.

5 Fazit

Wo stehen wir ökumenisch im Bildungsbereich oder bildungsmässig in der Ökumene? Ich bin überzeugt, dass wir durch Dialoge, Kooperationen und gemeinsame Projekte schon viel erreicht haben, gegenseitiges Verständnis entwickelt haben und in einer Weise zusammenarbeiten können, die den einzelnen Kirchen hilft. Gerade im Bildungsbereich ist Ökumene eine Ressource. Zumindest für meine eigene Kirche kann ich sagen, dass wir ohne die Ressource «ökumenische Zusammenarbeit» in Bildungsthemen viel schlechter aufgestellt wären.

Andererseits bin ich der Überzeugung, dass noch viel zu tun ist. In der ökumenischen Differenzierungskompetenz, und ich nehme mich selbst davon nicht aus, stehen wir noch am Anfang. Die Versuchung ist immer noch gross, Unterschiede zu anderen Kirchen entweder sehr plakativ darzustellen und den eigenen Weg in Abgrenzung vom anderen als den «richtigen» Weg zu propagieren; oder aber über Differenzen in gut gemeintem Toleranzbestreben hinwegzugehen und damit das Anliegen des Gegenübers nicht ernst zu nehmen. In beiden Fällen werden wir dem anderen nicht gerecht, werden wir der Komplexität des ökumenischen Miteinanders nicht gerecht und werden wir letztlich auch uns selbst nicht gerecht.

Literaturverzeichnis

Christkatholische Kirche der Schweiz: Gebet- und Gesangbuch der Christkatholischen Kirche der Schweiz. Band I, Basel o.J. [2004].

Christkatholische Kirche der Schweiz: Protokoll der 135. Session der Nationalsynode, 13./14. Juni 2003, Rheinfelden/AG.

ForModula. Neuer Modulbausatz für Katechese, 14.09.2023; https://formodula.spi-sg.ch/2023/09/14/neuer-modulbausatz-katechese.

Küry, Urs: Kirchengeschichte und Kleine Unterscheidungslehre für den christkatholischen Unterricht, Allschwil 1968.

OekModula: Modul 20. Sakramenten-Hinführung: Firmung; https://oekmodula.ch/m20-sakramentenhinfuehrung-firmung-kopie.html.

Suter, Adrian/Berlis, Angela/Zellmeyer, Thomas: Die Christkatholische Kirche der Schweiz. Geschichte und Gegenwart (katholon 1), Zürich 2023.

von Arx, Urs/Weyermann, Maja (Hg.): Statut der Internationalen Altkatholischen Bischofskonferenz (IBK). Offizielle Ausgabe in fünf Sprachen (Beiheft zur Internationalen Kirchlichen Zeitschrift 91), Bern 2001.

Teil B
Wissenschaftliche Reflexionen zum ökumenischen Lernen

Von der Ökumene zur Kulturhermeneutik
Überlegungen zum neuen Fach christlicher Religionsunterricht (CRU) in Niedersachsen

Günter Nagel

In der Bundesrepublik Deutschland ist die Diskussion um den Religionsunterricht (RU) seit vielen Jahrzehnten treue Begleiterin schulischer Praxis. Zwei grundlegende Fragen stehen in den Debatten immer wieder neu zur Beantwortung an. Zum einen: Wie kann die Pluralisierung der gesellschaftlichen Wirklichkeit *schulorganisatorisch* aufgefangen werden? Zum anderen: In welcher Weise kann der RU den mit dieser Pluralisierung einhergehenden Entkirchlichungs- und Entchristlichungstendenzen *inhaltlich konstruktiv* begegnen?

Der Ökumene scheint in diesem Kontext eine besondere Bedeutung zuzukommen, richtet sie doch den Blick der grossen Konfessionen auf das gemeinsame Erbe, das im Rahmen des schulischen Pflichtfaches plausibilisiert werden soll. Die Notwendigkeit, Religionsunterricht zunehmend gemeinsam zu verantworten, ist angesichts der auch in der Alltagswelt spürbaren religionsdemografischen sowie religionssoziologischen Datenlage unstrittig, zumal gegenüber einer merklich kritischer werdenden gesellschaftlichen und schulischen Öffentlichkeit die Argumente für die organisatorische Zersplitterung konfessionellen RUs ausgehen. Die Formen freilich, in denen die gemeinsame Verantwortung zum Ausdruck kommt, variieren zwischen den Bundesländern und in den Bundesländern nach Regionen und Schulformen.[1]

Das Bundesland Niedersachsen geht jetzt einen neuen Weg. Es verabschiedet den konfessionellen und den konfessionell-kooperativen Religionsunterricht (KoKoRU) als Organisationsformen religiöser Bildung in der Schule. Statt diesen wird auf Vorschlag der evangelischen Kirchen und der katholischen Bistümer in Niedersachsen ein *gemeinsam verantworteter christlicher Religionsunterricht* (CRU) flächendeckend für alle Schulformen eingerichtet werden. Damit soll der regionalen und der schulformbezogenen Ausfransung der RU-

---

1   Überblick bei Domsgen/Witten (Hg.), Religionsunterricht, 17–69.115–129, sowie Wächter, Vielfalt.

Organisation begegnet und eine verlässliche Grundlage für die Erteilung von Religionsunterricht geschaffen werden.[2]

Damit steht auch die Frage der inhaltlichen Ausgestaltung eines solchen Unterrichts auf der Tagesordnung: Welche didaktische Matrix soll den CRU prägen? Welche inhaltlichen Akzentsetzungen gehören in das Zentrum von «Religion, die zur Schule geht»? Welches Selbstverständnis könnte die Lehrkräfte bei der Vermittlung religiöser Bildung leiten? Welche Akzente müssen in der Aus- und Fortbildung von Lehrkräften gesetzt werden?

Die folgenden Überlegungen geben einen nicht-repräsentativen Einblick in die niedersächsische Gedankenwerkstatt. Sie veranschaulichen die Perspektive eines vorrangig den gymnasialen RU bedenkenden Lehrplaners und blenden andere bedeutsame Dimensionen der auch fachpolitischen Diskussion aus Platzgründen aus. Zunächst werden berichtsartig Hintergründe und Motive der Einführung des CRU skizziert. Anschliessend werden bislang gültige «christlich-ökumenische Parameter» auf ihre Tragfähigkeit angesichts einer säkularisierten Schüler:innenschaft hin befragt. Als Alternative zu einer universitär definierten christlich-ökumenischen Axiomatik sollen daraufhin Grundlinien bzw. Dimensionen eines sich kulturhermeneutisch verstehenden Religionsunterrichts markiert werden.[3]

1 Niedersachsen auf dem Weg zum christlichen Religionsunterricht

Das flächenmässig zweitgrösste deutsche Bundesland gehört zu den protestantisch geprägten Regionen – hauptsächlich lutherisch, im Nordwesten an der Grenze zu den Niederlanden auch nennenswert reformiert. Der Anteil der Katholik:innen an der Gesamtbevölkerung lag 2018 bei knapp 17 %, allerdings in einer regional höchst unterschiedlichen Verteilung.[4]

Mit Blick auf den Religionsunterricht bedeutsam ist die Entwicklung der Konfessionszugehörigkeit von Schüler:innen in den letzten drei Jahrzehnten: Waren im Jahr 1995 noch gut 60 % der Schüler:innen evangelisch getauft, so 2021 nur mehr 41 %. Bei den Katholik:innen lauten die Zahlen 21 % und 16 %. Mit anderen Worten: In einem Vierteljahrhundert ist der Anteil der Getauften

---

2 Vgl. *Gemeinsam verantworteter christlicher Religionsunterricht*, Positionspapier.
3 Der Beitrag verzichtet auf Auseinandersetzung mit verschiedenen Ökumenevorstellungen und Konzepten von Ökumene lernen bzw. ökumenischem Lernen. Nur so viel: Die weite Form des ökumenischen Lernens als Variante des globalen Lernens ist in dem vorliegenden Entwurf des kulturhermeneutischen RUs berücksichtigt worden.
4 Vgl. Bundeszentrale für politische Bildung, Kirche.

um 25 Prozentpunkte zurückgegangen, wobei die Dynamik v. a. das letzte Jahrzehnt betrifft mit einem Wert von 15 Prozentpunkten.[5]

Bis in die 1980er-Jahre hinein kann für viele Schulformen noch von einem «robusten Verständnis» von Konfession und Konfessionalität gesprochen werden, das juristisch-institutionell unterstützt worden war. Katholische und evangelische Lehrkräfte arbeiteten in verschiedenen Sphären, die Schulklassen wurden wie selbstverständlich für zwei Wochenstunden entlang konfessioneller Marker getrennt. Diasporasituationen wurden von Lehrkräften, Eltern und Schüler:innen kultiviert und von den Schulleitungen akzeptiert. Die 1990er-Jahre waren hingegen ein Dezennium des wachsenden Bedeutungsverlustes von Konfessionalität bei Lernenden und Eltern sowie auch des Aufweichens institutioneller Absicherungen. Die konfessionelle Form des Religionsunterrichts wurde zweitrangig und organisatorisch zunehmend als Problem empfunden. Nicht selten entstanden nun Kleinstlerngruppen, die weder «betriebsökonomisch» noch pädagogisch sinnvoll waren.

1998 eröffnete das Land Niedersachsen deshalb den Schulen die Möglichkeit, konfessionell-kooperativen RU einzurichten, um die jeweilige konfessionelle Minderheit zu berücksichtigen und zu stützen. An fast allen öffentlichen Schulen begannen die Religionslehrkräfte, in einer gemeinsamen Fachkonferenz zusammenzuarbeiten. In dieser werden seitdem Anliegen besprochen, die den Unterricht und seine Inhalte betreffen, aber es werden auch gemeinsame Planungen umgesetzt, die ausserhalb des Klassenraumes zur religiösen Bildung sowie zur Ausgestaltung der Schulkultur einen Beitrag leisten (Schulgottesdienste, Tage religiöser Orientierung, Exkursionen, Partnerschafts- und Hilfsprojekte, Beratung und Seelsorge etc.). Die Lehrpläne für den Religionsunterricht sind 2003 erstmals aufeinander abgestimmt worden und erlauben eine thematisch-inhaltliche Zusammenarbeit der Konfessionen sowohl im konfessionellen als auch im konfessionell-kooperativen Betriebsmodus.

Aktuell erfasst die Organisationsform KoKoRU knapp 30 % der Lernenden in der Sekundarstufe I (Jahrgänge 5–10). Nimmt man hinzu, dass 35 % der Mittelstufenschüler:innen das Fach Werte und Normen besuchen, wird klar, dass der konfessionelle Religionsunterricht in seiner klassischen Ausprägung keine Zukunft haben kann. Die Einrichtung eines gemeinsam von den Kirchen verantworteten christlichen Religionsunterrichts ist angesichts dieser Entwicklung nur konsequent, zumal immer deutlicher auch die Begrenzungen des KoKoRU deutlich werden.

---

5   Vgl. Niedersächsisches Kultusministerium, Statistik, 40.

Die Schwächen des konfessionell-kooperativen Religionsunterrichts

Der konfessionell-kooperative Religionsunterricht in Niedersachsen war schon bei seiner Einführung religionspädagogisch aus der Zeit gefallen. Er stand von vornherein im Zeichen der Organisationsproblematik und wurde nie als eine didaktische Herausforderung begriffen, jenseits konfessioneller und ökumenischer Grenzziehungen die Vermittlung von christlicher Religion im Klassenraum neu zu denken. Die inhaltliche Vorbereitung auf der Ebene der Einzelschule bestand in der Zusammenführung von Kompetenzformulierungen, Themen und Inhalten aus den evangelischen und katholischen Kerncurricula in einen gemeinsamen schuleigenen Arbeitsplan. Fachgruppen, die sich inhaltlich mit der Gestaltung des KoKoRU auseinandersetzen wollten, stiessen stets wieder auf die als langweilig empfundenen Differenzmarker Kirche, Papst, Maria, Reformation sowie auf Stellungnahmen zu Abtreibung, Sterbehilfe oder Gender. Die im Erlass vorgeschriebene Berücksichtigung der jeweiligen Konfession der Schüler:innen samt didaktisch gefordertem Perspektivenwechsel kam im Ganzen selten über klischeehafte Typisierungen hinaus. Lernende und zunehmend auch junge Lehrende stehen immer häufiger in Äquidistanz zu beiden Konfessionen, konfessionelle Marker spielen keine Rolle mehr für die Orientierung im Leben.

Der KoKoRU ist zudem charakterisiert durch zahlreiche Bestimmungen, deren Sinn zunehmend als wirklichkeitsfremd wahrgenommen wird (Diskussionen in den Fachgruppen, Gremienbefassung in der Schule, Antragstellung an die Behörde, Ausarbeitung von differenzierten schuleigenen Arbeitsplänen, Organisation des obligatorischen Lehrerwechsels). Das Bürokratische überlagert die wesentlichen inhaltlichen Fragen: Kann den ungetauften Schüler:innen, den «getauften Skeptikern und Agnostikern» sowie den wenigen kirchlich-christlich sozialisierten Schüler:innen ein religionsdidaktisch verantwortbares Angebot unterbreitet werden, das dem curricular sehr viel interessanteren und lebensnäheren Fach Werte und Normen Paroli bieten kann? Können junge Menschen, die ihre Kirche seit der Erstkommunion nicht mehr betreten haben, an den weiterführenden Schulen mit Inhalten beschäftigt werden, die ihnen nicht weltfremd, sektiererisch oder banal vorkommen müssen? Lässt sich ein Fachunterricht denken, der deutlicher als der gegenwärtige RU gültige Ansprüche religiöser Allgemeinbildung – als Alternative zu «christlicher Spezialbildung» – befriedigen kann?[6] Im Kern stellt sich die Frage neu, die am Ausgang der 1960er-Jahre aufgekommen ist und zu dem für den katholischen Volksteil wegweisenden Würzburger Synodenbeschluss geführt hat.[7]

---

6 Vgl. zum Ganzen den Sammelband Kropač/Schambeck (Hg.), Konfessionslosigkeit als Normalfall, sowie die Studie von Käbisch, Religionsunterricht und Konfessionslosigkeit.
7 Der Religionsunterricht in der Schule; dazu Sajak, Synode.

2 Abschied vom binnenchristlichen Paradigma

In Gesprächen mit Religionslehrerinnen und Religionslehrern beider Konfessionen wird häufig ein Unbehagen deutlich über den inneren Zustand des Faches Religion. Konsens ist die Überzeugung, dass Religionsunterricht an staatlichen Schulen seinen Platz haben muss. Sehr häufig werden dafür pädagogisch-psychologische Argumente vorgebracht, weniger theologische, religiöse oder fachinhaltliche Aspekte.[8] Werden solche benannt, wirken sie zumeist erratisch und kulturkritisch: *Menschlichkeit* und *Solidaritätsfähigkeit*, *Parteinahme für die Schwachen, christliches Menschenbild, Bewahrung der Schöpfung*, die Überzeugung, dass unsere Welt eine *Vision* benötige. Mit Blick auf das Individuum finden sich Begriffe wie *Beitrag zur Sinnstiftung, Orientierung in der unübersichtlichen Welt, Existenzerhellung* oder *Wachhalten der religiösen Frage*. Insgesamt scheint die Vorstellung vorzuherrschen: Religionsunterricht solle ein Raum der Menschlichkeit sein und die in diesem Rahmen zubereitete Schulreligion «das Gute in der Welt» repräsentieren. Vorgestellt wird ein RU als Parteinahme für die Schüler:innen, die in der durchökonomisierten Moderne ohne die Begleitung dieses Faches unter die Räder zu geraten drohen.

Das Unbehagen wird spätestens dann deutlich, wenn diese vagen Vorstellungen mit der konkreten Ausgestaltung des Unterrichts korreliert werden. Nicht nur scheinen zahlreiche Lehrplan-Themen nicht mehr recht in diese Vorstellung von Anwaltschaft zu passen, auch quittieren die Abnehmer:innen die christlich-pädagogischen Keywords eher mit Achselzucken. Oder wie es ein evangelischer Kollege auf den Punkt bringt:

«Ich habe versucht, meinen Schülerinnen und Schülern die Zusage Gottes zu geben. Rechtfertigung hiesse, davon überzeugt zu sein: Es ist gut, dass du da bist! Antwort eines Schülers: ‹Das sagt meine Mutter auch immer.› Irgendwie war ich da mit meinem Latein am Ende.»

Vier Eingeständnisse scheinen vonnöten zu sein, die jedwede Organisationsform von RU betreffen:

1. Das Selbstverständnis gerade älterer Religionslehrkräfte ist untergründig noch immer geprägt von einem Gouvernanten-Gestus, als habe man etwas im Angebot, was von Bedeutung sei und was der Schüler bzw. die Schülerin unbedingt zum Leben benötige. Der Aufweis dieses Benefits gelingt hingegen nicht. Der evangelische Religionspädagoge Andreas Kubik spricht für solche Zusam-

---

8 Vgl. Woppowa/Caruso, Welt.

menhänge von einer reinen Behauptungsrhetorik, von «christlichen Gedankenkonfigurationen ohne Realitätsgesättigtheit»[9].

2. Die Curricula bilden auch in ihren korrelativen Varianten in erster Linie eine christliche Ingroup-Weltanschauung mit subkulturellen Wissensbeständen ab, die weder im Umfang noch im Repräsentationsmodus dienlich für ein Leben in der *Res Publica* sind. Klagen älterer Religionslehrkräfte darüber, «wie wenig selbst die christlich sozialisierten Schüler:innen noch von ihrer Religion kennen», zeigen an, dass noch immer eine bestimmte Form des christlichen Wissens mit Fachwissen bzw. lebensbedeutsamem Wissen gleichgesetzt wird.

3. Die Berücksichtigung religiöser Indifferenz unter getauften Schüler:innen wird de facto als Herausforderung für die Einzellehrkraft begriffen, nicht als solche des Faches selbst. Es fehlen curriculare Hilfen zu einer ertragreichen Verständigung im Klassenraum angesichts von Pluralität.

4. Der Gedanke, dass das Christentum als Lebensform in Mitteleuropa mehrheitlich an ein Ende gekommen ist, wird nicht zugelassen. Noch immer beherrschen «Rettungsfantasien» und «Notwendigkeitsrhetorik» das Feld. Damit ist allerdings auch der Zugang zu einer Neuausrichtung des Faches erschwert.

Praktische Religion

In der religionsdidaktischen Diskussion nach PISA ist die Umstellung inhaltlich ausgerichteter Lehrpläne auf kompetenzorientierte Curricula immer wieder als Paradigmenwechsel bezeichnet worden. Daran ist einiges richtig. So ist der Output, das Unterrichtsergebnis, lange Zeit in der Planung von Unterrichtseinheiten vernachlässigt worden. Allerdings – und das gehört zum ernüchternden Fazit – hat sich der Unterricht durch die Kompetenzorientierung kaum verändert. Zum einen wurden bei der Formulierung von Anforderungen zumeist lediglich klassische Inhalte mit einem Operator versehen. Zum anderen führte die Vielzahl unterschiedlichster Kompetenzanforderungen zu einer unterrichtsplanerisch nicht einzuholenden Anhäufung von neuen Skills. Drittens blieb die Kompetenzorientierung im Bereich der binnenchristlichen Axiomatik beheimatet, so dass die Frage nach der Repräsentation von Religion, also *wer* kommuniziert mit *wem*, *warum* über *was* im Klassenraum, nicht mehr gestellt werden musste bzw. in apologetischer Manier in die Vorwortlyrik verlagert worden ist. Die Transformation des christlich-korrelativen Religionsunterrichts der 1970er-Jahre in einen an den Massstäben *religiöser Literacy* ausgerichteten Religionsunterricht ist in den Nullerjahren nicht geleistet worden. Ideen dazu hätte es gegeben.

---

9 Vgl. Kubik, Kulturhermeneutik, 349.

Im Jahr 2006 hatte das Comenius-Institut in Münster ein Expert:innenpapier zur Kompetenzorientierungsdebatte vorgelegt – im Kern eine Liste von Bildungsstandards und beispielhaften Überprüfungsmöglichkeiten.[10] Interessant an dem Papier ist noch heute der Rückgriff auf einen Religionsbegriff, der Bedarfe spiegelt und nicht eine ausschnitthafte und in didaktischer Anverwandlung adaptierte universitäre Systematik. Die Gegenstandsfelder waren nicht überschrieben mit klassischen und ökumenisch konsensbasierten Begrifflichkeiten (Anthropologie, Theologie, Christologie, Ekklesiologie, Eschatologie, Ethik), sondern mit zunächst befremdlichen «Platzhaltern»: *Subjektive Religion, Bezugsreligion des Religionsunterrichts, andere Religionen* und *Religion als gesellschaftliches Phänomen*. Die gelisteten Beispielaufgaben, die nach dem damals gerade in der Entwicklung befindlichen Modell der «Anforderungssituationen» generiert worden waren, deuteten an, in welchen Bereichen des gesellschaftlichen oder des persönlichen Lebens religiös-kulturelles Wissen von Bedeutung ist: Wie tröstet man eigentlich? Kann ich die Symbolik von Kirchenportalen interpretieren? Was sollte ich beachten, wenn ich in einer Moschee zu Gast bin?

Auch wenn manches an der «Konstruktion von Anforderungen» noch unbeholfen und weiterhin «ingroup» wirkt: Im Comenius-Papier wird Religion als «operationalisierbares» bzw. «materialisiertes» Phänomen sichtbar und in seiner Relevanz fassbar. Kurz: Die Expert:innengruppe des Comenius-Instituts hat den Gebrauchswert von Religion und Religionsunterricht in einer neuen Weise zu klären versucht.

Nun ist die Systematik, die zur Formulierung von Bildungsstandards und exemplarischen Prüfaufgaben führt, nicht notwendigerweise identisch mit der Kartierung von Inhalten in Lehrplänen. Auch das Comenius-Papier setzt Unterricht in den klassischen Themenfeldern voraus. Dem Autor:innenteam war natürlich auch bewusst, dass Religionsunterricht mehr und anderes beinhaltet, als auf die Prüfung von Output hinzuarbeiten. Gleichwohl lohnt es sich, über den Neuansatz für eine bedarfsorientierte Outcome-Perspektive nachzudenken und die damit einhergehende Neujustierung weiterzuverfolgen.

3 Grundlinien einer kulturhermeneutischen Lehrplanentwicklung

Die protestantische Theologie hat im Unterschied zur katholischen sehr früh ein Sensorium ausgebildet für die Transformationskrise des Christentums im Gefolge der Aufklärung. Nicht nur entwickelte sie einen vom Christentum

---

10 Vgl. Fischer/Elsenbast, Kompetenzen.

unterschiedenen Religionsbegriff; sie erkannte auch die religiösen Implikationen menschlicher Kulturleistungen. Mit Paul Tillich stellte sie im 20. Jahrhundert den bedeutendsten Vertreter einer «Theologie als Kulturhermeneutik», die sich kritisch vom affirmativen Kulturprotestantismus des 19. Jahrhunderts, aber auch von der autoritären religionskritischen dialektischen Theologie des 20. Jahrhunderts absetzte. In jüngerer Zeit stehen u. a. Wilhelm Gräb, Andreas Mertin und Andreas Kubik für eine theologische Archäologie des Sinnverstehens in der Spät- bzw. Postmoderne.[11]

Zentrales Merkmal dieser kulturhermeneutischen Denkrichtung ist die Ausweitung des theologischen Forschens auf alle gesellschaftlichen Bereiche des Lebens. Unter Berufung auf religionsphänomenologische und religionssoziologische Studien werden u. a. Entwicklungen im Bereich der Medien und der Sinnstiftungsangebote in sozialen Bewegungen, aber auch die implizit normativ wirkenden Konsequenzen der modernen Ökonomie und Wissenschaft in den Blick genommen. Konsens ist die Auffassung, dass Religion niemals stirbt, wohl aber ihre Gestalt wandelt. Kurz: Dort, wo nach Sinn gesucht wird, ist Religion präsent.

Zwar ist schon in den 1970er-Jahren kulturhermeneutisches Ideengut auch in die Neukonzeptionierung des katholischen Religionsunterrichts aufgenommen worden. Insbesondere der Würzburger Synodenbeschluss hat erheblich zu einer Horizonterweiterung bezüglich des religiösen Gegenstandsbereichs und zu einer zumindest partiellen Rücknahme der «Verkirchlichung des Christentums» (Franz-Xaver Kaufmann) beigetragen. Unhintergehbar ist seitdem nicht nur der Gesellschafts- und Kulturbezug des Religionsunterrichts, sondern v. a. ein Subjektbezug, der die Symbolisierungsfähigkeit der im RU anwesenden jungen Menschen positiv würdigt und die Lernenden nicht ausschliesslich als Objekte der Belehrung ansieht.

In den derzeit gültigen «Einheitlichen Prüfungsanforderungen» für das Abitur wird diese Architektur paradigmatisch deutlich. In Form des für beide Konfessionen grundlegenden Drei-Säulen-Modells werden die Dimensionen Subjekt/Lebenswelt, Theologie/Kirche/Bibel sowie Bezugswissenschaften/Medien/Religionen/geistige Strömungen in ein Bezugssystem überführt, das für eine transparente Lehrplanentwicklung, aber auch für eine nachvollziehbare Planung von Unterrichtseinheiten konfessionsübergreifend-ökumenisch leit-

---

11 Vgl. Gräb, Sinn; ders, Sinnfragen; https://www.amertin.de; Kubik, Kulturhermeneutik.

bildgebend ist.[12] Insgesamt aber ist die systematische Weiterentwicklung dieses Konzepts mit Blick auf die Lehrplanausgestaltung unterblieben.

3.1 Christentum als Kultur

Interessant für unseren Zusammenhang ist die vom evangelischen systematischen Theologen Jörg Lauster im Jahr 2014 unter dem Titel «Die Verzauberung der Welt» vorgelegte imposante Kulturgeschichte des Christentums.[13] Fast möchte man meinen, es sei ein Vermächtnis des Christlichen an die säkulare Gesellschaft, die sich selbst noch einmal vergewissern kann, auf welchem Fundament sie eigentlich steht und welchen religiösen Pfaden sie – selbst in den Abwandlungen und Anverwandlungen der Moderne – noch folgt. Zugleich wird aber auch christlichen Leser:innen gespiegelt, wie plural und bunt dieser christlich-europäische Lebenszusammenhang eigentlich ist, wenn man die Kampfzonen und die kirchlichen Verkürzungen der Gegenwart einmal hinter sich lässt. Lauster gelingt es in diesem Werk, Christ:innen, religiös Affine und Säkulare auf einen gemeinsamen Boden zu stellen und ein gemeinsames Erbe zu beschreiben, dessen Bewahrung und Weiterentwicklung lohnt.

Für Lehrplaner:innen ist Lausters «Zoom out» nicht zuletzt deshalb von Bedeutung, weil verdeutlicht wird, welche Aspekte nicht nur des Christlichen, sondern auch des Fachlichen in den sogenannten Kerncurricula der Länder fehlen bzw. unterbewertet geblieben sind. Es ist nämlich alles das, was aufgeschlossene, kirchlich-distanzierte Menschen bisweilen gezielt in die Kirchen und ihre Bildungshäuser zurückbringt: imposante Architektur, motivkräftige Malerei, ans Herz gehende Musik, das Gemüt berührende Literatur, über die Grundfragen des Menschen nachdenkende Philosophie. Christentum ist aus dieser Perspektive zunächst einmal als ein Kulturzusammenhang zu begreifen, in welchen hinein sich die «heissen Glaubenswahrheiten» inkarniert haben.

Deutlich ist Lausters Werk als Ableger bzw. Konkretisierung kulturhermeneutisch-theologischen Nachdenkens ausgewiesen. Im Unterschied zu philosophisch abstrakteren Überlegungen im Gefolge Tillichs steht seine historisch-theologische Linienführung allerdings von vornherein der fachbezogenen Erwartungshaltung an eine kulturhermeneutische Didaktik näher. Damit sollen nicht die Erkenntnisse der «erweiterten Kulturhermeneutik» im Gefolge

---

12 Vgl. Sekretariat der Ständigen Konferenz der Kultusminister der Länder in der Bundesrepublik Deutschland, Einheitliche Prüfungsanforderungen. Katholische Religionslehre, 10; Evangelische Religionslehre, 10.
13 Lauster, Verzauberung.

Tillichs storniert werden, wohl aber können durch die Arbeit am «klassischen Material» Plausibilitäten «publikumswirksamer» als bislang dargelegt werden.

3.2 Kultur – christlich interpretiert

Vierteljährlich kuratiert das unweit von Hannover angesiedelte evangelische Religionspädagogische Institut in seinem «Loccumer Pelikan»[14] Themen, die nicht selten quer zum Lehrplan liegen und zugleich auf eine religionsdidaktische Erschliessung warten: *Nachhaltig leben lernen, Mensch und Tier, Sehnsuchtsorte, Film und Religion, Medizinethik, Digitalisierung.* Kernanliegen der Zeitschrift ist es, zu einer Verbreiterung der inhaltlichen Offerte im Religionsunterricht aller Schulformen beizutragen und zugleich neue und ungewöhnliche Erschliessungsformen zu präsentieren.

Der «Loccumer Pelikan» steht für Bestrebungen, die auch in anderen Publikationsorganen anzutreffen sind. Im Ganzen ist es erstaunlich, dass die Erträge der religionspädagogischen Arbeit mit und an den kulturellen Strömungen in den Lehrplänen noch keinen systematischen Ort gefunden haben. Zwischen «Eingemeindung» und exotischem Additum scheint es noch keine Vermittlungsinstanz zu geben.

Als «eingemeindet» können diejenigen kulturellen Themen oder Strömungen bezeichnet werden, die ursprünglich mit dem überlieferten christlichen Glauben in keinerlei organischer Verbindung standen, mit der Zeit jedoch adaptiert und theologisch integriert worden sind. Lehrkräfte und Lernende erkennen sie kaum mehr als «Fremdkörper». Am Beispiel der ökologischen Problematik lässt sich das sehr deutlich belegen. Die Verantwortung für den «Erhalt der Schöpfung» ist bis in die Begrifflichkeit hinein in einer Weise gelabelt worden, dass die wenigsten sich vorstellen können, dass es eine Zeit ohne Zentralstellung von Gen 1,26–28 im RU gegeben haben kann. Im Bereich der sogenannten Tierethik ist der Prozess der Transformation von einem kulturellen zu einem christlichen Thema «live» zu beobachten.[15]

---

14 Loccumer Pelikan. Religionspädagogisches Magazin für Schule und Gemeinde; https://www.rpi-loccum.de/loccumer-pelikan. Vgl. auch die wesentlich von katholischer Seite inspirierte, aber ökumenisch verantwortete didaktische Zeitschrift Religion unterrichten; https://www.vandenhoeck-ruprecht-verlage.com/zeitschrift-religion-unterrichten.

15 Exemplarisch die Lehrpläne für Niedersachsen, die 1982 Themen und Inhalte in allen Schulformen unreflektiert anthropozentrisch listen und erst 2003 «Schöpfung» systematisch denken, freilich noch immer unter Exklusion der Tiere. Die Katechetischen Blätter z. B. entwerfen ihr erstes Heft zum Thema Tiere 2005.

Den eingemeindeten Themen ist gemeinsam, dass sie nicht als Epitheta im Unterricht erscheinen, sondern im Zentrum der klassischen christlichen Traktate oder der Ethik untergebracht werden können. Damit unterscheiden sie sich von denjenigen Fragestellungen und Kulturinhalten, die an die klassischen Unterrichtsinhalte «angedockt» werden. Dem Kinder-Klassiker «Freundschaft» beispielsweise ist es im RU nie gelungen, über banale biblische Dubletten von Alltagserfahrungen (David und Jonathan) hinauszukommen. Gelungene Zugriffe auf Musikstücke (Grönemeyer, Der Weg) blieben selten, der Film wurde sein Image als Vorweihnachts- und Vorferien-Medium nie wirklich los, obgleich gut aufbereitete Interpretationshilfen vorliegen.[16]

4 Eine alternative Lehrplanmatrix

Die derzeit gültigen Curricula in den Bundesländern arbeiten mehr oder weniger deutlich mit einer theologischen Axiomatik (Anthropologie, Theologie, Christologie, Kirche, Ethik, Religionen), die nicht für die Ingebrauchnahme im öffentlichen Schulwesen taugt.[17] Selbst dort, wo pädagogische Gesichtspunkte in Anschlag gebracht werden, findet eine Wendung in die binnenchristliche Kategorisierung statt.[18] Insgesamt wird in einen weltanschaulichen Kosmos eingeführt, der nur bedingt Relevanzen ausweisen kann für die übergrosse Mehrheit der im Unterricht zu berücksichtigenden getauften nichtpraktizierenden Christinnen und Christen.

Hier gilt es, ein neues Modell zu erstellen, das sich an den Bedarfen der *Res Publica* und der in ihr lebenden Menschen orientiert. Unter anderem stünde dazu eine systematische Arealisierung von Anforderungen und Herausforderungen an, die in der Gegenwart lebende Subjekte zu bewältigen haben und bei denen «Religionswissen» eine Hilfe bieten kann.[19]

Die nachfolgende Skizze kann das nicht leisten, vielleicht aber eine Idee davon vermitteln, wie die curriculare Neujustierung im Sinne einer kulturhermeneutisch orientierten «public theology» aussehen könnte.

---

16 Vgl. exemplarisch die Analysen des Katholischen Filmwerkes (https://filmwerk.de) zu Filmen wie «The Matrix», «Gran Torino» oder «Ich bin dein Mensch».
17 Vgl. exemplarisch die Ordnung der Kompetenzbereiche im Land Niedersachsen oder in Baden-Württemberg.
18 Vgl. exemplarisch die hessischen Curricula.
19 Bislang liegen lediglich verdienstvolle praktische Ansätze vor. Vgl. Bürig-Heinze u.a., Anforderungssituationen; Fischer/Elsenbast, Kompetenzen, 20–72 (Beispielaufgaben).

4.1 Kompetenzfeld 1: Ausbildung einer «Weltanschauung» und eines Modells sozialer Interaktion, Auseinandersetzung mit existenziellen Fragen, Kontrasterfahrungen und Herausforderungen des Lebens

Hier werden altersangemessen Aspekte verhandelt, die mit dem Erwachsenwerden und mit der Ausbildung einer gefestigten Persönlichkeit in Zusammenhang stehen. Dazu zählen nicht nur diejenigen klassischen Fragen, die sich Menschen in unserem Kulturkreis mehr oder weniger explizit stellen (Was gibt dem Leben Sinn? Welche Strategien der Lebensführung und Lebensbewältigung sind tragfähig? Wie mit Kontingenz, Leid und Schuld umgehen?) bzw. *noch immer* stellen (Gibt es Gott? Gibt es ein Leben nach dem Tod? Brauche ich Religion?) oder zumindest stellen sollten, wenn sie in der Begegnung mit anderen Menschen gesprächsfähig sein wollen (Wie kommt man in Gesellschaft und Staat miteinander aus? Wie gestaltet man Beziehungen? Wie bedeutsam ist Religion?).

Ressourcen der Religion und theologische Modelle liegen in diesem Bereich reichlich vor. Akzentuierungen müssten zukünftig hingegen erfolgen mit Blick auf die Gewichtung von Zivilreligiosität bzw. des «Christentums ausserhalb der Kirche»[20] (Trutz Rendtorff). Beispiele praktischer Skills in diesem Kompetenzfeld wären etwa der Umgang mit Organspende- oder Sterbehilfeformularen oder das Durchdenken und Erproben von Formen sozialen Engagements.

4.2 Kompetenzfeld 2: Erschliessung von und Auseinandersetzung mit religiösen Prägungen der europäischen Kultur

Hier geht es um das «Lesen» und Verstehen der eigenen Zivilisation. Dazu zählen u. a. die Interpretation materialisierter christlicher Religion (z. B. Kirchenbau, Kunst, Friedhöfe, Klöster), das Erkennen geistiger Prägungen (christliche Motivik in Kunst, Malerei, Musik, Film; konfessionelle Mentalitäten; Kalender, Sozialstaat etc.) sowie die Auseinandersetzung mit institutionalisierter Religion in Geschichte und Gegenwart (Kirchenstruktur, kirchliches Selbstverständnis, kirchliche Macht, Religionskriege, Religionen in nichteuropäischen Zivilisationen, Mission etc.). Altersangemessen wird in diesem Kompetenzfeld auch der Sonderweg Europas im Unterschied zu anderen Zivilisationen zu thematisieren sein.

Einen neuen Schwerpunkt könnten in diesem Segment iterierende Analysen von Medienindustrie-Produktionen bilden, z. B. des Hollywood- und Marvel-Kosmos mit deren Rückgriff auf antike und biblisch-christliche Helden-, Retter- und Erlöser-Motivik.

---

20 Rendtorff, Christentum.

4.3 Kompetenzfeld 3: Auseinandersetzung mit den Herausforderungen der Moderne

Hier geht es einerseits um den Umgang mit Anfragen und Infragestellungen von Religion und Glaube (Religionskritik, Darwinismus und Naturalismus, Relativismus und Postmoderne), die typisch sind für die westliche Zivilisation und stets eine subjektive Wendung besitzen (vgl. Kompetenzfeld 1). Es werden aber auch die ethisch-politischen Konfliktfelder der Gegenwart verhandelt werden müssen, die sich in klassischen Problemstellungen (Abtreibung, Sterbehilfe), aber eben auch in neueren Konstellationen (Gender, Generationengerechtigkeit, KI) zeigen. Auch die Auseinandersetzung mit anderen Religionen, deren Wahrheits- und politischen Gestaltungsansprüchen gehört in dieses Kompetenzfeld.

4.4 Ökumene?

Kulturhermeneutisch ausgerichtete Lehrplanung zentriert nicht nur anders als klassische Curricula dies tun, sie fordert von den Lehrkräften in Teilen eine andere fachliche Bildung ein als die im Studium herkömmlich erworbene. Kulturhermeneutisch ausgerichtete Lehrplanung möchte einen Unterricht präfigurieren, der sich absetzt von konfessionellen oder christlich-ökumenischen Ingroup-Plausibilitäten und damit auch eine andere Art des «Bezeugens» bzw. Positionierens in die Wege leiten. Kulturhermeneutisch ausgerichtete Lehrplanung berücksichtigt Ökumene – allerdings nur insofern, als ihr eine bildende Kraft auch für Nichtchrist:innen zukommt. Alles andere hat in Bildungsprozessen an staatlichen Schulen nichts zu suchen.

Damit ist deutlich, dass eine kirchenpolitisch motivierte Aushandlung konfessioneller Identity Markers für Lehrpläne aus didaktischer Sicht abzulehnen ist – sowohl im Gespräch zwischen Katholik:innen mit Protestant:innen als auch in Verhandlungen mit Freikirchen und orthodoxen Kirchen. Vielmehr ist Ökumene schulpolitisch zu verstehen als gemeinsamer und uneigennütziger Dienst der Kirchen an der Bildung in der *Res Publica*, theologisch als Einbringen unterschiedlicher Perspektiven und Wissensstände in den Bildungsprozess der Lehrkräfte, praktisch als Aufzeigen unterschiedlicher Konfigurationen von Christentum in Geschichte und Gesellschaft, didaktisch als punktuelle, an Einzelfragen konkretisierbare Modellierung und Inszenierung unterschiedlicher Identitätsangebote an kirchenferne junge Menschen.

Ob Niedersachsen tatsächlich einen solchen didaktischen Neustart wagt für «eine Religion, die zur Schule» geht, bleibt abzuwarten.

Literaturverzeichnis

Bundeszentrale für politische Bildung: Kirche nach Bundesländern (2018); https://www.bpb.de/kurz-knapp/zahlen-und-fakten/soziale-situation-in-deutschland/61562/kirche-nach-bundeslaendern/.

Bürig-Heinze, Susanne et al.: Anforderungssituationen im kompetenzorientierten Religionsunterricht. 20 Beispiele, Göttingen 2014.

Der Religionsunterricht in der Schule, in: Bertsch, Ludwig (Hg.): Gemeinsame Synode der Bistümer in der Bundesrepublik Deutschland (Offizielle Gesamtausgabe), Freiburg i.Br. 1976, 113–152; https://www.dbk.de/fileadmin/redaktion/Synoden/gemeinsame_Synode/band1/04_Religionsunterricht.pdf.

Domsgen, Michael/Witten, Ulrike (Hg.): Religionsunterricht im Plausibilisierungsstress. Interdisziplinäre Perspektiven auf aktuelle Entwicklungen und Herausforderungen, Bielefeld 2022.

Fischer, Dietlind/Elsenbast, Volker (Red.): Grundlegende Kompetenzen religiöser Bildung. Zur Entwicklung des evangelischen Religionsunterrichts durch Bildungsstandards für den Abschluss der Sekundarstufe I, Münster 2006.

Gemeinsam verantworteter christlicher Religionsunterricht. Ein Positionspapier der Schulreferentinnen und Schulreferenten der evangelischen Kirchen und katholischen Bistümer in Niedersachsen, Hannover 2021.

Gräb, Wilhelm: Sinn fürs Unendliche. Religion in der Mediengesellschaft, München 2002.

Gräb, Wilhelm: Sinnfragen. Transformation des Religiösen in der modernen Kultur, Gütersloh 2006.

Käbisch, David: Religionsunterricht und Konfessionslosigkeit. Eine fachdidaktische Grundlegung, Tübingen 2014.

Kropač, Ulrich/Schambeck, Mirjam (Hg.): Konfessionslosigkeit als Normalfall. Religions- und Ethikunterricht in säkularen Kontexten, Freiburg i.Br. 2022.

Kubik, Andreas: Theologische Kulturhermeneutik impliziter Religion. Ein praktisch-theologisches Paradigma der Spätmoderne, Berlin/Boston 2018.

Lauster, Jörg: Die Verzauberung der Welt. Eine Kulturgeschichte des Christentums, München 2014.

Niedersächsisches Kultusministerium (Hg.): Rahmenrichtlinien für das Gymnasium. Schuljahrgänge 7–10, Hannover 2003.

Niedersächsisches Kultusministerium (Hg.): Curriculare Vorgaben für das Gymnasium. Schuljahrgänge 5/6, Hannover 2004.

Rendtorff, Trutz: Christentum ausserhalb der Kirche. Konkretionen der Aufklärung, Hamburg 1969.

Sajak, Clauß Peter: Art. Würzburger Synode, Beschluss zum Religionsunterricht, in: Wissenschaftlich-Religionspädagogisches Lexikon (WiReLex),

31.01.2020; DOI: 10.23768/wirelex.Wrzburger_Synode_Beschluss_zum_Re ligionsunterricht.200808.

Sekretariat der Ständigen Konferenz der Kultusminister der Länder in der Bundesrepublik Deutschland: Einheitliche Prüfungsanforderungen in der Abiturprüfung. Katholische Religionslehre, München, Neuwied 2007.

Wächter, Jörg-Dieter: Verblüffende Vielfalt. Formen des Religionsunterrichts in Deutschland, in: Herder Korrespondenz Spezial. Das Lieblingsfach, Freiburg i. Br. 2021.

Woppowa, Jan/Caruso, Carina: «... damit unsere Welt eine gute Welt werden kann.» Explorative Befunde einer Befragung von Religionslehrkräften zu ihrem professionsbezogenen Selbstverständnis, in: Theo-Web. Zeitschrift für Religionspädagogik 20/2 (2021) 264–279; DOI: 10.23770/tw0223.

Ökumenisch lernen als wechselseitige Anerkennung
Systematisch-theologische Erwägungen in religionspädagogischer Absicht

Martin Hailer

1 Lernen oder Bildung?

Zu beginnen ist mit der Frage, was eigentlich lernt, wer ökumenisch lernt oder aber «Ökumene lernt». Mindestens Letzteres klingt zunächst einmal nach den Aufgaben einer Konfessionskunde: Nach ihr ist es geraten und nötig, über den eigenen konfessionellen Tellerrand hinauszusehen und die vielgestaltige Landschaft innerhalb der einen Kirche Christi kennenzulernen. Ordentliche Konfessionskunde ist dabei nie nur ein empirisches Geschäft, das sich auf die Beschreibung vorhandener Kirchentümer beschränkt. Sie ist vielmehr in sich bereits theologisch, weil sie in der Vielgestaltigkeit der Konfessionen nolens volens nach dem Wesen der Kirche fragt und also die ekklesiologische Wahrheitsfrage mindestens auch stellt.

Das ist in Konfessionskunden beobachtbar, etwa wenn sie als Gliederungsprinzip die Nähen und Fernen anderer Konfessionen zur eigenen wählen und so theologische Anordnungen vornehmen oder aber – überzeugender, wie anlässlich einer weitergehenden Diskussion zu zeigen wäre – durch einen Wechsel im Leitbegriff: Ulrich H. J. Körtner nennt sein Werk aus gutem Grund nicht mehr «Konfessionskunde», sondern «Ökumenische Kirchenkunde».[1]

Hier ist also bereits angelegt, dass Lernen in Sachen Ökumene nie nur die Kenntnisnahme von Fakten über andere Kirchentümer bedeuten kann. Die theologische Selbstverortung muss auf die eine oder andere Weise eine Rolle spielen. Um das vorläufig abzustecken und zugleich die Klärungsaufgabe der folgenden Seiten zu präzisieren, lohnt ein Blick auf einen Klassiker der Frage, was denn Lernen in seiner eigentlichen Form, nämlich Bildung, sei. Oft beschworen, aber eher selten gelesen ist Wilhelm von Humboldt (1767–1835), der in einer undatierten Miszelle von wenigen Seiten seine «Theorie der Bildung des Menschen» entworfen hat. In ihr stellt er zunächst fest: Es gibt ungeheuer viel

---

[1] Zum klassischen Vorgehen vgl. Algermissen, Konfessionskunde. Körtner, Kirchenkunde, schlägt eine Gliederung nach historischen und regionalen Gesichtspunkten vor.

Einzelnes zu lernen. Die Wissenschaften der Moderne haben zu einem explosionsartigen Anstieg des Wissbaren und der Fertigkeiten geführt. Sich etwas oder gar viel davon anzueignen, so Humboldt, macht aber genau noch keine Bildung und keinen gebildeten Menschen. Denn: Wer sich bei der Menge des Wissbaren aufhielte, würde «bloss dem Menschen Kenntnisse oder Werkzeuge zum Gebrauch zubereiten».[2] Wer so vorgeht, tut womöglich begrenzt Sinnvolles, kennt aber seine eigene Natur nicht. Er oder sie erwirbt Wissen nur zum Zweck, etwa zu dem der Ausbildung. Das aber ist Wissens-Eklektizismus, der zum einen das Wissen verzweckt und zum anderen ohne nennenswerten Kontakt mit der Person des Wissenserwerbers vor sich geht. Eine Ausbildung kann auf diese Weise schon absolviert werden, das, was Humboldt den «eignen allgemeineren Endzweck» nennt, gerät dabei aber ausser Blick.[3]

Was aber wäre dieser «Endzweck», der sowohl eigen als auch allgemein sein müsste? Wilhelm von Humboldt schreibt:

«Die letzte Aufgabe unsres Daseyns: dem Begriff der Menschheit in unsrer Person, sowohl während der Zeit unsres Lebens, als auch noch über dasselbe hinaus, durch die Spuren des lebendigen Wirkens, die wir zurücklassen, einen so großen Inhalt, als möglich, zu verschaffen, diese Aufgabe löst sich allein durch die Verknüpfung unsres Ichs mit der Welt zu der allgemeinsten, regesten und freiesten Wechselwirkung. Diess allein ist nun auch der eigentliche Massstab zur Beurtheilung der Bearbeitung jedes Zweiges der menschlichen Erkenntniss.»[4]

Bereits die Menge der superlativischen Formulierungen und Ausschliesslichkeitsaussagen macht deutlich, dass hier eine programmatische Aussage vorliegt. Drei miteinander verknüpfte Behauptungen sind es: (1) Werde so, dass du das, was menschlich genannt zu werden verdient, in dir selbst vorfinden kannst; (2) das wird nur gelingen, wenn die eigene Person in Austausch mit der Welt und ihren Konstellationen tritt; (3) in welchem Erkenntnisvorgang auch immer: Nur Wissenserwerb gemäss Satz (2), der zur grossen Aufgabe (1) beiträgt, ist erstrebenswert.

Humboldt unterscheidet also das Lernen zu Zwecken, das Kenntnisse wie Werkzeuge versteht, von der Bildung, die die Persönlichkeit des Menschen meint, und zwar so, dass das Menschliche des Menschen überhaupt in ihr sichtbar wird. Das ist, modern gesprochen, eine scharfe Kritik instrumentellen Wis-

---

2 Vgl. Humboldt, Theorie, 238.
3 Vgl. a. a. O., 234.
4 A. a. O., 235 f.

sens und ineins damit eine vorweggenommene Infragestellung der kompetenzorientierten Didaktiken, jedenfalls insoweit sie genau dies: nachprüfbare Fertigkeiten zum Umgang mit Problemlagen, als ihr Ziel benennen.[5] Wenn Humboldt irgend Recht haben sollte, kann es dabei sein Bewenden nicht haben.

Das Gegenstück heisst: Gebildet werden muss die Person, nicht geht es darum, dass sie zu Zwecken – etwa denen des Broterwerbs oder des gesellschaftlichen Vorteils – *skills* erwerbe.[6] Die eigentümliche Bestimmung, «dem Begriff der Menschheit in unsrer Person [...] einen so großen Inhalt als möglich zu verschaffen», heisst dann doch wohl: Werde so, dass du verdienst, menschlich genannt zu werden, und andere sich in dir anschauen können. Eine Reziprozität, sowohl unvertretbar individuell als auch maximal allgemein, ist angestrebt.

Es ist verlockend, diese Bestimmungen – ihrer Skizzenhaftigkeit wohl eingedenk – für die Frage nach ökumenischem Lernen ins Theologische zu übersetzen. Der Grundzug, nach dem es nicht nur um Faktenwissen über Fremdkonfessionelles zu gehen hat, ist evident. Humboldts Reziprozitätsvorstellung bekommt, theologisch gewendet, eine ekklesiologische Pointe. In Umformulierung des eben gegebenen Humboldt-Zitats:

> Was Christenmenschen genannt zu werden verdienen, zeigt sich, wenn sie versuchen, dem Begriff des Christenmenschen überhaupt in der eigenen Person einen grösstmöglichen Inhalt zu verschaffen. Das aber gelingt, wenn sie ihr Ich mit der Welt der Christenheit in allgemeinste, regeste und freieste Wechselwirkung bringen. Was immer Christenmenschen noch lernen und wissen, dies Argument soll als kritischer Massstab an all ihr Lernen und all ihren Wissenserwerb angelegt werden.

Durch die kleine Adaption des Humboldt'schen Bildungsideals für Zwecke der Theologie ist unversehens so etwas wie der ökumenische Bildungsimperativ entstanden: Wer christlich gebildet sein will – und nicht etwa nur die Fachleute für ökumenische Gesprächslagen –, kann gar nicht anders, als sich mit dem weiten Rund des christlichen Menschseins in regen Austausch zu versetzen. Damit es nicht im Wohlfeil-Plakativen verbleibt, soll dieser ökumenische Bildungsimperativ zunächst ökumenetheoretisch konkretisiert werden, bevor

---

5   So die in Deutschland vielfach rezipierte Auffassung von Terhart, Lehrerberuf.
6   Eine mehrsprachig geführte Grundschule am Dienstort des Verfassers wirbt mit dem Slogan «Vorsprung von Anfang an!» um Schülerschaft mit zahlungskräftigen Eltern. Für Humboldt dürfte dies ein Musterbeispiel personfremden, verzweckten Wissenserwerbs sein.

einige Mutmassungen über die religionspädagogische Adaptierbarkeit angestellt und der Fachdebatte dieser Disziplin weitergereicht werden.

2 Ökumenische Bildungsziele

Das Angebot an ökumenischen Bildungszielen ist reich. Notwendig also in Auswahl und merklicher Konzentration auf Vorschläge von evangelischer Seite sind hier einige zu nennen:

Zunächst die Differenzhermeneutik. Es gibt im evangelisch-katholischen Dialog entwickelte Positionen, für die es ausser Frage steht, dass anderskonfessionelle Auslegungen des Christseins gekannt werden sollen. Freilich ergibt sich daraus nicht, dass der Selbstauslegung der anderen Konfession auf die der eigenen ein Einfluss zugestanden würde, der über die Selbstvergewisserung der eigenen Identität hinausginge. Vielmehr funktioniert es, idealtypisch, so: Es gibt evangelisch und katholisch, zwei grundsätzlich verschiedene Typen von Kirchlichkeit. Die Kirchlichkeit katholischen Typs ist sakramental-korporativ. Die Kirche ist die um das sakramentale Bischofsamt versammelte Gemeinde, die die Eucharistie feiert. Die Bestimmung der ekklesialen Qualität geschieht dann *lokativ;* Kirche ist da, *wo* Gemeinschaft im apostolischen Glauben, in der Feier der Sakramente und im sakramentalen Leitungsamt besteht. Dagegen steht der evangelische Kirchentyp: Nach ihr ist die Kirche dynamisch-ereignishaft. Die Bestimmung der ekklesialen Qualität geschieht deswegen nicht lokativ, sondern *temporal:* Kirche geschieht, *wenn* das Evangelium rein gepredigt und die Sakramente ihrer Einsetzung gemäss verwaltet werden. Dies beschreibt einen Basisunterschied zwischen zwei Typen von Kirchlichkeit. Von diesem Unterschied ausgehend kann man ökumenische Ergebnisse würdigen, ohne dass dies auf die Gestalt des eigenen Theologietreibens und des eigenen Kircheseins wesentlichen Einfluss hätte.[7]

Das ökumenische Bildungsangebot scheint der kontroverstheologischen Tradition zu folgen: Lerne den anderen kennen, sieh, dass es sich um eine christliche Konfession handelt, aber werde zugleich inne, wie basal unterschiedlich diese Selbstauslegung von der von dir für richtig erkannten ist. Man kann einander schätzen, wird zueinander aber nicht kommen.[8] Zumindest vom Humboldt'schen Bildungsideal wäre man damit freilich ein gutes Stück entfernt.

---

7 Details bei Hailer, Verständigung, 322–325. Vgl. für diese Position v. a. Herms, Glaubenseinheit, und Slenczka, Theologie.
8 Als Ausarbeitungen in diesem Geist vgl. Herms/Žak (Hg.), Grund, sowie dies. (Hg.), Sakrament.

Diese Position ist nicht unwidersprochen geblieben.[9] Insbesondere wurde gefragt, ob angesichts der im Ganzen doch beachtlichen Ergebnisse ökumenischer Verständigungsbemühungen die Idee einer Grunddifferenz zwischen evangelischem und katholischem Kirchesein wirklich zu halten ist und ob hier nicht zwei konfessionelle Selbstauslegungen aufeinandertreffen, die wohl für sich, nicht aber für die gesamte jeweilige Konfession zu stehen vermögen. Eine andere Position in der ökumenischen Hermeneutik, ihrerseits in Sachen Feststellung von ökumenischem Fortschritt eher zurückhaltend angelegt, will an diesem Punkt weiterkommen. Die Rede ist vom vor noch nicht langer Zeit vorgestellten Projekt des *Receptive Ecumenism*. Nach ihm zielt ökumenische Verständigung nicht in erster Linie auf die Feststellung oder Etablierung von Kircheneinheit. Vielmehr geht es darum, aus der Begegnung mit der anderen Konfession für die Gestaltung des eigenen Christseins Lehren und Konsequenzen zu ziehen: Was ist vom anderen zu lernen, um die eigene Selbstauslegung als christliche Konfession zu bereichern und zu vertiefen? Paul D. Murray, einer der Protagonisten, beschreibt es so:

«[...] it is now appropriate to view the capacity for receptive ecumenical learning *across* traditions as the necessary key for unlocking the potential for transformation *within* traditions.»[10]

Die entscheidende Frage heisst dann:

«‹What, in any given situation, can one's own tradition appropriately learn with integrity from other traditions?› and moreover, to ask this question without insisting, although certainly hoping, that these other traditions are also asking themselves the same question. With this, the conviction is that if all were asking and pursuing this question, then all would be moving, albeit somewhat unpredictably, but moving nevertheless, to places where more may, in turn, become possible than appears to be the case at present.»[11]

Evident sollte zunächst sein: Hier wird von Lernprozessen gesprochen, die es mit der Bildung der eigenen Person bzw. der konfessionellen Kollektivperson zu tun haben. Die Begegnung mit dem Anderen wird als Lernaufforderung an sich selbst formuliert. Explizit so: Das ist «commitment to transformational

---

9 Vorläufiges bei Hailer, Differenzen.
10 Murray, Ecumenism, 7.
11 A.a.O., 12.

receptivity» und kann als «the driving-motor of ecumenical engagement» gesehen werden.[12]

Receptive Ecumenism ist mindestens eine interessante Weiterentwicklung gegenüber der Idee zweier im Wesentlichen autonomen Kirchentümer. Es verlangt nicht – wie manche ehrgeizigeren ökumenischen Projekte – strukturelle Konsequenzen und lässt den eigenen Kirchentyp also bestehen. Wohl aber sieht das Projekt, dass die Begegnung mit der anderen Tradition die eigene verändern kann. Das wird vorsichtig angelegt, geht es doch um «transformation within traditions». Wer aber ernsthaft der anderen Konfession begegnet, wird davon doch nicht unberührt bleiben. *Receptive Ecumenism* hat überdies den nicht geringzuschätzenden Vorteil, dass es auf andere als evangelisch-katholische Begegnungen anwendbar ist, wogegen die Gegenüberstellung des lokativen und des temporalen Kirchentyps aus der in Deutschland klassischen Begegnungsweise kommt und sich mit Blick auf die weltweiten ökumenischen Verständigungsbemühungen dem Eindruck einer engen Fokussierung nicht ganz wird entziehen können.[13] Der tendenzielle Nachteil des Programms besteht darin, dass die Wechselseitigkeit des Verstehens zwar erhofft wird, in *Receptive Ecumenism* aber nicht angelegt ist.

An exakt diesem Punkt versuchen andere ökumenische Hermeneutiken weiterzukommen. Ohne dass ein direkter Zusammenhang zu Wilhelm von Humboldts Bildungsprogrammatik erkennbar wäre, setzen sie doch auf Denkmittel, die dessen Idee von der «Verknüpfung unsres Ichs mit der Welt zu der allgemeinsten, regesten und freiesten Wechselwirkung» (s.o.) erstaunlich nahekommen. Es handelt sich um Theorien der *Anerkennung* und des *Gabentausches*. Im Vorgriff gesagt: Gerade in der Wechselwirkung der beiden bereits in sich prominenten Konzeptionen wird sich das Proprium der hier gemeinten Konzeption zeigen.

Zunächst zu Phänomen und Thema der Anerkennung: Im deutschsprachigen Bereich sind vor allem die Arbeiten der Philosophen Axel Honneth und Paul Ricœur zur Sache bekannt geworden. Honneth fragt vorrangig nach ver-

---

12 A.a.O., 14.
13 Die weltweiten bilateralen Dialogergebnisse werden in den mittlerweile fünf voluminösen Bänden «Dokumente wachsender Übereinstimmung» gesammelt. Dass die Ökumene mittlerweile über die traditionellen Kirchentümer hinausreicht und z.B. das Gespräch mit charismatischen und pentekostalen Kirchen/Strömungen einschliesst, belegen u.a. «Lutherans and Pentecostals in Dialogue». Dieser Studienband ist bereits eine eher späte Frucht, vergleicht man ihn mit der Tatsache, dass die Gesprächsreihe zwischen der reformierten Weltgemeinschaft und den Pfingstlern 1996 begonnen wurde und 2018 bereits in die vierte Runde gegangen war; vgl. Institute for Ecumenical Research (Hg.), Lutherans. Für eine breitere Leserschaft hat die EKD 2021 die Studie Pfingstbewegung und Charismatisierung vorgelegt, vgl. Evangelische Kirche in Deutschland (Hg.), Pfingstbewegung.

schiedenen Formen der Anerkennung und kennt deren drei: (a) Anerkennung durch Liebe und Zuneigung, etwa in der Familie oder der Partnerschaft; (b) Anerkennung als Rechtssubjekt in einem rechtlich verfassten Gemeinwesen; (c) Anerkennung im Rahmen gemeinsamen solidarischen Handelns, etwa im Beruf oder in anderen Formen assoziierenden Handelns.[14] Ökumenische Anerkennung zwischen Konfessionen dürfte wohl am ehesten im Rahmen von Honneths Aspekt (c) zu denken sein, weil interkonfessionelle Beziehungen immer auch professioneller Natur sind und nie nur auf Zuneigung beruhen. Der «Dialog der Liebe», als der etwa anlässlich des Reformationsjubiläums der Kontakt der Evangelischen Kirche in Deutschland (EKD) zu orthodoxen Kirchen bezeichnet wurde, ist hoffentlich von ihr getragen, aber mindestens auch eine Angelegenheit des sachlichen Austausches.

Nicht im Gegensatz dazu, wohl aber als Ergänzung und mit anderen Akzentsetzungen, fragt Paul Ricœur, wie Prozesse der Anerkennung aussehen und wohin sie führen könnten. Bei dieser Gelegenheit macht er auf einen Umstand aufmerksam, der in der deutschsprachigen Debatte mitunter übersehen wird, aber im englischen Wort *recognition* mitschwingt, das sowohl «etwas als etwas (wieder-)erkennen» als auch «(jemanden) anerkennen» heissen kann. Der erste Fall ist gleichsam der häufigere und unproblematischere. Er lässt sich, ökumenehermeneutisch gewendet, auch von Vertreterinnen und Vertretern der eingangs dieses Abschnitts genannten Differenzökumene in Dienst nehmen: Das Gegenüber eben als Gegenüber wiederzuerkennen und zugleich sich der eigenen konfessionellen Textur bewusst zu werden, kann dann vollgültig als Anerkennung im Sinne der ersten Bedeutung von *recognition* gedacht werden. Ricœur erstrebt, dieses von ihm «Wiedererkennen» genannte Phänomen in Richtung auf ein faktisches wechselseitiges Anerkanntsein zu überschreiten.[15] Die hier gemeinten neueren Hermeneutiken in der Ökumene versuchen, ihm in genau diesem Schritt zu folgen, und machen dafür vom zweiten Leitbegriff, dem der Gabe, Gebrauch.[16]

Risto Saarinen zeigt in einer Analyse von Anerkennungsprozessen, dass in ihnen zweierlei zusammenkommt: Es geht einerseits um sachliche Auseinandersetzung und um die Klärung von Kenntnissen sowie Interessen. Soll aber tatsächlich von Anerkennung eines oder einer Anderen gesprochen werden können, dann geht dies nicht ohne einen Aspekt von Gabe: Derjenigen, die ich als Was-auch-immer anerkenne, überreiche ich zu diesem Zweck eine Gabe.

---

14 Vgl. Honneth, Kampf, 148–211; eine programmatische Formulierung in ders., Recht, 232.
15 Ricœur, Wege, 234–274, bes. 273. Zum hier nur genannten Verhältnis der Anerkennungstheorien Honneths und Ricœurs vgl. Hailer, Stellvertretung, 346–351.355 f.
16 Saarinen, Recognition; ders., Anerkennungstheorien. Ferner Hailer, Verständigung, und ders., Gift.

Diese Gabe macht die Anerkennung allererst zur Anerkennung. Anerkennung ist nicht merkantil oder bloss intellektuell:

«Letzten Endes müssen wir als Personen andere Personen anerkennen. [...] Diese Anerkennung kann sich nur als Gabe vollziehen; sie kann nicht verkauft oder gekauft werden, und sie kann ebenfalls nicht auf einen detaillierten Erkenntniszustand oder ein optimales Verhandlungsergebnis reduziert werden. Zu dieser Einsicht gehört im Weiteren die Wahrnehmung des Andersseins des Anderen: Wenn ich als Person eine andere Person anerkenne, bleiben wir trotzdem zwei verschiedene Personen. Sogar in dem glücklichen Fall einer völligen rationalen Übereinstimmung bleiben wir zwei Personen, die nicht nur diese Übereinstimmung manifestieren, sondern das jeweilige Person-Sein dieser Person. Aus diesem Grund braucht die Anerkennung letzten Endes den Mehrwert der Gabe und des Wohlwollens.»[17]

Ökumenisch gewendet: Wo zwei Kirchen etwa bei bleibenden Unterschieden die wechselseitige eucharistische Gastfreundschaft erklären, stellen sie nicht nur einen Sachverhalt fest und erklären, bezogen auf ihn einer Meinung zu sein: Sie überreichen wechselseitig etwas von sich, was das Gegenüber anders werden lässt und ihm zugleich verhilft, besser es selbst zu sein. Nichts anderes ist der Gelingensfall der Gabe.[18]

Hier, so die Behauptung, liegt ein echter Mehrwert für ökumenische Verständigungen und auf nichts Geringeres sollten sie hinauslaufen. Anerkennung ist dann qualifiziert mehr als das blosse Wiederkennen des Eigenen im Anderen. Es wird nicht ohne die adäquate Würdigung von Sachverhalten gehen, dies aber bliebe ohne einen Gabentausch zwischen Personen oder Personengruppen unvollständig.

Das beschreibt den Unterschied zwischen der sogenannten Rückkehrökumene aus konfessionalistischen Zeiten und der Dialogökumene recht deutlich. Wenn etwa Papst Pius XI. in der Enzyklika *Mortalium Animos* (1928) erklärte, nur die Rückkehr der sogenannten irrenden Brüder in den Schoss der Kirche Roms sei möglich, so beharrte er auf der völligen Übernahme seiner Wahrheitsüberzeugungen, offerierte aber keine Gabe, weil er damit seine Gegenüber nicht als Personen adressierte. «Werde wie ich», ist eben kein Satz der Anerkennung. Evangelische Überheblichkeiten, als denke man eben so nicht, sind angesichts fundamentalistischer Hermeneutiken im eigenen Lager übrigens nicht angebracht – auch heute nicht.

---

17 Saarinen, Anerkennungstheorien, 249.
18 Vgl. Hailer, Gift, 20–28.183–198.

Anerkennung ist mehr als Wahrnehmung. Letztlich gehört – um noch einmal Risto Saarinen zur Sache zu vernehmen – das Thema Anerkennung in eine Theologie der Liebe:

«Anerkennung ist eine Manifestation der Liebe. Kennzeichen für Liebe ist, dass Nächstenliebe die Wirklichkeit der Liebe eher manifestiert als Selbstliebe.»[19]

So gesehen ist es eben doch sachhaltig, wenn die Beziehungen zwischen den EKD-Kirchen und byzantinisch-orthodoxen Kirchen als der schon erwähnte «Dialog der Liebe» bezeichnet werden. Daran sollte festgehalten werden, gerade auch angesichts der manifesten Schwierigkeiten, den Dialog mit der Russisch-Orthodoxen Kirche trotz des russischen Angriffskriegs auf die Ukraine nicht abreissen zu lassen.[20]

3 Pädagogische Vollzüge und die ökumenische Hermeneutik

Bislang wurde behauptet, dass es sinnvoll ist, Wilhelm von Humboldts Bildungsideal nicht nur überhaupt als Mittel gegen die zweckorientierte Verödung der Bildungslandschaft, sondern auch für ein Verständnis der Bildung von Christenmenschen einzusetzen. Die Kernsätze waren:

Was Christenmenschen genannt zu werden verdienen, zeigt sich, [...] wenn sie ihr Ich mit der Welt der Christenheit in allgemeinste, regeste und freieste Wechselwirkung bringen. Was immer Christenmenschen noch lernen und

---

19 Saarinen, Anerkennungstheorien, 260.
20 Besuche hochrangiger Vertreter des Ökumenischen Rats der Kirchen (ÖRK) in Moskau, wie der des damaligen geschäftsführenden Generalsekretärs Ioan Sauca im Oktober 2022, sind im Sinne einer ökumenischen Hermeneutik der Anerkennung richtig: Sie signalisieren deren absolutes Mindestmass, nämlich die Bitte der ÖRK-Gesandtschaft, Prozesse dieser Art nicht abreissen zu lassen (vgl. Saarinens Rede von Suche nach Anerkennung als Minimalbedingung, Anerkennungstheorien, 245). Wäre die Äusserung des Moskauer Patriarchen, der Krieg sei von metaphysischer Bedeutung (so berichtet in der Frankfurter Allgemeinen Zeitung vom 08.03.2022), das letzte Wort der Russisch-Orthodoxen Kirche (ROK) in der Sache, dann freilich wäre sie noch weit hinter die Hermeneutik von «Mortalium Animos» zurückgefallen: Wer «metaphysisch» sagt, meint eine absolute Grenze zweier Bereiche. Westliche Christinnen und Christen sind dann Angehörige einer anderen Welt, und als solche kommen sie nicht einmal mehr als Rückkehrkandidatinnen und -kandidaten in Frage. Dieser Dualismus Markion'scher Machart war – und, sollte die ROK noch zu ihm stehen, ist – nur eines: blanke Häresie, die innerhalb der Kirche Christi keinen Ort hat.

wissen, dies Argument soll als kritischer Massstab an all ihr Lernen und all ihren Wissenserwerb angelegt werden.

Ist diese Adaption zulässig, dann ergibt sich recht mühelos ihre Passung zum vor allem von Risto Saarinen lernbaren Modell von ökumenischer Hermeneutik als Anerkennungsvorgang, der ohne ein Moment des Gabentausches nicht auskommt. An dieser Stelle folgen deshalb noch Hinweise auf religionspädagogische Theoriebildung und darauf, was aus ihr werden könnte. Das ist – aus dem Munde eines Nicht-Religionspädagogen – zum einen dilettantisch und zum anderen wohl auch nicht wenig idealistisch, weil die Schwierigkeiten des ganz normalen Schulalltags höchstens pauschal in die Überlegung einbezogen werden. Der Praxistest hat wohl zu folgen, aber ohne einen Blick, der das Gelingen für möglich hält, verkäme er zur allzu trockenen Versicherung. In diesem Sinne:

Es gibt derzeit in der Debatte in Deutschland zwei mehr oder weniger breit diskutierte Modelle bereits existierender oder noch zu schaffender Dialogizität in der – schulischen, worauf hier das Augenmerk gerichtet wird, der Breite der Disziplin jederzeit eingedenk[21] – Religionspädagogik: der konfessionell-kooperative Religionsunterricht (KoKoRU) einerseits und andererseits der für Niedersachsen geplante Christliche Religionsunterricht (CRU), der von römisch-katholischen Diözesen einerseits und evangelischen Landeskirchen verantwortet werden soll.[22] Wie also sähe ihrer beider *bene esse* aus, wenn das bisher Dargelegte halbwegs einzuleuchten vermag?

3.1 Konfessionell-kooperativer Religionsunterricht

In mehreren deutschen Bundesländern ist der sogenannte KoKoRU bereits eingeführt, er wird evaluiert und mittlerweile auch theologisch-interdisziplinär angeleitet.[23] Entsprechend aus- bzw. fortgebildete Lehrkräfte können so vorgehen, dass Religionsunterricht im Klassenverband gehalten und wechselweise von evangelischen und katholischen Lehrkräften erteilt wird, die im Auftrag ihrer Kirchen tätig sind und die jeweils andere konfessionelle Stimme zu Wort kommen lassen. Der Idealfall wäre der Unterricht mit zwei Lehrkräften, der noch immer recht günstige der des kurzfristigen Lehrkraftwechsels, der Normalfall freilich ist der Wechsel im Schuljahresrhythmus geworden. Haben wir es hier mit einer Lehr-Lernform zu tun, in der das «Ich mit der Welt

---

21 Eindrucksvoll bei Schröder, Religionspädagogik, 227–377.
22 Vgl. die Artikel von Woppowa und Nagel in diesem Band (Seiten 83–98 und 149–163).
23 Vgl. Kuld u. a. (Hg.), Religionsunterricht, und Schröder/Woppowa, Theologie.

der Christenheit in allgemeinste, regeste und freieste Wechselwirkung» gebracht wird?

Das ist weitgehend eine Frage an die Praxis, nicht an die Theorie. In Letzterer ist klar, dass eine gemischt-konfessionelle Lehrerinnen- und Lehrerschaft verantwortlich und durchführend sein muss und dass der KoKoRU nur da zu genehmigen ist, wo das halbwegs sicher auch der Fall ist. Die Praxiserfahrung mag vielerorts eine andere Sprache sprechen, zumindest da, wo KoKoRU aus erkenntlich organisatorischer Not ein- und durchgeführt wird. Das ist, die Nöte der schulischen Praxis bedenkend, nun nicht einfach zu benörgeln. Folgende terminologische Faustregel mag aber helfen, ein Mindestmass an Selbstkontrolle in den Schulen zu ermöglichen:[24] Es gibt den Unterschied zwischen *Ersatz* und *Repräsentation*. Ersetzt mich jemand, so tut er etwas *statt meiner*. Das kann mich entlasten oder aber eine Ersatzhandlung sein, die ich durchaus nicht gern sehe, aber hinnehme, weil ich selbst verhindert bin. Jedenfalls geschieht etwas ohne mich da, wo es eigentlich durch mich hätte geschehen sollen. Das Gegenstück, Repräsentation, meint: Jemand anderes tut etwas für mich, also so, dass ich an der anderen Stelle erscheine, vorhanden bin, obwohl ich physisch nicht dort sein kann. Wo das der Fall ist, liesse sich vom Gelingen konfessioneller Kooperation sprechen – zugleich übrigens von mindestens basalen Formen der Anerkennung, die den Namen verdienen. Das Mass der Möglichkeiten dafür ist – nicht zuletzt religionsdidaktisch – einigermassen beeindruckend.[25] Die Praktiker und Praktikerinnen des KoKoRU sollten durchaus in der Lage sein, einander gelegentlich und immer wieder die Frage zu stellen: Agieren wir ersatzweise füreinander oder repräsentieren wir einander? Gelegentliche Erfahrungen des Verfassers bei Schulbesuchen lassen leider an so manche Ersatzkonfigurationen denken. Wenn sie nicht für das ganze Bild stünden, wäre dies sehr zu begrüssen.

3.2 Christlicher Religionsunterricht

Die katholischen und evangelischen Kirchen Niedersachsens kündigen ihn an und haben dies u. a. durch eine Serie von Konsultationen durchaus eindrucksvoll auf den Weg gebracht: Gemeinsam soll der eine christliche Religionsunterricht an Niedersachsens Schulen ausgebracht werden. Es handelt sich um christlichen Bekenntnisunterricht, nicht etwa um ein religionskundliches Fach. Wohl aber wird die organisatorisch-konfessionelle Trennung aufgehoben. Die

---

24 Details bei Hailer, Kooperation, bes. 163 f.
25 Vgl. das von Bernd Schröder und Jan Woppowa erstellte Verzeichnis der konfessionell-kooperativen Lernformen in Schröder/Woppowa, Theologie, XI ff.

Breite der ökumenischen Verständigung, so die Organisatoren, sei so gross, dass der gemeinsame Unterricht inhaltlich vollumfänglich möglich ist.[26]

Und aus dem Blickwinkel der ökumenischen Hermeneutik? Hier sind zwei miteinander verbundene Argumente leitend:

1. Wer gemeinsam das Subjekt des bekenntnisgebundenen Religionsunterrichts ist, hat sich wechselseitig als in wahrer Weise bekennend anerkannt und damit als zur Kirche Jesu Christi gehörend. Dem CRU liegt, liest man es so, ein Anerkennungsprozess zugrunde, der die Gabe der Zuerkennung wahrer Kirchlichkeit impliziert. Dies in leichter Asymmetrie, da es der evangelischen Seite schon seit Langem möglich war, das Kirchesein Roms anzuerkennen. Festzuhalten ist es gleichwohl. Die Konsequenz ist: Nur den römisch-katholischen Diözesen, die die Gabe der Anerkennung des evangelischen Gegenübers als Kirche Christi überreichen können und wollen, ist das Mittun am CRU zu empfehlen. Wo es jedoch geschieht, da ist die religionspädagogisch verantwortete Ökumene weiter als die, die den Diözesen der römisch-katholischen Kirche sonst möglich zu sein scheint.

2. Es ist Zukunftsmusik und gegenwärtig schlicht noch nicht beurteilbar, ob die Praxis des CRU eine wechselseitig anerkennende Praxis ist oder ob sie sich in einer Pragmatik wiederfindet, die die weitgehende Deckung der Inhalte behauptet und alsdann zur Tagesordnung übergeht. Würde Letzteres der Fall werden, hätten wir es mit Anerkennung als blossem Wiedererkennen des Eigenen zu tun: Eine Seite begnügt sich damit, in der anderen die eigene Sachlichkeit in ausreichendem Mass dargestellt zu finden, *et vice versa*. Dass das mit Anerkennung, die den Namen verdient, nicht viel zu tun hat – wiewohl es als Sachmoment unverzichtbar ist –, sollte nach diesen Ausführungen einigermassen deutlich sein.

Vorausschauend auf die demnächst anstehende Praxis: Weil schon in der Grundlegung des Unternehmens CRU echte Anerkennung ausgesprochen wird – Argument 1 – sollte sie sich in seiner Praxis – Argument 2 – durchaus wiederfinden. Inwieweit dies andere und über das Inventar des konfessionell-kooperativen Religionsunterrichts hinausgehende Konsequenzen für die Fachdidaktik hat, ist zum jetzigen Zeitpunkt wohl kaum zu entscheiden und vielmehr Gegenstand künftiger Entwicklungen und Evaluationen. Dass der CRU dem Ideal, das «Ich mit der Welt der Christenheit in allgemeinste, regeste und freieste Wechselwirkung [zu] bringen», entsprechen könnte, ist ja immerhin möglich – und ihm jederzeit zu wünschen.

---

26 Grundlegung in: Gemeinsam verantworteter Christlicher Religionsunterricht.

Literaturverzeichnis

Algermissen, Konrad: Konfessionskunde, Celle [7]1957.

Dokumente wachsender Übereinstimmung. Sämtliche Berichte und Konsenstexte interkonfessioneller Gespräche auf Weltebene. Bd. 4: 2001–2010, hg. v. Johannes Oeldemann, Friederike Nüssel, Uwe Swarat, Athanasios Vletsis, Paderborn/Leipzig 2012.

Dokumente wachsender Übereinstimmung. Sämtliche Berichte und Konsenstexte interkonfessioneller Gespräche auf Weltebene. Bd. 5: 2011–2019, hg. v. Johannes Oeldemann, Friederike Nüssel, Uwe Swarat, Athanasios Vletsis, Paderborn/Leipzig 2021.

Evangelische Kirche in Deutschland (Hg.): Pfingstbewegung und Charismatisierung. Zugänge – Impulse – Perspektiven, Leipzig 2021.

Gemeinsam verantworteter Christlicher Religionsunterricht. Ein Positionspapier der Schulreferentinnen und Schulreferenten der evangelischen Kirchen und katholischen Bistümer in Niedersachsen, Hannover 2021; https://www.religionsunterricht-in-niedersachsen.de/christlicherRU/papiere.

Hailer, Martin: Differenzen in der Bekenntnishermeneutik der Konfessionen, in: *Hafner, Johann Ev./ Hailer, Martin (Hg.):* Binnendifferenzierung und Verbindlichkeit in den Konfessionen, Frankfurt a. M. 2010, 130–147.

Hailer, Martin: Ökumenische Verständigung als Gabentausch, in: Theologische Quartalschrift 197 (2017) 320–336.

Hailer, Martin: Stellvertretung. Studien zur theologischen Anthropologie, Göttingen 2018.

Hailer, Martin: Gift Exchange. Issues in Ecumenical Theology, Leipzig 2019.

Hailer, Martin: Konfessionelle Kooperation – Plausibilität, Chancen und Grenzen in ökumenischer Perspektive, Zeitschrift für Pädagogik und Theologie 72 (2020) 158–168; DOI: 10.1515/zpt-2020-0018.

Herms, Eilert: Von der Glaubenseinheit zur Kirchengemeinschaft, 2 Bände, Marburg 1989–2003.

Herms, Eilert/Žak, Lubomir (Hg.): Grund und Gegenstand des Glaubens nach römisch-katholischer und evangelisch-lutherischer Lehre, Tübingen 2008.

Herms, Eilert/Žak, Lubomir (Hg.): Sakrament und Wort im Grund und Gegenstand des Glaubens. Theologische Studien zur römisch-katholischen und evangelisch-lutherischen Lehre, Tübingen 2011.

Honneth, Axel: Kampf um Anerkennung. Zur moralischen Grammatik sozialer Konflikte, Berlin [7]2012.

Honneth, Axel: Das Recht der Freiheit. Grundriß einer demokratischen Sittlichkeit, Berlin 2011.

Humboldt, Wilhelm von: Theorie der Bildung des Menschen. Bruchstück, in: *Flitner, Andreas/Giel, Klaus (Hg.):* Werke I, Darmstadt ³1980, 234–240.
Institute for Ecumenical Research (Hg.): Lutherans and Pentecostals in Dialogue, Strasbourg 2010.
Körtner, Ulrich H. J.: Ökumenische Kirchenkunde, Leipzig 2018.
Kuld, Lothar/Schweitzer, Friedrich/Tzeetzsch, Werner/Weinhard, Joachim (Hg.): Im Religionsunterricht zusammenarbeiten. Evaluation des konfessionell-kooperativen Religionsunterrichts in Baden-Württemberg, Stuttgart 2009.
Murray, Paul D.: Receptive Ecumenism and Catholic Learning – Establishing the Agenda, in: *ders. (Hg.):* Receptive Ecumenism and the Call to Catholic Learning. Exploring a Way for Contemporary Ecumenism, Oxford 2008, 5–23.
Ricœur, Paul: Wege der Anerkennung. Erkennen, Wiedererkennen, Anerkanntsein, Frankfurt a. M. 2006.
Saarinen, Risto: Anerkennungstheorien und ökumenische Theologie, in: *Bremer, Thomas/Wernsmann, Maria (Hg.):* Ökumene – überdacht. Reflexionen und Realitäten im Umbruch, Freiburg i. Br. 2014, 237–261.
Saarinen, Risto: Recognition and Religion. A Historical and Systematic Study, Oxford 2016.
Schröder, Bernd: Religionspädagogik, Tübingen ²2021.
Schröder, Bernd/Woppowa, Jan (Hg.): Theologie für den konfessionell-kooperativen Religionsunterricht. Ein Handbuch, Tübingen 2022.
Slenczka, Notger: Theologie der reformatorischen Bekenntnisschriften. Einheit und Anspruch, Leipzig 2020.
Terhart, Ewald: Lehrerberuf und Professionalität: gewandeltes Begriffsverständnis – neue Herausforderungen, in: *Helsper, Werner/Tippelt, Rudolf (Hg.):* Pädagogische Professionalität, Weinheim/Basel 2011, 202–224.

Ökumene.Macht.Bildung.

(M)Achtsamkeit als Aufgabe ökumenischen Lernens

Jasmine Suhner

1 Einführung: Wechselseitige Verflechtungen von Ökumene, Macht und Bildung

Inwiefern prägen die unterschiedlichen und sich verändernden Stärken der Konfessionen in der Schweiz zur Zeit deren (Zusammen-)Wirken? In welcher Weise beeinflussen Alter, Gender oder Finanzstärke der beteiligten Akteur:innen das Entstehen eines ökumenischen Bildungsprojekts? Welche Machtdynamiken prägen gegenwärtig die Ausbildung von Katechet:innen oder Religionspädagog:innen? Was gibt oder nimmt einer Konfession, einer (Landes-)Kirche, einem Institut Deutungs- oder Gestaltungsmacht?

Fragen, die das tägliche Wirken und Kooperieren von Religionen und Konfessionen unweigerlich prägen. Das Neben- und Miteinander von Individuen, Landeskirchen, Bistümern, Instituten oder Bildungshäusern, ebenso die jeweiligen Systeme, Strukturen, Hierarchien beeinflussen das religionspädagogische Arbeiten. Entsprechende Dynamiken verhindern oder fördern gelebte Ökumene. Das Ziel eines aktiven, effizienten Kooperierens braucht Denk- und Handlungswege, die diese verschiedenen Machtdynamiken ins Bewusstsein rufen.

Seit Mitte des 20. Jahrhunderts haben sich verschiedene kulturwissenschaftliche Diskurse entwickelt, die sich mit Machtdynamiken befassen. Sogenannte Postcolonial Studies haben sich besonders in Ländern des globalen Südens sowie in englischsprachigen Diskursen etabliert, versuchen koloniale Erfahrungen und Prägungen wahrzunehmen, kritisch zu reflektieren und Wege einer befreienden Praxis zu entwickeln. In theologischen Diskursen werden solche Ansätze im Zusammenhang mit kontextueller Theologie, interkultureller Theologie und als postkoloniale Theologie entfaltet. Über postkoloniale Ansätze hinaus beschäftigen sich weitere Diskurse in ganz grundsätzlicher Weise mit dem Ziel, einen achtsamen Umgang mit Macht zu fördern. Bei solchen machtbewussten Ansätzen liegt der erste Ausgangspunkt dieses Beitrags.

Der zweite Ausgangspunkt ist die Notwendigkeit dialogischen Lernens: Moderne Gesellschaften mit ihren vielfältigen Heterogenitäten machen dialogisches Lernen – den Umgang mit Fremdheit – zu einer zentralen Aufgabe öffentlich-staatlicher sowie religiös-weltanschaulicher Bildung.

Die Relevanz religiös-dialogischen Lernens mit machtbewusster Reflexion zu verknüpfen, ist Absicht dieses Beitrags. Der Fokus liegt dabei exemplarisch auf ökumenischem Lernen als einem spezifischen Fall religiös-dialogischen Lernens. Die modernen ökumenischen Entwicklungen im 20. und 21. Jahrhundert waren und sind geprägt von hegemonialen Universalitätsansprüchen, patriarchalischen Denk- und Handlungsstrukturen, eurozentrischer Deutungsmacht. Lernprozesse sind überdies unausweichlich mit manchen Asymmetrien verknüpft. Insgesamt ist ökumenisches Lernen unweigerlich mit Machtthemen, Machtfragen, Machtdynamiken verbunden. Es muss sich aus theologischen, pädagogischen, politischen, gesellschaftlichen und rechtlichen Gründen damit auseinandersetzen.

Der vorliegende Beitrag widmet sich diesen wechselseitigen Verflechtungen von Ökumene, Macht und Bildung. Ökumene wird dabei normativ gesetzt als ein auch öffentlich relevanter Lernprozess. Was dieser Beitrag angesichts der Kürze nicht leisten kann, ist eine religionspädagogische Theorie der Macht. Die Absicht ist vielmehr, grundlegende Perspektiven auf die Herausforderung und Aufgaben ökumenischen Lernens hinsichtlich machtbezogener Aspekte zu eröffnen. Der Beitrag beginnt mit einem kurzen Überblick zur Vielfalt klassischer sowie partizipativer Machtverständnisse und -theorien (2). Daran schliessen sich Ausführungen zu machtbewussten Ansätzen in ökumenischen Diskursen an, unter anderem postkolonial-theoretische, rezeptiv-ökumenische, interkulturell-theologische Perspektiven (3). In Kapitel 4 wird der Fokus auf entsprechende Lernprozesse gelegt. Der Beitrag schliesst mit Impulsen für (m)achtsames[1] öffentlich-vernetztes, ökumenisches Lernen (5).

2 Machtbegriff, Machttheorien, Machtdiskurse: ein Ultrakurz-Überblick

Macht. Ein Phänomen, das in jedem sozialen Gebilde vorhanden ist. Jede Interaktion, jedes religiöse System, jeder Lernprozess ist geprägt durch Relations- und Machtdynamiken.

Wenn wir Machtdynamiken in ökumenisch-religionspädagogischen Kontexten wahrnehmen und verstehen wollen, dann kommen wir nicht umhin, uns

---

[1] Die Ausführungen dieses Kapitels zu Macht sowie der Begriff der «(M)Achtsamkeit» beruhen auf einer gemeinsamen Arbeit und Publikation mit meiner Kollegin PD Dr. Sabrina Müller im homiletischen Kontext: Müller/Suhner, Jenseits. Die Urheberinnen dieses Begriffs sind sich dabei durchaus dessen sprachlogischer und semantischer Unmöglichkeit bewusst. Der durchaus auch etwas sperrig-spielerische Neologismus wird dennoch gewagt.

in der Vielzahl der zahlreichen Machtdefinitionen einen Überblick zu verschaffen. Dies ist kein leichtes Unterfangen: Macht zeigt sich auf verschiedenen Ebenen, wendet sich in unterschiedliche Richtungen, tritt in diversen Masken auf.

2.1 Zum Begriff und Begriffsfeld Macht

Etymologisch lässt sich das Wort Macht auf die beiden indogermanischen Wurzeln *mag-* (kneten, pressen, formen, bilden) und *magh* (können, vermögen, fähig sein) zurückführen. Im Althochdeutschen, Altslawischen und Gotischen drückt das Verb *magan* eine Fähigkeit aus, ein Vermögen. In der deutschen Alltagssprache begegnet dies etwa noch im Ausdruck «jemand vermag etwas zu tun».[2] Der Machtbegriff lässt sich nicht trennscharf abgrenzen von themennahen Begriffen wie Herrschaft, Gewalt, Einfluss, aber auch Verantwortung, Charisma oder Wahrheitsanspruch. Das Verhältnis von Macht und Gewalt zum Beispiel kann in verschiedenen Machttheorien ganz unterschiedlich gefasst werden: So wird Gewalt manchmal als Grundlage für Macht, manchmal als Gegenbegriff dazu verstanden.

Die Fähigkeit zu tun und zu handeln und dadurch Einfluss zu nehmen, ist die ursprünglichste Gestalt der Macht. Anthropologisch und psychologisch wird die Macht gelebt und erlebt «als Bewusstsein des Beherrschens, als Empfindung der eigenen Möglichkeit. Es ist die Fähigkeit, das Mögliche wirklich zu machen.»[3] Joseph Nuttin hat deshalb in seiner berühmten Theorie der menschlichen Motivation vom «Vergnügen der Kausalität»[4] gesprochen. Macht als Handlungs- und Wirkungsmöglichkeit also. Frustration und Ohnmacht erleben wir hingegen im Fehlen von Handlungsmöglichkeiten.

Diese Fähigkeit zu handeln, selbstwirksam zu sein, wird auch als *personale* Macht definiert. Personale Macht kann sich dann als *selbstbezügliche* Macht zeigen, wenn sie auf sich selbst gerichtet wird, oder als *soziale* Macht, wenn sie auf andere gerichtet wird. In der Scholastik wurde für diese beiden Arten zwischen monastischer Macht und politischer Macht unterschieden.[5]

Weiter ist zu unterscheiden zwischen konstituierender Macht und konstituierter Macht. Hinter *konstituierender Macht* steht eine individuelle Person oder Personengruppe. Eine solche Macht kann sich jedoch verfestigen: in Architektur, Dogmen, Infrastruktur und mehr. Dadurch wird sie zu einer *konstituierten*

---

2 Gerhardt, Willen, 10 f.
3 Marina, Passion.
4 Nuttin, Future.
5 Vgl. Marina, Passion, 23 f.

Macht, die sich also von der ursprünglich begründenden (personalen) Macht löst und an nicht-personale Phänomene geknüpft wird.[6]

Insgesamt meint Macht das Einflussnehmen auf (eigene oder fremde) Denk- und Verhaltenswahrscheinlichkeiten. Macht ist damit stets ein relationaler und systemisch zu verstehender Begriff.[7]

2.2 Machttheorien und -diskurse

Zu den bekanntesten Machttheorien der letzten Jahrhunderte gehören jene von Niccolò Machiavelli, Thomas Hobbes, Immanuel Kant, Friedrich Nietzsche, Max Weber, Hannah Arendt, Michel Foucault und Karl Marx.

Die in den deutschsprachigen Sozialwissenschaften am häufigsten zitierte Machtdefinition stammt von Max Weber (1864–1920):

«Macht bedeutet jede Chance, innerhalb einer sozialen Beziehung den eigenen Willen auch gegen Widerstreben durchzusetzen, gleichviel worauf diese Chance beruht.»[8]

Weber hat Macht nicht als Besitz verstanden, sondern denkt sie als handlungsbezogen innerhalb einer sozialen Beziehung.[9] Als Unterform von Macht definiert Weber «Herrschaft» als «die Chance, für einen Befehl bestimmten Inhalts bei angebbaren Personen Gehorsam zu finden».[10] Herrschaft ist also institutionalisierte Macht. Nach Weber gibt es drei legitime Gründe für institutionalisierte Macht: solche *rationalen* Charakters, die sich auszeichnet durch den «Glauben an die Legalität gesatzter Ordnungen und des Anweisungsrechts der durch sie zur Ausübung der Herrschaft Berufenen»; solche *traditionalen* Charakters, die sich auf das Vertrauen auf «die Heiligkeit von jeher geltender Traditionen und die Legitimität der durch sie zur Ausübung Berufenen» beruft; schliesslich solche *charismatischen* Charakters, die basiert auf dem Vertrauen auf die «Hingabe an die Heiligkeit oder die Heldenkraft oder die Vorbildlichkeit einer Person»[11]. Alle diese Formen institutionalisierter Macht sind auch in kirchlichen, konfessionellen wie ökumenischen, Kontexten anzutreffen: Der *rationale* Charakter etwa im Blick auf jene Kriterien, die festlegen, ab wann eine Person als offiziell, institutionell anerkannte Person gilt (etwa ab einem bestimmten Ausbildungs-

---

6 Vgl. a. a. O., 33.
7 Vgl. Inhetveen, Macht, 256–258.
8 Weber, Wirtschaft, 28.
9 Vgl. Anter, Theorien, 58.
10 Weber, Wirtschaft, 28.
11 A. a. O., 124.

grad). Der *traditionale* Charakter zeigt sich z. B. in gewissen Ritualen, Regeln und Titeln; der *charismatische* Charakter schliesslich überall, wo zum Beispiel die entsprechende paulinische Deutung am Horizont des Denkens steht.

Neben Webers Machttheorie ist insbesondere jene der Philosophin Hannah Arendt (1906–1975) im deutsch- und englischsprachigen Kontext bis heute prägend. Ihre Theorie zählt zu jenen, die mit Dimensionen von geteilter Macht und Ermächtigung arbeiten. Macht gründet für Arendt zunächst auf der Tatsache, dass sich Handelnde aufeinander *beziehen* können:

«Macht aber besitzt eigentlich niemand, sie entsteht zwischen Menschen, wenn sie zusammen handeln, und sie verschwindet, sobald sie sich wieder zerstreuen.»[12]

Macht gründet nach Arendt zusätzlich auf der Tatsache, dass Handelnde sich nicht nur aufeinander beziehen können, sondern dass Handelnde etwas *gemeinsam vollziehen*. Dies aus folgendem Grund: Da in der Praxis nicht die Befehlenden, sondern die Gehorchenden über den Vollzug einer Handlung entscheiden, bemisst sich die Macht einer Handlung an der *Qualität der Mitwirkung aller* von der Handlung Betroffenen. Wirkliche Macht kommt nach Arendt also nur zustande, wenn sie auf die *aktive Unterstützung* der beteiligten Personen zählen kann. Dies bedeutet dann aber auch, alle (möglichen) Beteiligten ernst zu nehmen und zur gleichen Handlungsfähigkeit zu ermächtigen. Insgesamt zählt Arendts Machtverständnis damit zu den *konsensuellen* Machttheorien. Das heisst, Macht entsteht nach ihr nicht durch die Unterdrückung von Gegner:innen, sondern durch die *Erlangung von Zustimmung (Konsens).*

Arendt hat die politische Theorie des 20. Jahrhunderts mit ihren machttheoretischen Ausführungen erheblich herausgefordert.[13] Gerade weil sie Macht in einem weiten Sinn im Zusammenhang mit Partizipation und Ermächtigung versteht, wird sie von zahlreichen postkolonialen Theoretiker:innen aufgenommen und oft als Ausgangspunkt für Anliegen wie Egalität, Solidarität und Demokratie gelesen.

2.3 (M)Achtsamkeit

Macht ist in keiner der genannten Formen per se abzuwerten. Vielmehr ist Macht eng verknüpft mit Fragen nach Werten, auch mit dem «Hüten» von Werten, mit Verantwortung, Kompetenzen, Führungs- oder Entscheidungsfä-

---

12 Arendt, Vita, 194.
13 Vgl. Arendt, Macht und Gewalt; vgl. Wischke/Zenkert, Macht.

higkeit. Macht hat gewissermassen eine Blickrichtung, eine positive oder negative Wirkungsperspektive: Die Macht durch eine Position kann missbraucht werden, wenn die Aufgaben dieser Position nicht erfüllt werden. Die charismatische Macht eines Menschen kann ein ökumenisches Projekt zum Leben erwecken oder Gruppen entzweien. Strukturelle Machtdynamiken können Ängste um Deutungsmachtverlust schüren oder Individuen ermächtigen. Kurz: Macht ist stets (auch) eine soziale Ressource. Dadurch können Lernende gefördert, Benachteiligte gefördert, Diskriminierung benannt, ungerechte Strukturen verändert und den Nicht-Gehörten eine Stimme gegeben werden. Dort, wo ein Umgang mit Machtdynamiken bewusst, gesellschaftlich verantwortlich, lebensfördernd und achtsam ist, spreche ich im Folgenden von «(m)achtsam» bzw. «(M)Achtsamkeit»[14].

(M)Achtsamkeit lässt sich theologisch vielseitig verankern. An dieser Stelle wird lediglich exemplarisch auf Apg 2 – die von der Sprach- und Verständnisfähigkeit vieler Menschen berichtet – und auf das «Priestertum aller Gläubigen» – gewissermassen Ermächtigung aller Gläubigen – hingewiesen. Ein derart achtsames, konsensuelles oder partizipatives Verständnis von Macht stellt für kirchliche – konfessionelle wie ökumenische – und insbesondere interreligiöse Kontexte aber unbequeme Fragen nach Egalität, Solidarität, Demokratie und Partizipation.

3 Ökumene zwischen Macht und (M)Achtsamkeit

Wie wurde und wird das neu mit (M)Achtsamkeit bezeichnete Phänomen im ökumenischen Diskurs der vergangenen Jahrzehnte rezipiert? Dieser Frage widmet sich dieses Kapitel: zunächst historisch mit einem Fokus auf dem Verhältnis postkolonialer und ökumenischer Bestrebungen (3.1), anschliessend anhand verschiedener Schlüsselbegriffe (3.2). Die Ausführungen bleiben angesichts der Kürze skizzenartig, sollen jedoch zum Weiterdenken anregen. Besonders unter 3.2 werden über postkoloniale Dimensionen hinaus generell (m)achtsame Ansätze genannt – denn nicht jeder postkoloniale Ansatz nimmt sämtliche Machtdynamiken und entsprechende Fragen und Aufgaben auf, um die es bei (M)Achtsamkeit geht.

---

14 Diesen Begriff haben meine Kollegin PD Dr. Sabrina Müller und ich gemeinsam entwickelt, vgl. Fussnote 1.

3.1 Zum Zu- und Miteinander ökumenischer und postkolonialer Bestrebungen

Nicht im Sinne einer «Geburtsstunde», aber dennoch als wichtiger Entwicklungsschritt der ökumenischen Bewegung ist die grosse Missionskonferenz in Edinburgh 1910 zu nennen. In Folge dieser Missionskonferenz fanden zahlreiche weitere ökumenische Konferenzen statt: u. a. die Weltkirchenkonferenz für praktisches Christentum in Stockholm 1925; die Weltkirchenkonferenz für Glauben und Kirchenverfassung in Lausanne 1927; die Gründungskonferenz des Ökumenischen Rates der Kirchen in Amsterdam 1948; schliesslich das Zweite Vatikanische Konzil der katholischen Kirche 1962 bis 1965. Verschiedenste ökumenische Konferenzen fanden auch im globalen Süden statt. Diese sind umso relevanter angesichts der Tatsache, dass das Christentum im Laufe des 20. Jahrhunderts eine eindeutige Verschiebung des Schwerpunkts von Europa und Nordamerika in den globalen Süden erlebt hat.[15]

Die von den postkolonialen Theorien ausgehende Bewegung begann etwas später als die ökumenische Bewegung des 20. Jahrhunderts. Ihren Ursprung hat sie im Befreiungskampf der Kolonien des globalen Südens. In akademischer Hinsicht gilt Edward Saids Publikation «Orientalism» (1978)[16] als ein Grundstein postkolonialer Theorie. Seine Pointe liegt in der These, dass im Rahmen des kolonialen Diskurses sowohl «der Westen» als auch «der Orient» diskursiv produziert werden; und dabei «Orient» durch die europäischen Kolonialmächte als das minderwertige Andere im Vergleich zu Europa konstituiert werde. Fast gleichzeitig entwickelte sich im spanischsprachigen lateinamerikanischen Raum eine Tradition dekolonialen Denkens.[17] Gemeinsam ist postkolonialen und dekolonialen Ansätzen die kritische Reflexion binären Denkens in der Begegnung von Kulturen und das Untersuchen jener Logik sozialer, wirtschaftlicher, politischer und religiöser machtgeprägter Beziehungsdynamiken, die durch (Neo-)Kolonialismus entstanden sind – und nach wie vor, bewusst oder unbewusst, aufrechterhalten werden.

«Dabei spielen die Offenlegung (unbewusster) hegemonialer und kolonialer Denk- und Machtstrukturen, aber auch der verschiedenen Formen von Widerstand gegen diese Denk- und Machtstrukturen eine wichtige Rolle.

---

15 Dies sind nur wenige historische Entwicklungen wesentlich der *mainstream churches*, unzählige weitere Initiativen wären zu nennen.
16 Vgl. Said, Orientalismus.
17 Vgl. Fornet-Betancourt, Antiimperialismusbewegung, 24–59.

Das Ziel dabei ist nicht Einheit, sondern vielmehr eine möglichst differenzierte, und binären Zuschreibungen wehrende, Beschreibung spezifischer (kultureller) Verhältnisse.»[18]

Die ökumenische Bewegung hat als wesentliches Ziel die Förderung christlicher Zusammengehörigkeit. Sie ist also primär ein theologisches Unterfangen. Postkoloniale Theorien hingegen sind ein multi- und interdisziplinäres Unternehmen, die «den selbstgefälligen Universalismus westlichen Denkens kritisch»[19] reflektieren.

Die ökumenische und die postkoloniale Bewegung berühren sich in ihrer ethischen Ausrichtung, in ihrer Auseinandersetzung mit der Vergangenheit, und dies insbesondere im Zusammenhang mit Machtdynamiken, Spaltungen, Vereinnahmungen. Beiden Bewegungen eignet ein «Bewusstsein von der Wichtigkeit des globalen Zusammenhangs religiöser bzw. kultureller Verhältnisse und damit auch in unterschiedlichem Ausmaß von der Spannung zwischen lokalem Kontext und globaler Verbindung, Partikularität und Universalität»[20]. Postkoloniale Theorien sind nicht zwingend zur Auseinandersetzung mit der ökumenischen Thematik aufgefordert (wenn auch unbedingt mit generell religionsbezogenen Dimensionen); die ökumenische Bewegung hat aber unweigerlich mit kolonialen Bewegungen und deshalb mit postkolonialer Theorie zu tun.

So wurde etwa bei der Gründung der Ecumenical Association of Third World Theologians (EATWOT), 1976, explizit benannt, dass ein koloniales Ungleichgewicht auch in der ökumenischen Bewegung zu Brüchen geführt habe. Ziel der Initiative EATWOT war es, sich von der Dominanz westlichen Denkens zu befreien und Theologie aus der Perspektive der «Dritten Welt» zu fördern. Die damals gegründete Zeitschrift «Voices from the Third World»[21] ist bis heute ein wichtiges Medium für theologische Stimmen des globalen Südens. Auch die Vollversammlung des Ökumenischen Rates 1968 hat Spaltungen aufgrund globaler ökonomischer und nicht zuletzt ethnischer Ungerechtigkeit in den Blick genommen. In einem Dokument des Ökumenischen Rates der Kirchen von 2013 wird eingestanden, dass die mit kolonialen Bestrebungen eng verflochtene Missionsarbeit die «Kulturen häufig verleumdet und die Weisheit lokaler Bevölkerungen»[22] nicht anerkannt habe.

---

18 Nausner, Aspekte, 59.
19 Ebd.
20 Ebd.
21 Vgl. Voices EATWOT's Theological Journal.
22 Zit. nach Nausner, Kulturspezifische und kosmopolitische Aspekte, 61.

Aus postkolonialen Ansätzen heraus haben sich postkoloniale *Theologien* entwickelt:

«Postcolonial theology emerges at the junction of approaches from the theological margins: liberation theology, contextual theology and intercultural theology.»[23]

Postkoloniale Theologien inspirieren und beeinflussen wiederum ökumenische Diskurse. Im Zentrum stehen dabei diverse Schlüsselbegriffe: Hybridität, Intersektionalität, Rezeptive Ökumene, Empowerment.

3.2 Schlüsselbegriffe (m)achtsamer ökumenischer Bewegungen

Hybridität

Der britische postkoloniale Theoretiker und Historiker Robert J. C. Young definiert Hybridisierung als den Prozess der Mischung aus zwei oder mehr Dingen (häufig: Kulturen). Hybridisierung führe zusammen und verschmelze – halte aber dennoch die Trennung aufrecht.[24] Verschiedene Arten der Vermischung können indes zu unterschiedlichen Resultaten führen: Manchmal dominiert eine Leitkultur die andere(n) Kultur(en), in anderen Fällen kommt es zu einer substanziellen Kombination von Kulturen. Grundsätzlich kreiert, so Young, die Hybridität neue Räume des Dialogs oder gar des Seins. Vermischungsprozesse finden letztlich in den Erfahrungen des einzelnen Menschen statt.[25] Homi Bhabha erweiterte diese Auffassung von Hybridität um Formen der Gegenautorität: In einem «dritten Raum»[26] entstünden bei der Vermischung von Kulturen Qualitäten oder Elemente, die aus keiner der beiden oder mehreren ursprünglichen Kulturen stammen. Auf diese Weise kreiere Hybridität substanziell Neues, etwa auch neue Wege der Artikulation von Religion.

Gemäss dieser Sichtweise bringen ökumenischer Dialog und ökumenisches Lernen Kulturen und Konfessionen vermischend zusammen. Ökumenische Begegnungen sind dabei sogenannte *contact zones*: «Zonen des Aushandelns von Unterschieden, des transkulturellen Verkehrs in verschiedene Richtungen».[27] Allerdings ist das Konstrukt stabiler konfessioneller Identität kritisch zu hinterfragen. Die Theologin Claudia Jahnel fordert dazu auf, die kulturtheo-

---

23 Kopiec, New voices, 19.
24 Zum Folgenden vgl. Young, Desire, 22.
25 Vgl. ebd.
26 Bhabha, Commitment, 13.
27 Jahnel, Ökumene, 14.

retischen Einsichten in die Unmöglichkeit einer «reinen» kulturellen Identität auch in der Ökumene zu beachten. Ebenso ist das Phänomen der Mehrfachzugehörigkeit, wie es sich vornehmlich in Migrationsgemeinden beobachten lässt,[28] ein Beispiel für diese Vermischung: «Auf der Makroebene», so der Theologe André Munzinger, «sind demnach Kulturen aufgrund weitreichender interner Differenzierungsprozesse nicht homogen; auf der Mikroebene bilden Personen, die aus verschiedenen Kulturen stammen, neue kulturelle Synthesen.»[29] Solche Mehrfachzugehörigkeit gehört gemäss Munzinger «zur Logik der Migration und der Globalisierung von Narrativen».[30] Gerade die Anerkennung einer solchen Logik der Hybriditäten und Mehrfachzugehörigkeit ist jedoch für einen ökumenischen Diskurs, der nach wie vor oft vermeintlich klaren konfessionellen Kategorien verhaftet bleibt bzw. die Machtdynamiken beim Ausschluss hybrider Identitäten unbeachtet lässt, eine Herausforderung.[31]

Intersektionalität

Der Begriff der Intersektionalität macht darauf aufmerksam, dass Menschen mehrere und sich überschneidende Machtdynamiken gleichzeitig erleben können. Anstatt diesbezüglich «monoperspektivisch» zu denken, also nur eine genderbezogene oder ausschliesslich eine ethnische oder lediglich eine körperbezogene Perspektive usw. einzunehmen, stützen sich intersektionale Analysen auf ein «Sowohl-als-auch». Sie berücksichtigen die Komplexität und die Widersprüche des gleichzeitigen Erlebens von Positionen der Dominanz und der Unterordnung. Intersektionalität ist dabei nicht nur ein Begriff der theoretischen Fachdebatte. Die Betonung gemeinsamer Erfahrungen ist auch ein Mittel zur Koalitionsbildung – um letztlich auf soziale Gerechtigkeit hinzuarbeiten. Das heisst, Intersektionalität als Ansatz zielt explizit auf Handeln für Gerechtigkeit ab. Die intersektionale Theologie, wie Grace Ji-Sun Kim und Susan M. Shaw sie definiert haben,[32] setzt bei gelebten Erfahrungen, also bei der Basis an. Als Praxis ruft sie zu Widerstand und Aktivismus in einem globalen Kontext auf. Vivian May, Professorin für Woman's and Gender Studies, betont überdies, dass eine intersektionale Sichtweise nicht nur für Angehörige untergeordneter Gruppen gilt, sondern als Aufruf zur Reflexion jeglicher Machtdynamiken zu

---

28 Zu Migration und postkolonialen Perspektiven darauf vgl. Jahnel, Migration, 41–60.
29 Munzinger, Ökumene, 188–202.
30 Ebd.
31 Vgl. Günes/Kubik/Steins, Macht.
32 Vgl. Kim/Shaw, Theology.

verstehen ist. Jeder Mensch hat eine facettenreiche Identität in Bezug auf Ethnie, Geschlecht, Sexualität, Fähigkeiten etc.[33]

Theologische, gerade auch ökumenische, also Begegnung und Verstehen anstrebende, Arbeit genügt hier insofern ihrem eigenen Kern erst und nur, wenn jede:r Einzelne *proaktiv* entsprechende hindernde Machtdynamiken angeht.

Rezeptive Ökumene

Der Aufgabe bewusster Achtung vor dem Gegenüber widmet sich auch der Ansatz der Rezeptiven Ökumene. Diese hat, unter anderem auf Basis einer postliberalen Theologie, der es darauf ankommt, Lebenswirklichkeiten zu finden,[34] eine Methode ökumenischen Begegnens und Lernens entwickelt, die primär von Respekt vor dem Reichtum konfessioneller und spiritueller Unterschiede lebt. Der Fokus gilt nicht der begrifflichen Klärung oder aktiven Formulierung der eigenen Identität, sondern einer (nicht weniger aktiven) «transformierenden Empfänglichkeit» (*transformative receptivity*).[35] Nicht die Behauptung der eigenen Identität, sondern, im Anschluss an Emmanuel Lévinas, die Aufmerksamkeit für die eigene Verantwortung angesichts Anderer steht im Vordergrund.[36] Man könne, so Paul D. Murray, einer der Theoretiker der Rezeptiven Ökumene, nur sich selbst verändern, und das am besten im Angesicht der Anderen und durch die Anderen.[37]

Die Methoden der Rezeptiven Ökumene sind nicht neu:

> «Receptive Ecumenism has potential as a potent postcolonial method because Receptive Ecumenism offers tools that allow there to be dialogue among Christians who are particularly divided within denominations along lines created by colonialism, largely because of its posture of learning and listening.»[38]

Die Tatsache der häufigen Zitierung dieses Ansatzes mag als Zeichen dafür gedeutet werden, dass diese Methoden eben noch nicht zum selbstverständlichen Repertoire der Ökumene zählen. In vielerlei Hinsicht der Rezeptiven Ökumene ähnlich ist das Helsinkier Anerkennungsprojekt.[39] Dieser primär akade-

---

33 Vgl. May, Intersectionality.
34 Vgl. Murray, Introducing Receptive Ecumenism, 4.
35 Vgl. Murray, Receptive Ecumenism and Catholic Learning, 289.
36 Vgl. a.a.O., 290.
37 Vgl. a.a.O., 292.
38 Melton, Divide, 350.
39 Vgl. Saarinen, Anerkennung, 145–167.

mische Ansatz zielt allerdings weniger auf die Praxis ab und ebenso nicht nur auf die Ökumene, sondern versucht die Geistes- und Sozialwissenschaften als Ganze zu erreichen. Die Rezeptive Ökumene dagegen richtet sich explizit an die Bedürfnisse der Kirchen und christlichen Gruppierungen.

Empowerment

(M)achtsame Theorien arbeiten häufig mit der Kategorie des Empowerments: Sie fordern auf, in der Begegnung das Gegenüber dazu zu ermächtigen, sich selbst aktiv einzubringen, auszudrücken, weiterzuentwickeln. Bei solcher Ermächtigung sind sprachliche Grenzen oft eine zentrale Herausforderung: So zeigt etwa die Literaturwissenschaftlerin Gayatri Chakravorty Spivak auf, dass Marginalisierte ihre Rechte selten in ihrer eigenen Sprache einklagen können.[40] Sie sind vielmehr gezwungen, in einer fremden Sprache für die eigene Kultur einzustehen (denn die Sprache der Anderen zu lernen, ist selten Absicht einer Leitkultur). Wo nötig, zählt zu Empowerment in diesem Sinne auch, dass diejenigen, die dazu die Möglichkeit haben, ihre Stimme für *voices from the margins* erheben.

In ökumenischer Bildungsabsicht bedeutet dies etwa, verschiedene Sprachen oder zumindest Übersetzungsoptionen zu fördern, weiter aber auch, den Stimmen «von unten» das Recht und die Möglichkeit zu erzählen, zu reden, zu deuten, zu definieren zu geben. Dabei entsteht eine Vielzahl von Stimmen. Hierauf lenkt Simón Pedro Arnold den Blick, wenn er von «Inter Theologie» spricht (*inter theology*), die offen ist für die «Polyfonie der Formen».[41]

Dass bei Achtsamkeit auf alle einzelnen Stimmen, Fragmente, Verstummte und kontextuelle Dimensionen die Weltbezogenheit christlicher und ökumenischer Identität nicht in Vergessenheit geraten darf, dies betonen unter anderem die Theologen Henrik Simojoki und André Munzinger. Es dürfe nicht aus dem Blick verloren werden, «dass die kosmopolitische Perspektive für die Ökumene eine entscheidende ist, weil sie die Menschen gleichwertig als Weltbürger und Weltbürgerinnen anerkennt».[42]

Ein (selbst-)kritischer Zwischenhalt

Sämtliche dieser «(m)achtsamen Schlüsselbegriffe» sind missverstanden, wenn sie einseitig und unkritisch aufgenommen würden. Es gehört zwingend zu (m)achtsamen Ansätzen, dass sie selbst ihre Mittel, Wege, Konzepte, Spra-

---

40 Vgl. Spivak, Subaltern.
41 Arnold, Decolonization, 26.
42 Munzinger, Ökumene, 188; vgl. auch Simojoki, Lernen, 256–270.

che und Prozesse stets neu hinterfragen. Konkret: Bei jeder partizipativen Herangehensweise ist im guten Falle ihre Partizipationsgrenze mitgedacht. Jede postkoloniale Theorie muss sich selbst auf ihr eigenes gesamtes Wirken und Nichtwirken kritisch hinterfragen. Jede (m)achtsame Theorie erweist sich gerade darin als (m)achtsam, indem sie sich selbst nicht zu einem die anderen Theorien kolonialisierenden Konzept aufschwingt, sondern im (selbst-)kritischen Fluss bleibt.

Zu solcher Selbstkritik zählt auch die notwendige Reflexion der subjektivistischen Dimension von Zugängen des Empowerments, der Polyfonie oder einer *Inter Theology*. Doch eine einstimmige Theologie war und ist stets ein künstliches Produkt. In so manchem Dialog mag der gemeinsame Kern wesentlich darin liegen, miteinander im produktiven Gespräch zu bleiben, die Intersubjektivität als Teil des gemeinsamen Unterwegsseins zu betrachten – mehr denn in einer spezifischen Deutung eines Dogmas oder einer propositionalen Aussage. Und auch ebendiese Aussage muss, in ihrer Kürze, hier als Diskussionsangebot stehen bleiben.

4 (M)achtsam mit, vom, am Anderen lernen

Vor dem Schweizer Kontext, aus dem heraus dieser Sammelband entstanden ist, liesse sich argumentieren, dass die Schweiz als Nation nicht im selben Masse mit postkolonialen Aufgaben zu tun habe wie andere Nationen. Doch gilt auch für die Schweiz: Wir sind konfrontiert mit Handel, Politik, globalen Verflechtungen, die zwangsläufig koloniale Spuren tragen. Nicht nur, aber gerade auch in Migrationsgemeinden zeigen sich postkoloniale Reflexionsaufgaben. Nicht zuletzt führen die digitalen Verknüpfungen quer über den Erdball dazu, dass den postkolonialen Herausforderungen nicht ausgewichen werden kann.

Über postkoloniale Aufgaben hinaus beeinflussen weitere Machtdynamiken den Alltag – personale und institutionalisierte, bewusste und unbewusste Machtstrukturen – und prägen die kirchliche, bildungsbezogene und ökumenische Landschaft. Entsprechende Sensibilität wird mancherorts signalisiert: in religionspädagogischen Stellenausschreibungen, Weiterbildungsangeboten, Seelsorgekontexten.

Für ökumenisches Lernen sind zunächst jene Machtdynamiken relevant, die grundsätzlich in (dialogischen) Bildungskontexten eine Rolle spielen (4.1), konkreter ist zu bedenken, welche religionspädagogischen Diskurse dazu inspirieren (4.2), schliesslich sind spezifisch ökumenisch-religionspädagogische Herausforderungen zu betrachten (4.3).

4.1 Macht.Bildung.

Bildungsprozesse sind in grundlegender Weise durch Machtdifferenzen gesteuert. Lehrende fordern Lernende auf, sich auf bestimmte Weise zu äussern und auf bestimmte Weise zu verhalten. Asymmetrie, gleichsam eine «pädagogische Macht», ist zwangsläufig eine Dimension jedes Bildungsprozesses. Gemäss der diskursanalytischen Rezeption des Bildungsbegriffs lassen sich Bildungsprozesse als subtile Ausübungen von Macht entlarven, die darin bestehen, «dass machtförmige Strukturen der Gesellschaft sich gerade so durchsetzen, dass die Subjekte [...] frei zu sein glauben».[43] Spätestens seither ist eine kritisch-konstruktive Bearbeitung des Machtbegriffs in Bildungszusammenhängen unausweichlich.

4.2 Religionspädagogik.Macht.Bildung.

Religiöse Bildungsprozesse werden zunächst durch die unter 4.1 genannten Machtdynamiken geprägt. Darüber hinaus erhalten sie aber eine spezifische Färbung aufgrund ihres religiösen Inhalts – also eines Inhalts, der als Weltorientierung das Potenzial zu einer umfassend prägenden Kraft, Macht im Leben eines Menschen hat. Dies wird dann häufig im Kontext einer die Meinungs- oder Religionsfreiheit potenziell einschränkenden Ausgangslage erörtert.[44] In welcher Weise sich Machtdifferenzen in einem religiösen Lehr- und Lernprozess aber zeigen, hängt wesentlich von den Lehrpersonen sowie der Dynamik zwischen allen beteiligten Stakeholdern ab.

Primärer Ort religiöser Tradierung ist heute selten mehr der familiäre Bereich, ebenso nur geringfügig der öffentliche religionsbezogene Unterricht oder Sonntagsschul- und Gottesdienstbesuch. Heranwachsende lernen Religion insofern grossenteils im religionsgemeinschaftlich verantworteten Unterricht differenzierter kennen. Konfessionelle oder ökumenische Bildungsgefässe gewinnen angesichts dieses Wandels verstärkt an religionsbezogener Prägekraft: Es erfolgt für sie gleichsam ein «Machtzuwachs».

Auf theoretisch-religionspädagogischer Ebene wurden Machtdynamiken schon vor einigen Jahrzehnten reflektiert. So verweist der katholische Religionspädagoge Bernhard Grümme darauf, dass im Rahmen des problemorientierten Unterrichts oder auch der emanzipatorisch ausgerichteten Religionspädagogik manche Machtreflexionen stattfanden. «Diese wuchsen in dem Maße, in dem sich die Religionspädagogik ihrer politischen wie sozialen Dimensionen bewusst wurde.»[45] Trotz den in den vergangenen Jahren geführten Machtdis-

---

43 Grümme, Macht, 9.
44 Vgl. Herbst/Gärtner/Kläsener, Konsens.
45 Grümme, Macht, 2.

kursen in der *Erziehungswissenschaft* finden sich in der Religionspädagogik und in der Religionsdidaktik wenige entsprechende Reflexionen.[46] Aus *systematisch-theologischer* Sicht ist der Beitrag von Gunda Werner einsichtsreich für (m)achtsame Religionspädagogik. Sie fordert, ausgehend von Judith Butler und Michel Foucault, dazu auf, in religionsbezogenen Lernprozessen zu reflektieren, «wie Religion, Geschlecht, Körper und soziale Herkunft Differenzen konstruieren, die in religiöser Bildung zusammenkommen können und denen dort aber auch entgegengewirkt werden kann».[47] In *religionspädagogischer* Hinsicht ausführlicher reflektiert wurden einzelne machtbezogene Kategorien, so etwa vom Religionspädagogen Domsgen die Kategorie des Empowerments.[48] In religionspädagogischer Hinsicht ausführlicher reflektiert wurden auch der Intersektionalitätsbegriff,[49] Deutungsmacht[50] sowie die Denkform der aufgeklärten Heterogenität.[51]

Insgesamt fehlt jedoch gegenwärtig ein theoretisch fundierter und die Praxis erhellender religionspädagogischer Entwurf (m)achtsamer Religionspädagogik. Ein solcher dürfte jedoch konsequenterweise nicht als theoretischer Entwurf «von oben» entstehen, sondern müsste in partizipativer Arbeit, aus den konkreten gelebten Beispielen, Narrativen, *good-practice*-Erfahrungen heraus erwachsen und auf diese Weise zu einem reflektierten religionspädagogischen Entwurf werden.

4.3 Das Andere.Macht.Bildung.

Bevor der Blick auf das ökumenische Lernen geworfen wird, sollen hier einige generelle Linien zum «Lernen am Anderen» gezogen werden.

Im Zusammenhang eines «Lernens am Anderen» fällt häufig das Stichwort des «Othering»: Ein Prozess oder Vorgang, bei dem andere Menschen oder Gruppen als «anders» oder «fremd» klassifiziert werden, und dies in einer Art, dass die eigene Vormachtstellung behauptet und die eigene «Normalität» verankert wird. Eine in meinen Augen sinnvolle deutsche Übersetzung für diese Dynamik liefert Julia Reuter mit «VerAnderung»[52]. Othering-Prozesse sind nicht lediglich eine Frage der Theorie. Sie tragen konkrete Konsequenzen, weil sie direkt oder indirekt auch über Zugang zu und Teilhabe an Ressourcen ent-

---

46 Vgl. ebd.
47 Werner, Doing intersectionality, 306.
48 Vgl. Domsgen, Religionspädagogik.
49 Vgl. Knauth/Jochimsen, Einschließungen.
50 Vgl. Kumlehn, Deutungsmacht.
51 Vgl. Grümme, Heterogenität.
52 Reuter, Ordnungen, 148.

scheiden. Der Begriff des *religiösen* Otherings kann aufmerksam machen für entsprechendes Othering innerhalb des Christentums, für intrareligiöse und ökumenische Dominanzprozesse.[53] Um dies an einem Beispiel deutlich zu machen: Nach wie vor werden Beiträge aus der kontextuellen Theologie nicht als solche behandelt, die grundsätzlich etwas zur Theologie beitragen können, und umgekehrt wird die westliche Theologie nicht als kontextuelle Theologie gesehen, sondern eben als die grundsätzlich gültige. Für die unterrichtliche Praxis heisst dies: Es gilt, sowohl Lehrende als auch Lernende dafür zu sensibilisieren, dass nicht automatisch das eigene Milieu als «normal» und andere Lebenswelten als «nicht-normal» gelernt werden.[54]

Soll echter Dialog und Begegnung mit dem Anderen gelingen, wird den entsprechenden Didaktiken nahegelegt – sei dies eine friedenspädagogische, eine interkulturelle, interreligiöse oder ökumenische –, sich um «einen aufgeklärten Umgang mit Kategorien» zu bemühen und sowohl die materiellen Barrieren als auch die Barrieren «in Form von Haltungen, Stimmungen, Atmosphären, also Begegnungs- und Verstehenskulturen» in den Blick zu nehmen.[55] Lehrmittel sind kritisch daraufhin zu prüfen, ob sie die Balance wahren zwischen einem unreflektierten Feiern der Diversität einerseits und andererseits einem Rückfall in traditionelle Muster der vermeintlich monolithischen Identitäten (für religiöse Kontexte: Konfessionalisierung).

5 Impulse für (m)achtsames ökumenisches Lernen

Was nun? Wir brauchen (m)achtsame Religionspädagogik und (m)achtsames ökumenisches Lernen. Hierzu stelle ich sieben Thesen für ein (m)achtsames ökumenisches Lernen an das Ende dieses Beitrags.

1. (M)achtsames ökumenisches Lernen ist eine radikal theologische Aufgabe.
«Radikal» im Sinne von: von den theologischen Wurzeln her begründet. Die theologische Rückbesinnung auf den Kern der christlichen Botschaft fordert auf zu einem bewussten Umgang mit Macht, Allmacht, Ohnmacht, auch zu einem proaktiven Einsatz für Machtlose, Schwache, Verdrängte. Dies kann im weiteren Sinne auch seelisch gedeutet werden: Eine (m)achtsame Religionspädagogik nimmt auch verdrängte innere Stimmen auf, versucht verdrängte Verletzungen, verstummte Wünsche oder Ziele wieder hörbar zu machen.

---

53 Vgl. Freuding, Fremdheitserfahrungen.
54 Vgl. Gärtner, Religionsunterricht, 89–104.
55 Vgl. Mecheril, Einführung, 221–224.

2. (M)achtsames ökumenisches Lernen ist öffentlich.
Es ist im umfassenden Sinne nie nur ein innerkirchliches, innertheologisches Geschehen, sondern muss von seinem Selbstverständnis her auch auf nichtkirchliche Öffentlichkeiten hin ausgerichtet sein. Es legitimiert sich nicht nur theologisch, sondern auch in sozialanthropologischen Bezügen und macht eine soziale Wirksamkeit zur zentralen Programmatik des Handelns.

3. (M)achtsames ökumenisches Lernen ist (selbst-)kritisch.
Auf *persönlich-theologischer Ebene* weicht es nicht vor der Frage aus: Ist dies nun wirklich wichtig? Es wagt die Frage zu stellen, ob die eigene Definition ökumenischen Lernens überhaupt die gesellschaftsnotwendige ist. Es wagt zurückzugehen zur Frage, was angesichts der Kernbotschaft christlicher Religion das eigentlich Angemessene ist. Auf *religionspädagogischer* Ebene hinterfragt es – vor einer «Dialektik von Macht und Bildung» – «traditionell eingespielte religionspädagogische Logiken und Diskurse wie etwa den Subjektbegriff, den Bildungsbegriff, den Handlungs- und Professionalitätsbegriff oder eben jüngst den Empowermentbegriff».[56] Auf der Ebene der *Professionalität von Lehrpersonen* fordert es eine kritische Analyse und Reflexion von Macht auf das unterrichtliche Handeln.

4. (M)achtsames ökumenisches Lernen strebt Ermächtigung des/der Einzelnen an.
Es verfolgt das Ziel, die Gruppen, Personen, Stimmen, die jahrhundertelang nur als Lernende, als Rezipient:innen bezeichnet wurden, zu eigener theologischer Kommunikation zu ermächtigen. Es verleiht den *voices from the margins*, den Stimmen vom Rand der Gesellschaft, eine Stimme – oder unterstützt sie proaktiv, selbst zu sprechen.[57] Ein solches Verständnis führt umgekehrt zum Ansatz, etwa im Rahmen einer rezeptiven Ökumene, dass (bis anhin) Lehrende selbst stets Lernende sind.

5. (M)achtsames ökumenisches Lernen bewegt sich analog und digital.
Digitale Technologien fördern «digitalen Tribalismus», ermöglichen Vernetzungen innerhalb einer Konfession, ebenso Gruppenbildungen quer zu Konfessions- und Religionszugehörigkeiten. Es wohnt ihnen aber auch entsprechendes Konfliktpotenzial inne. Es gilt, auch digital Potenziale ökumenischen Lernens zu fördern.

---

56 Grümme, Macht, 10.
57 Vgl. exemplarisch Domsgen, Religionspädagogik.

6. (M)achtsames ökumenisches Lernen startet beim eigenen Standpunkt.
Jede:r Einzelne ist selbst auch Teil von (Macht-)Systemen; jede (m)achtsame Aufgabe bedingt so Arbeit des Individuums an sich selbst. Der Prozess der Einübung in das Verstehen des «Anderen» beginnt bei sich selbst, um etwa eigene innere Widersprüchlichkeiten zu entdecken und sich selbst teilweise auch als «anders» oder «fremdbestimmt» zu erkennen. In diesem Prozess kann dann ein «inter» entstehen. Vielleicht ein neues Selbstverständnis. Auch ein neues Theologieverständnis.

7. (M)achtsames ökumenisches Lernen startet (zugleich!) beim Anderen.
Religion an sich beginnt mit der Begegnung mit dem Anderen. Dabei kann das Andere das Gegenüber, das Fremde in sich oder auch das Übersteigende im Sinne einer kleinen oder grossen Transzendenz sein. Die Aufgabe der Akteur:innen in der ökumenischer Bildung? Den Geist des Anderen sprechen zu lassen – und entsprechende Hindernisse abzubauen. Dieser Verantwortung eignet, neben der theologischen, auch eine politische und gesellschaftliche Dimension.

Literaturverzeichnis

Anter, Andreas: Theorien der Macht zur Einführung, Hamburg ³2018.
Arendt, Hannah: Macht und Gewalt, München ⁶1987 (dt. EA 1970).
Arendt, Hannah: Vita activa oder Vom tätigen Leben (1958, dt. Erstausgabe 1960), München 2002.
Arnold, Simón Pedro: Decolonization and Interculturalism. A Theological Point of View, in: Theologies of Liberation and Postcolonial Thought, Voices XXXVII (2014) 15–28.
Bhabha, Homi K.: The Commitment to Theory, in: New Formations 5 (1988) 5–23.
Domsgen, Michael: Religionspädagogik (Lehrwerk evangelische Theologie 8), Leipzig 2019.
Fornet-Betancourt Raúl: Die Antiimperialismusbewegung in Lateinamerika als Wegbereiterin dekolonialen Denkens, in: *Pittl, Sebastian (Hg.):* Theologie und Postkolonialismus. Ansätze – Herausforderungen – Perspektiven (Weltkirche und Mission 10), Regensburg 2018, 24–59.
Freuding, Janosch: Fremdheitserfahrungen und Othering. Ordnungen des «Eigenen» und «Fremden» in interreligiöser Bildung, Bielefeld 2022.
Gärtner, Claudia: Konfessioneller Religionsunterricht – kulturelle Vielfalt als Herausforderung eines auf Homogenität konzipierten und auf Identität zielenden Faches, in: *Gmainer-Pranzl, Franz/Kowalski, Beate/Neelankavil, Tony*

(Hg.): Herausforderungen Interkultureller Theologie (Beiträge zur komparativen Theologie 26), Paderborn 2016, 89–104.

Grümme, Bernhard: Heterogenität in der Religionspädagogik. Grundlagen und konkrete Bausteine, Freiburg i. Br. 2017.

Grümme, Bernhard: Art. Macht, in: Wissenschaftlich-Religionspädagogisches Lexikon (WiReLex), 03.02.2021; DOI: 10.23768/wirelex.Macht.200885.

Günes, Merdan/Kubik, Andreas/Steins, Georg (Hg.): Macht im interreligiösen Dialog. Interdisziplinäre Perspektiven, Freiburg i. Br. 2022.

Herbst, Jan-Hendrik/Gärtner, Claudia/Kläsener, Robert (Hg.): Der Beutelsbacher Konsens in der religiösen Bildung. Exemplarische Konkretionen und notwendige Transformationen, Frankfurt a. M. 2023.

Inhetveen, Katharina: Macht, in: *Baur, Nina/Korte, Hermann/Löw, Martina/ Schroer, Markus (Hg.):* Handbuch Soziologie, Wiesbaden 2008, 253–272.

Jahnel, Claudia: Migration and Justice. Postcolonial Discourses on Migration as Challenge and Partner for Theology, in: *Bieler, Andrea/Karle, Isolde/Kim-Cragg, HyeRan/Nord, Ilona (Hg.):* Religion and Migration. Negotiating Hospitality, Agency and Vulnerability, Leipzig 2019, 41–60.

Jahnel, Claudia: Vernakulare Ökumene in transkultureller Einheit. Ökumenische Theologie nach dem Cultural Turn, in: Interkulturelle Theologie. Zeitschrift für Missionswissenschaft 34 (2008) 10–33.

Kim, Grace Ji-Sun/Shaw, Susan M.: Intersectional Theology. An Introductory Guide, Minneapolis 2018.

Knauth, Thorsten/Jochimsen, Maren A. (Hg.): Einschließungen und Ausgrenzungen. Zur Intersektionalität von Religion, Geschlecht und sozialem Status für religiöse Bildung, Münster 2017.

Kopiec, Piot: New voices in the grassroots ecumenism – an outline of the postcolonial theological thought, Studia Oecumenica 19 (2019) 19–31; DOI: 10.25167/so.1262.

Kumlehn, Martina: Art. Deutungsmacht, in: Wissenschaftlich-Religionspädagogisches Lexikon (WiReLex), 05.02.2019; DOI: 10.23768/wirelex.Deutungsmacht.200577.

Marina, José Antonio: Die Passion der Macht Theorie und Praxis der Herrschaft, Basel 2011.

May, Vivian M.: Pursuing Intersectionality. Unsettling Dominant Imaginaries, New York 2015.

Mecheril, Paul: Einführung in die Migrationspädagogik, Weinheim/Basel 2004.

Melton, J. K.: Bridging the Colonial Divide. Coloniality and Schisms Concerning Human Sexuality, in: Exchange 47 (2018) 350–371.

Müller, Sabrina/Suhner, Jasmine: Jenseits der Kanzel. (M)achtsam predigen in einer sich verändernden Welt, Neukirchen-Vluyn 2023.

Munzinger, André: Kosmopolitische Ökumene? Eine interkulturelle Zeitdiagnose; in: *Klein, Rebekka A. (Hg.):* Gemeinsam Christsein. Potenziale und Ressourcen einer Theologie der Ökumene für das 21. Jahrhundert, Tübingen 2020, 188–202.

Murray, Paul D.: Introducing Receptive Ecumenism, in: The Ecumenist 51 (2014) 1–6.

Murray, Paul D.: Receptive Ecumenism and Catholic Learning. Establishing the Agenda, in: International Journal for the Study of the Christian Church 7 (2007) 279–301.

Nausner, Michael: Kulturspezifische und kosmopolitische Aspekte christlicher Koexistenz. Ein postkolonialer Blick auf ökumenische Beziehungen, in: Ökumenische Rundschau: Postkolonialismus und Ökumene 70 (2021) 57–70.

Nuttin, Joseph: Future Time Perspective and Motivation. Theory and Research Method, Leuven/New York 1985.

Reuter, Julia: Ordnungen des Anderen. Zum Problem des Eigenen in der Soziologie des Fremden, Bielefeld 2002.

Saarinen, Risto: Ökumenische Anerkennung. Ein altes Konzept neu betrachtet, in: *Klein, Rebekka A. (Hg.):* Gemeinsam Christsein: Potenziale und Ressourcen einer Theologie der Ökumene für das 21. Jahrhundert, Tübingen 2020, 145–167.

Said, Edward W.: Orientalismus, Frankfurt a. M. ²2010.

Simojoki, Henrik: Ökumenisches Lernen, Hybridisierung und Postkolonialismus. Versuch einer kritischen Verschränkung; in: *Nehring, Andreas /Wiesgickl, Simon (Hg.):* Postkoloniale Theologien II, Stuttgart 2017, 256–270.

Spivak, Gayatri Chakravorty: Can the Subaltern Speak? Postkolonialität und subalterne Artikulation, Wien/Berlin 2008.

Voices EATWOT's Theological Journal, http://eatwot.net/VOICES/.

Weber, Max: Wirtschaft und Gesellschaft, Tübingen ⁵1972.

Werner, Gunda: Doing intersectionality – Perspektiven für Systematische Theologie aus der intersektionalen Analyse von Macht, in: *Rahner, Johanna/Söding, Thomas (Hg.):* Kirche und Welt – ein notwendiger Dialog. Stimmen katholischer Theologie, Freiburg i. Br. 2019, 296–308.

Wischke, Mirko/Zenkert, Georg (Hg.): Macht und Gewalt. Hannah Arendts «On Violence» neu gelesen, Wiesbaden 2019.

Young, Robert J.C.: Colonial Desire: Hybridity in Theory, Culture, and Race, London 1995.

Ökumenisches Lernen – eine Dimension in unterschiedlichen Lernformen, die «an der Zeit» ist

Sabine Pemsel-Maier

1 Neues Interesse an einem alten Thema

Ökumenisches Lernen führte, nachdem es gegen Ende des 20. Jahrhunderts im Zuge einer starken ökumenischen Bewegung geradezu eine Blütezeit erlebt hatte,[1] in den letzten zwanzig Jahren eher ein Schattendasein. Auch die im Jahr 2008 gezielt gesetzten Impulse des Comenius-Instituts zur konzeptionellen Weiterentwicklung vermochten den Diskurs darum nicht wirklich zu beleben.[2] Erst in neuester Zeit, im Zuge konfessioneller Kooperation und wachsender Bemühungen um eine ökumenische Religionsdidaktik,[3] die die konfessionelle Kooperation überschreiten und neben evangelischen und katholischen Christinnen und Christen die Orthodoxie einbeziehen möchte, lebt das Interesse daran wieder auf. Im «Handbuch Religionsdidaktik»[4] wird ökumenisches Lernen neben biblischem, ethischem, interreligiösem Lernen und der Bildung für nachhaltige Entwicklung unter «Didaktische Lernformen»[5] eingeordnet, ebenso im einschlägigen Handbuch für den konfessionell-kooperativen Unterricht[6]. Damit stellt sich zum einen die Frage, was es mit diesen Lernformen verbindet, und zum anderen, inwiefern es sich von ihnen unterscheidet und wie es zu profilieren ist. Der vorliegende Beitrag versucht dies zu klären.

2 Mangelnde Konturierung als Problem

2.1 Weite Semantik von «Ökumene»

In der Tat ist die Bestimmung, was man unter ökumenischem Lernen zu verstehen hat, alles andere als eindeutig. Dies ist nicht dem ökumenischen Lernen selbst oder seinen Protagonist:innen anzulasten, sondern der weiten Semantik

---
1 Vgl. Pemsel-Maier, Ökumenisches Lernen (2019), 204–209.
2 Vgl. Oesselmann/Rüppell/Schreiner, Impulse.
3 Vgl. Schambeck/Simonoki/Stogiannidis, Weg.
4 Kropač/Riegel, Handbuch.
5 Pemsel-Maier, Ökumenisches Lernen (2021).
6 Vgl. Schröder/Woppowa, Theologie, 339–342.

des Begriffs Ökumene: *Oikouméne* bzw. *oikumene gé*, wörtlich: bewohnte Erde, ein ursprünglich deskriptiver und seit dem Beginn der ökumenischen Bewegung zunehmend normativ verwendeter Begriff, bezeichnet sowohl die gesamte Menschheit wie auch die gesamte Christenheit bzw. die Kirche Jesu Christi. Er kann sich auf die Ökumene der Konfessionen, die Ökumene der Religionen und, in jüngster Zeit, auch auf die Ökumene der «dritten Art»[7] mit Konfessionslosen bzw. Religionsdistanzierten beziehen. Von der Religionspädagogik wurde diese weite Semantik aufgenommen: So unterscheidet Karl Ernst Nipkow zwischen der Verantwortung für die bewohnte Erde, der bilateralen Ökumene zwischen zwei Konfessionen, der weiteren multilateralen christlichen Ökumene und der Begegnung der Weltreligionen im Dienst des friedlichen Zusammenlebens aller Menschen.[8] Stephan Leimgruber differenziert zwischen der «Kleinen Ökumene» der Konfessionen, der «Grossen Ökumene» der Religionen und der «Abrahamitischen Ökumene» zwischen Judentum, Christentum und Islam.[9]

2.2 Ökumenisches Lernen – ein Container-Begriff?

Als Folge dieser weiten Semantik erschien ökumenisches Lernen als nicht klar konturierter Containerbegriff, in dem sich alles Mögliche unterbringen liess: globales Lernen,[10] ökologisches Lernen,[11] interkulturelles Lernen,[12] interreligiöses Lernen[13] und interkonfessionelles bzw. konfessionell-kooperatives Lernen[14]. In der verzweigten Geschichte des ökumenischen Lernens wurde je nach Kontext und Interesse stärker der eine oder stärker der andere Aspekt herausgestellt.[15] So konnte es sich auf fairen Handel in einer globalen Welt ebenso beziehen wie auf unterschiedliche liturgische Traditionen in der evangelischen und römisch-katholischen Kirche. Die allgemeine Pädagogik griff den Begriff des ökumenischen Lernens auf und suchte es als Paradigma für alle diejenigen Lehr-Lern-Prozesse fruchtbar zu machen, in denen es um Fremdheit ging.[16] Im Unterschied zu «Ökumene lernen», das explizit Ökumene als inhaltsspezifi-

---

7 Tiefensee, Ökumene.
8 Vgl. Nipkow, Oikumene, 166–189.
9 Leimgruber, Ökumenisches Lernen, 453 f.
10 Vgl. Becker, Ökumenisches Lernen; Oesselmann/Rüppell/Schreiner, Impulse.
11 Vgl. Dauber/Simpfendörfer, Haushalt.
12 Vgl. Bröking-Bortfeldt, Ökumene; Schlüter, Ökumenisches Lernen.
13 Vgl. Orth, Erdkreis.
14 Exemplarisch für viele andere Boschki/Schweitzer, Ökumenisches Lernen.
15 Vgl. Pemsel-Maier, Ökumenisches Lernen (2019).
16 Vgl. Koerrenz, Ökumenisches Lernen.

schen Lerngegenstand hat, zeigte sich ökumenisches Lernen für alle möglichen Inhalte und Referenzhorizonte offen. Lässt sich jedoch alles als ökumenisches Lernen deklarieren, wird es schlechterdings profillos. Auf der anderen Seite ist angesichts von Globalisierung, Migration, Klimakrise, kultureller, religiöser, konfessioneller und weltanschaulicher Pluralisierung und weiterer Herausforderungen, vor die sich die Menschheit derzeit gestellt sieht, eine übergreifende ökumenische Perspektive notwendiger und die Verantwortung von Christinnen und Christen in der Welt grösser denn je. Von daher ist eine Konturierung und Weiterentwicklung ökumenischen Lernens ein Anliegen, das im wahren Sinne des Wortes «an der Zeit» ist.

3 Merkmale ökumenischen Lernens

3.1 Lernen im Horizont der Einen Welt und der Einen Kirche

Ausgangspunkt einer solchen Konturierung ist eine Vergewisserung über die Merkmale ökumenischen Lernens. Es ist, entsprechend der doppelten Zielrichtung des Ökumene-Begriffs, Lernen im Horizont der Einen Welt *und* Lernen im Horizont der Einen Kirche. Spätestens mit der vierten Vollversammlung des Ökumenischen Rates der Kirchen 1968 hatte sich die ökumenische Aufmerksamkeit über die Kirchen hinaus auf die Weltgesellschaft gerichtet und damit explizit eine Analysekategorie sozial- und kulturwissenschaftlicher Forschung aufgegriffen. «Ökumene» ist seitdem in allen christlichen Konfessionen ein Terminus technicus für die Bemühungen um die Eine Kirche ebenso wie um die Eine Welt. Kirche und Welt bilden demnach zwei Pole, die in ihrer Unterschiedlichkeit in einem spannungsvollen Zusammenhang stehen, der je neu auszubalancieren ist, ohne die Spannung zugunsten des einen oder des anderen Pols aufzulösen. Innerhalb der ökumenischen Bewegung stellte und stellt diese Balance eine Herausforderung dar. Die Gerechtigkeitsökumene, die sich über Konfessionsgrenzen hinaus für Gerechtigkeit in der Einen Welt einsetzt, sieht sich dem Vorwurf ausgesetzt, sie habe sich verselbständigt; die Konfessionsökumene mit ihren Bemühungen um Konsens und Konvergenz scheint hinterherzuhinken.

Ökumenisches Lernen nimmt die doppelte sozialethische *und* ekklesiologische Ausrichtung von Ökumene als Gerechtigkeitsökumene *und* Konfessionsökumene auf. Dahinter steht die Überzeugung, dass zwischen der Einheit der Kirche und der Einheit der Welt eine theologische Interdependenz besteht: Beide sind zwar unterschieden, jedoch nicht zu trennen, da die Kirche nach ihrem eigenen Verständnis nicht Selbstzweck, sondern auf die Welt ausgerichtet ist. Die ursprüngliche Interdependenz zwischen diesen beiden Polen geriet in späterer Zeit immer wieder in Vergessenheit, so dass in der Folge ökumenisches Lernen entweder auf konfessionell-kooperatives oder auf sozialethisches bzw. globales Lernen reduziert wurde. In beiden Fällen wurde die ursprünglich weite Bedeutung von Ökumene und von ökumenischem Lernen eingegrenzt perspektiviert und reduziert und die ursprüngliche Interdependenz von Kirche und Welt aufgegeben.

3.2 Gemeinsamkeiten mit anderen Lernformen

Methodisch bestehen vielfache Verbindungslinien des ökumenischen Lernens zu interkonfessionellem, interreligiösem und interkulturellem Lernen einerseits und sozialethischem, ökologischem und globalem Lernen andererseits: Gefordert sind in allen Fällen ein konstruktiver Umgang mit Pluralität, Differenz und divergierenden Interessen, Konfliktfähigkeit, Wahrnehmung, Wertschätzung, Würdigung von Andersheit, Bemühen um vorurteilsfreie Begegnung auf Augenhöhe, Bereitschaft und Befähigung zum Dialog. Innerhalb der begrenzten *oikumene gé* (griechisch: bewohnte Erde) der christlichen Kirche kann und muss das eingeübt werden, was für den globalen *oikos* der Weltgesellschaft wichtig ist. Das Vorgehen und die Haltung in der interkonfessionellen «Kleinen Ökumene» kann so zum Lernfeld für das Vorgehen und die Haltung im Bereich der interreligiösen «Grossen Ökumene» und die «Ökumene der dritten Art» mit Konfessionslosen werden. Gleichermassen können sie zum Lernfeld werden für weltweites diakonisches Handeln. Vice versa kann das gemeinsame sozialethische Engagement über Konfessions-, Religions- und Weltanschauungsgrenzen hinweg das Bewusstsein für die Einheit der Menschheit ebenso fördern wie für die Einheit der getrennten Christenheit.

3.3 Abgrenzungen

Lassen sich auf der formalen Ebene der Methoden und Arbeitsformen Gemeinsamkeiten mit anderen Lernformen feststellen, bestehen auf der materiellen Inhaltsebene klare Unterschiede: Inhalte ökumenischen Lernens sind die Weltkirche und der Welthorizont als primärer Bezugskontext christlicher Existenz. Diese Bestimmung unterscheidet ökumenisches Lernen von anderen Lernformen, insbesondere vom interreligiösen Lernen. Mit guten Gründen hat die Konfessionsökumene als Wissenschaftsdisziplin ihren ursprünglichen Anspruch auf die «Grosse Ökumene» der Religionen aufgegeben, weil sie realisiert und reflektiert hat, dass ihr Ansatz zur Bearbeitung interkonfessioneller Differenzen sich nicht einfachhin auf interreligiöse Differenzen übertragen lässt. Während sie nach Konvergenzen zwischen den Konfessionen sucht und sich um Konsensfindung bemüht, favorisiert die Theologie der Religionen ein komparativisches Vorgehen.[17] Und während sich in der Konfessionsökumene das Prinzip der «Einheit in versöhnter Verschiedenheit» durchgesetzt hat – auch wenn die Konfessionen unterschiedliche Kriterien an diese Einheit anlegen und nicht klar ist, wie und ob sie überhaupt einmal institutionell realisiert werden kann und soll –, streben interreligiöse Dialoge keine Einheit der Religionen an, sondern Frieden, Verständigung und Konvivenz.

3.4 Notwendigkeit der Verhältnisbestimmung

Damit ökumenisches Lernen nicht im Unbestimmten verbleibt, muss seine bislang eher diffuse Verhältnisbestimmung zum sozialethischen, globalen, interreligiösen, interkulturellen und interkonfessionellen Lernen einer Klärung zugeführt werden. Während Schweitzer es als das «am weitesten reichende Konzept religiöser Bildung in der Pluralität»[18] würdigte, verstehen es andere als «wichtigen Wegbereiter für interreligiöses, interkulturelles und globales Lernen sowie den Nachhaltigkeitsdiskurs»[19]. Wird es unter den Oberbegriff «globales Lernen» subsumiert[20] oder unter der veränderten Leitperspektive einer religiösen Bildung in der Weltgesellschaft weitergeführt[21], erscheinen der ekklesiologische und konfessionell-kooperative Aspekt unterbelichtet. Weiterführend wirkt der Klärungsversuch von Asbrand und Scheunpflug,[22] die keine Über- bzw. Unterordnung der verschiedenen Lernformen vornehmen, sondern ihre Verwandtschaft betonen und die Unterschiede an den zugrunde liegenden inhaltlichen Leitdifferenzen festmachen, so dass die unterschiedliche inhaltliche Ausfüllung gewahrt und eine Nivellierung der unterschiedlichen Lernformen verhindert wird: Interreligiöses Lernen fokussiert auf die Differenzen zwischen den Religionen, interkulturelles Lernen auf die Differenzen zwischen den Kulturen – zu ergänzen wäre noch das dort nicht eigens erwähnte interkonfessionelle Lernen mit seinem Fokus auf den Differenzen zwischen den Konfessionen. Wenig überzeugend erscheint jedoch die Leitdifferenz des ökumenischen Lernens, die als «Differenz der Kirche zur Weltgesellschaft»[23] bestimmt wird.

---

17 Vgl. von Stosch, Einführung.
18 Schweitzer, Suche, 175.
19 Gojny/Lindner, Ökumene, 100.
20 Vgl. Oesselmann/Rüppell/Schreiner, Impulse, 5.
21 Vgl. Simojoki, Ökumenisches Lernen, 266.
22 Vgl. Asbrand/Scheunpflug, Verhältnis, 273–278.
23 A.a.O., 276.

4 Versuch einer Profilierung

4.1 Ökumenisches Lernen fokussiert auf das Gemeinsame, ohne Differenzen zu negieren

Kein Zweifel besteht, dass ökumenisches Lernen auf das Verbindende fokussiert, ohne bestehende Differenzen zu negieren oder auflösen zu wollen. Auf der *formalen Ebene* vereinigt es gemeinsame Methoden, Arbeits- und Sozialformen, die disziplinübergreifend für globales, ökologisches, interkulturelles, interkonfessionelles, interreligiöses und sozialethisches Lernen relevant sind: Lernen in Gemeinschaft, von anderen und mit anderen, Lernen durch Beziehung und Begegnung, dialogisches Lernen, Einübung in Perspektivenwechsel und Perspektivenverschränkung. Auf der *Inhaltsebene* schärft ökumenisches Lernen den Blick für die Gemeinsamkeiten im Leben in Kirche und Welt, auch den Blick auf gemeinsame Herausforderungen, Aufgaben und Zielsetzungen in Bezug auf ihre Gestaltung. Leitend ist hierfür pädagogisch das Prinzip der gegenseitigen Anerkennung, das bestehende Unterschiede nicht aufhebt, sowie ekklesiologisch die Zielvorstellung von der Einheit in Vielfalt, die sich von uniformistischen Konzepten unterscheidet. Nach aussen hin, im Dialog mit einer zunehmend säkularen Gesellschaft, bringt ökumenisches Lernen das spezifisch Christliche zur Geltung, das sich aufgrund der Binnendifferenzierung des Christentums zugleich als pluralitätsfähig erweist.

4.2 Ökumenisches Lernen weitet die Perspektive und schützt vor Verengungen

Zugleich fordert ökumenisches Lernen auf zur Überschreitung des eigenen, vertrauten und zugleich begrenzten Horizontes hin auf andere Horizonte von Welt und Kirche. Es lenkt den Blick über den Tellerrand der eigenen Konfession und Kirche ebenso hinaus wie über die Grenzen des eigenen ökologischen Lebensraums. Bezogen auf den globalen Weltkontext bricht ökumenisches Lernen die eurozentrisch-westliche Perspektive auf den Umgang mit natürlichen Ressourcen auf. In Bezug auf die «Kleine Ökumene» mit ihren interkonfessionellen Lehr-Lern-Prozessen hält ökumenisches Lernen dazu an, die vor allem in Deutschland dominierende – und unter globaler Perspektive sehr eingeschränkte – evangelisch-katholische Perspektive zu weiten auf die anderen christlichen Konfessionen hin, insbesondere auf die orthodoxen und die unierten orientalischen Kirchen, mit denen es im Zuge der gegenwärtigen Migrationsbewegungen verstärkt zu Begegnungen kommt. Damit kommt ökumenischem Lernen zugleich eine kriteriologische Funktion zu, insofern es die eigene Perspektive weitet und vor Verengungen bewahrt.

4.3 Ökumenisches Lernen als relevante Dimension in verschiedenen Lernformen

Die bisherigen Überlegungen haben gezeigt: Ökumenisches Lernen ist nicht identisch mit globalem, interkulturellem, interkonfessionellem, interreligiösem, weltanschaulichem, sozialethischem oder ökologischem Lernen – aber globales, interkulturelles, interkonfessionelles, interreligiöses, weltanschauliches, sozialethisches oder ökologisches Lernen kann und soll eine ökumenische Ausrichtung haben. Damit handelt es sich weniger um eine bestimmte Lernform, sondern eher um eine Dimension, die für viele unterschiedliche Lernformen relevant werden kann und in der Gegenwart bedeutsam werden muss.[24]

Damit ökumenisches Lernen nicht zu einem Containerbegriff wird, der mit allen möglichen Inhalten gefüllt werden kann, muss es im Sinne eines *Dachbegriffs* verwendet werden. Es steht für eine gemeinsame Hermeneutik von globalem, ökologischem, interkulturellem, interkonfessionellem, interreligiösem und sozialethischem Lernen, die nicht die Differenzen bearbeitet, sondern das Verbindende. Eine solche ökumenische Hermeneutik kann und will die ausdifferenzierten Hermeneutiken und didaktischen Konzepte globalen, interkulturellen, interkonfessionellen oder interreligiösen Lernens nicht ersetzen, sondern hat zum Ziel, sie miteinander zu vernetzen und sie aufeinander zu beziehen. Leitend für eine solche Hermeneutik sind das aus der Pädagogik gewonnene Prinzip der gegenseitigen Anerkennung sowie die ökumenische Zielvorstellung von der Einheit in versöhnter Verschiedenheit, die sich von uniformistischen Konzepten unterscheidet.

Als Dachbegriff hat ökumenisches Lernen zugleich eine kriteriologische Funktion: Es mahnt zur Horizontüberschreitung und erinnert daran, dass die grossen Herausforderungen der Menschheit alle Religionen und Weltanschauungen betreffen. Es lenkt den Blick über den Tellerrand der eigenen Kirche, Konfession und Religion ebenso hinaus wie über die Grenzen des eigenen ökologischen Lebensraums. Nicht zuletzt bricht es die eurozentrische bzw. westliche Perspektive der Religionspädagogik auf die Welt auf.

---

24 Unter «Lerndimensionen» wird ökumenisches Lernen im ökumenisch ausgerichteten «Lehrbuch der Religionsdidaktik» von Kalloch/Leimgruber/Schwab, 256–273, aufgeführt. Allerdings wird hier der Begriff der Dimension anders gefüllt und als «didaktisches Prinzip» (205) verstanden. So werden neben ökumenischem Lernen Pluralität, ästhetische Bildung, interreligiöses Lernen, Gender und empirische Forschung als Dimensionen genannt.

4.4 Anschlussfähig an ein zeitgemässes Verständnis ökumenischer Theologie

Dieser Versuch einer Profilierung ist anschlussfähig an das Verständnis von ökumenischer Theologie, gemäss dem in jüngerer Zeit diese «nicht so sehr als eine eigene Disziplin der Theologie verstanden sein will, sondern eher als eine durchgängige, methodisch und hermeneutisch auftretende, typologische Reflexionsweise der Theologie»[25], die in verschiedenen theologischen Disziplinen zum Tragen kommen muss. Ökumenisches Denken kann und soll darum sowohl in die Dogmatik als auch in die biblischen Wissenschaften wie auch in den Dialog mit anderen Religionen als «Verbindungsdisziplin»[26] integriert werden, die die Gemeinsamkeiten benennt, ohne bestehende Differenzen zu negieren oder aufzulösen. Diese andere und neue Sichtweise von Ökumene trägt der Entwicklung Rechnung, dass ehemals konfessionstypische Differenzmerkmale mehr und mehr auch innerhalb der Konfessionen auftreten und quer durch die Konfessionen hindurchgehen, wie es beispielhaft die Diskussion um die theologische Bewertung von Homosexualität widerspiegelt. Ekklesiologisch bzw. nach innen forciert Ökumene als hermeneutisches Prinzip die Zielvorstellung von der Einheit in Vielfalt, die sich von uniformistischen Konzepten unterscheidet. Nach aussen hin, im Dialog mit anderen Religionen und mit einer zunehmend säkularen Gesellschaft, fungiert sie als gemeinsames Dach und bringt dabei das spezifisch Christliche zur Geltung, ohne seine Binnendifferenzierung zu bestreiten.[27]

5 Konkretionen

Was es bedeutet, ökumenisches Lernen als zentrale Dimension für ganz unterschiedliche Lernprozesse zu verstehen, soll nachfolgend an drei Beispielen konkretisiert werden.

5.1 Ökumenisches Lernen in interkonfessionellen Lernprozessen

Die Wiederentdeckung des ökumenischen Lernens hat das Potenzial, dem konfessionell-kooperativen Religionsunterricht jene ökumenische Dimension zu verleihen, die in letzter Zeit in der Praxis bisweilen in den Hintergrund getreten ist. Zwar war die Ökumene mit der Qualifizierung des Unterrichts als «kooperativ» niemals ausgeblendet, wie der Titel einer frühen Monografie «Gemein-

---

25 Thönissen, Theologie, 22.
26 Schwöbel, Glaube, 103.
27 Vgl. Pemsel-Maier, Ökumene.

samkeiten stärken – Unterschieden gerecht werden»[28] signalisiert, der zum Motto konfessioneller Kooperation wurde. De facto hat jedoch das Bemühen, konfessionelle Spezifika möglichst detailliert darzustellen und bisweilen auch die Sorge vor möglicher Einebnung konfessioneller Differenzen dazu geführt, das Moment des Konfessionellen zum Teil in unangemessener Weise zu pointieren. So zeigen Unterrichtsbeobachtungen, dass konfessionell-kooperative Lernprozesse durch die Fokussierung auf die Spezifika der einzelnen Konfessionen Gefahr laufen, konfessionelle Stereotype zu reproduzieren und Differenzen im re-konfessionalistischen Sinne zu verstärken.

Ökumenisches Lernen lenkt dagegen den Blick auf das, was die christlichen Konfessionen eint, ohne die Unterschiede auf ein abstraktes ahistorisches und akulturelles «Allgemeines Christliches» hin zu nivellieren und die Notwendigkeit von Differenzsensibilität zu negieren. In diesem Sinne geht es nicht um eine völlige Neujustierung, aber um einen Wechsel der Perspektive: Ausgangspunkt sind nicht konfessionelle Differenzen bzw. eine bestimmte Konfession, der eine andere gegenübergestellt wird, sondern das, was Christ:innen gemeinsam ist und sie verbindet. Es macht inhaltlich wie didaktisch einen Unterschied, ob im Unterricht die Differenzen zwischen den Konfessionen im Mittelpunkt stehen oder ob die Perspektive des verbindend Christlichen leitend ist und von dort her konfessionelle Differenzen erschlossen werden. Eben dies ist das leitende Prinzip des in Planung befindlichen Christlichen Religionsunterrichts (CRU) in Niedersachsen, der, wenn dieses Vorhaben gelingt, echter ökumenischer Unterricht werden könnte.[29] Aber auch der bisherige konfessionell-kooperative Unterricht ist in einer Zeit zunehmender Religionsdistanz und Religionslosigkeit stärker auf einen ökumenischen Unterricht hin weiterzuentwickeln, wenn er zukunftsfähig bleiben möchte.

Bedauerlich ist, dass «ökumenisch» in Bezug auf den Religionsunterricht bei manchen Kirchenvertretern und -vertreterinnen ausgesprochen negativ konnotiert, ja geradezu vermint erscheint, insofern sich damit die Sorge vor einer möglichen Einebnung konfessioneller Unterschiede und einem «allgemein-christlichen Einheitsbrei» verbindet. Angesichts dessen ist daran zu erinnern, dass Ökumene seit je gerade keine Uniformität bedeutet und ohne Konfessionen gar nicht denkbar ist bzw. ihren Sinn verliert. Den Beweis dafür liefern muss der Religionsunterricht selbst, der in ökumenischer Absicht erteilt wird, sei es als CRU, sei es als konfessionell-kooperativer Unterricht, in der Hoffnung, dass eine gelingende Praxis die Bedenken ausräumen kann.

---

28 Vgl. Biesinger/Schweitzer, Gemeinsamkeiten. Vgl. auch Boschki, Ökumenisch lernen.
29 Zur Gegenüberstellung von KoKoRU und CRU vgl. Leonhard/Pemsel-Maier, Religionsunterricht und den Beitrag von Günter Nagel in diesem Band (Seiten 149–163).

5.2 Ökumenisches Lernen in interreligiösen Lernprozessen

Ökumenisches Lernen leistet einen Beitrag für interreligiöse Lernprozesse, indem es die den Konfessionen gemeinsame christliche Überzeugung ins Spiel bringt. Vor allem in die verschiedenen Spielarten des interreligiösen Begegnungslernens[30] ist diese ökumenische Perspektive stärker zu integrieren. Denn fast immer stehen dort die evangelische, römisch-katholische, islamische, jüdische und ggf. säkulare Perspektive ohne Zuordnung und ohne Differenzierung von Religion und Konfession nebeneinander. Die verschiedenen Ebenen, auf denen Konfessionen und Religionen angesiedelt sind, spiegeln sich in dieser Formation nicht wider. Vor allem werden durch ein solches additives Nebeneinander Differenzen zwischen den christlichen Konfessionen in einer Weise betont, die interreligiös kontraproduktiv ist und womöglich den Zugang zur christlichen Religion erschwert. Wie in interkonfessionellen Lernprozessen gilt auch für interreligiöse Lernprozesse: Es macht einen wesentlichen Unterschied, ob im Dialog mit anderen Religionen oder nicht-religiösen Weltanschauungen das christliche Profil vom Kontrastiven der Konfessionen her erschlossen wird oder ob, gewissermassen nachgängig, konfessionelle Ausprägungen innerhalb des Christlichen benannt werden. Ökumenisches Lernen im Kontext interreligiösen Lernens setzt darauf, im Dialog mit anderen Religionen und Weltanschauungen nicht in erster Linie innerchristliche konfessionelle Spezifika zu identifizieren, sondern das gemeinsame Christliche zur Sprache zu bringen. Dies ist nicht etwa einem Versuch der Uniformierung gleichzusetzen, sondern Ausdruck der Kontext- und Adressatenorientierung: In interreligiösen Settings hat das ökumenisch bezeugte gemeinsame Christliche höhere Relevanz als konfessionelle Differenzierungen.

5.3 Ökumenisches Lernen im Kontext der Bildung für nachhaltige Entwicklung

Ökumenisches Lernen gewinnt derzeit an besonderer Aktualität, weil es in hohem Masse anschlussfähig ist an die Bildung für nachhaltige Entwicklung (BNE). Diese Anschlussfähigkeit gilt gleichermassen auch in Bezug auf Eine-Welt-Pädagogik, Friedens- und Migrationspädagogik sowie Menschenrechtserziehung.[31] Angesichts der Überschreitung der Grenzen ökologischer Belastbarkeit der Erde, die die Lebensmöglichkeiten aller Lebewesen bedroht, macht ökumenisches Lernen auf die Verantwortung von Christ:innen und letztlich auf die Verantwortung aller Religionen aufmerksam. Dabei lässt sich die ökologi-

---

30 Das Konzept wird ausführlich beschrieben bei Boehme, Begegnungslernen.
31 Vgl. dazu Koerrenz, Schöpfung; dies., Ökumene; Koerrenz/Koerrenz, Frieden; dies., Gerecht handeln.

sche Krise nicht von der Frage nach Gerechtigkeit und Ressourcenverteilung trennen. Weiter eröffnet ökumenisches Lernen angesichts aktueller Kriege und zahlloser Konflikte die Ökumene als Verantwortungshorizont für die Weltgesellschaft. Ohne zwingend ein gemeinsames Weltethos zu postulieren, macht es geltend, dass mit Blick auf die grossen Herausforderungen der Menschheit ausnahmslos *alle* Religionen und Weltanschauungen aufgerufen sind, ihren Beitrag zu leisten. Zugleich erinnert es angesichts vielfältiger Bemühungen um nachhaltige Bildung an den eschatologischen Vorbehalt, der die drei abrahamitischen Religionen eint: Weder kann ihr Engagement die Welt retten noch den Himmel auf Erden bewirken – und dennoch ist es unverzichtbar.

6 Ökumenisches Lernen in Schule und Gemeinde

6.1 Im Religionsunterricht und im Schulleben

Ab den 1990er-Jahren wurde ökumenisches Lernen zunehmend für den Kontext Schule durchbuchstabiert, keineswegs nur für den Religionsunterricht, sondern auch für das gesamte Zusammenleben in der Schule. Damit verbanden sich hohe Erwartungen: Da es kognitiv, emotional und sozial zugleich sei, werde es den Unterricht und die Schulkultur positiv verändern und Eigenverantwortung, Dialogbereitschaft, Konfliktfähigkeit, Offenheit für andere, Sensibilität und Toleranz fördern. Solche ambitionierten Erwartungen stiessen nicht nur auf Befürwortung, sondern der damit verbundene ökumenische Utopismus, eine normativ aufgeladene Postulatspädagogik und die vielfach unrealistischen Erwartungen, bezogen auf das Zusammenleben aller Menschen und aller getrennten Kirchen auf dieser Erde, waren auch Gegenstand der Kritik.[32] Spätere Beiträge zum ökumenischen Lernen in der Schule positionierten sich entsprechend zurückhaltender.

Gegenwärtig wird ökumenisches Lernen, wie deutlich geworden ist, in Deutschland explizit im Zuge des konfessionell-kooperativen Unterrichts reflektiert und praktiziert, wobei es dabei zumeist als Ökumene Lernen verstanden wird. Implizit ist es allerdings durch die Nachhaltigkeits- und Schöpfungsthematik in die Lehr- und Bildungspläne aller Schularten implementiert worden, allerdings ohne dass der Begriff selbst vorkommt – entsprechend sollte ökumenisches Lernen dort als solches auch benannt werden. Zweifellos bietet die Ausweitung der binnenkirchlichen Perspektive auf den Bereich von Nachhaltigkeit und Bewahrung der Schöpfung für den Religionsunterricht ein neues Potenzial, zumal die Thematik vielen Kindern und Jugendlichen unter den Nägeln brennt.

---

32 Im Einzelnen bei Pemsel-Maier, Ökumenisches Lernen (2019), 206–209.

6.2 Im Kontext von Gemeinde

Weitgehend ist in Vergessenheit geraten, dass ökumenisches Lernen ursprünglich stark gemeindepädagogisch ausgerichtet und ein grosses Thema der Erwachsenenbildung war.[33] Vielfache Konvergenzen ergaben sich zum Konziliaren Prozess für Gerechtigkeit, Frieden und Bewahrung der Schöpfung, 1983 vom Weltkirchenrat ins Leben gerufen. 40 Jahre später hat nicht nur der Konziliare Prozess an Fahrt verloren, sondern auch das ökumenische Lernens im Kontext von Gemeinde und Katechese. Auch in den einschlägigen Handbüchern kommt es kaum noch vor.[34] Andererseits gilt auch hier, was zuvor für den Kontext Schule ausgeführt wurde: Die Anliegen ökumenischen Lernens sind hochaktuell angesichts der globalen Krisen dieser Welt und des Bemühens um Nachhaltigkeit, so dass eine Reaktivierung gleichermassen wie in der Schule «an der Zeit» ist.[35]

Literaturverzeichnis

Adam Gottfried/Lachmann, Rainer (Hg.): Neues Gemeindepädagogisches Kompendium, Göttingen 2008.

Asbrand, Barbara/Scheunpflug, Annette: Zum Verhältnis zwischen interreligiösem, interkulturellem, ökumenischem und globalem Lernen, in: *Schreiner, Peter/Sieg, Ursula/Elsenbast, Volker (Hg.):* Handbuch Interreligiöses Lernen, Gütersloh 2005, 268–281.

Becker, Ulrich: Ökumenisches Lernen auf dem Prüfstand, in: *Schlüter, Richard (Hg.):* Ökumenisches und interkulturelles Lernen – eine theologische und pädagogische Herausforderung, Paderborn 1994, 9–25.

Biesinger, Albert/Schweitzer, Friedrich: Gemeinsamkeiten stärken – Unterschieden gerecht werden. Erfahrungen und Perspektiven zum konfessionell-kooperativen Religionsunterricht, Freiburg i. Br. 2002.

Boehme, Katja: Art. Interreligiöses Begegnungslernen, in: Wissenschaftlich-Religionspädagogisches Lexikon (WiReLex), 05.02.2019; DOI: 10.23768/wire lex.Interreligises_Begegnungslernen.200343.

Boschki, Reinhold: Ökumenisch lernen oder «nur» konfessionell kooperieren? Neue Impulse für die Praxis der Ökumene, in: Jahrbuch der Religionspädagogik 18 (2002) 171–181.

Boschki, Reinhold/Schweitzer, Friedrich: Ökumenisches Lernen braucht eine eigene Didaktik, in: Jahrbuch der Religionspädagogik 32 (2016) 87–97.

---

33 Exemplarisch Goßmann, Ökumenisches Lernen.
34 Vgl. Adam/Lachmann, Kompendium; Kaupp/Leimgruber/Scheidler, Handbuch.
35 Konkrete Vorschläge bei Gojny/Lindner, Ökumene.

Bröking-Bortfeldt, Martin: Mündig Ökumene lernen. Ökumenisches Lernen als religionspädagogisches Paradigma, Oldenburg 1994.

Dauber, Heinrich/Simpfendörfer, Werner: Eigener Haushalt und bewohnter Erdkreis. Ökologisches und ökumenisches Lernen in der «Einen Welt», Wuppertal 1981.

Gojny, Tanja/Lindner, Konstantin: Ökumene – ein Thema gemeindepädagogischer Handlungsfelder?, in: Jahrbuch der Religionspädagogik 32 (2016) 98–107.

Goßmann, Klaus: Ökumenisches Lernen im Religionsunterricht, Münster 1987.

Goßmann, Klaus: Ökumenisches Lernen in der Gemeinde, Münster 1988.

Kalloch, Christina/Leimgruber, Stephan/Schwab, Ulrich: Dimension Ökumenisches Lernen, in: *dies. (Hg.):* Lehrbuch der Religionsdidaktik, Freiburg i. Br. 2009, 256–273.

Kaupp, Angela/Leimgruber, Stephan/Scheidler, Monika (Hg.): Handbuch der Katechese für Studium und Praxis, Freiburg i. Br. 2011.

Koerrenz, Marita: Ökumene Lernen. Auf der Suche nach christlicher Gemeinschaft in der Einen Welt, Göttingen 2014.

Koerrenz, Marita: Schöpfung gestalten. Mit Jugendlichen Religion und Ethik denken, Göttingen 2020.

Koerrenz, Marita/Koerrenz, Ralf: Frieden leben. Mit Jugendlichen Religion und Ethik denken, Göttingen 2016.

Koerrenz, Marita/Koerrenz, Ralf: Gerecht handeln. Mit Jugendlichen Religion und Ethik denken, Göttingen 2017.

Koerrenz, Marita/Pemsel-Maier, Sabine: Art. Ökumenisches Lernen, in: Wissenschaftlich-Religionspädagogisches Lexikon (WiReLex), 03.04.2023; DOI: 10.23768/wirelex.kumenisches_Lernen.201085.

Koerrenz, Ralf: Ökumenisches Lernen, Gütersloh 1994.

Kropač, Ulrich/Riegel, Ulrich (Hg.): Handbuch Religionsdidaktik, Stuttgart 2021.

Leimgruber, Stephan: Ökumenisches Lernen, in: *Hilger, Georg/Leimgruber, Stephan/Ziebertz, Hans-Georg (Hg.):* Religionsdidaktik. Ein Leitfaden für Studium, Ausbildung und Beruf, München 2015, 453–461.

Leonhard, Silke/Pemsel-Maier, Sabine: Konfessionell-kooperativer und Christlicher Religionsunterricht, in: *Hailer, Martin/Kubik, Andreas/Otte, Matthias/ Schambeck, Mirjam/Schröder, Bernd/Schwier, Helmut (Hg.):* Transformationsprozesse in Beruf und theologisch-religionspädagogischer Bildung in Studium, Referendariat und Fortbildung, Leipzig 2023, 251–263.

Nipkow, Karl E.: «Oikumene»: Der Welt-Horizont als notwendige Voraussetzung christlicher Bildung und Erziehung, in: *Lähnemann, Johannes (Hg.):* Das Wiedererwachen der Religionen als pädagogische Herausforderung, Hamburg 1992, 166–189.

Oesselmann, Dirk/Rüppell, Gert/Schreiner, Peter: Impulse zur konzeptionellen Weiterentwicklung des ökumenischen Lernens, Comenius-Institut, Münster 2008; https://comenius.de/2008/08/25/impulse_konzeptionelle_weiter entwicklung_oekumenisches_lernen_2008/.

Orth, Gottfried (Hg.): Dem bewohnten Erdkreis Schalom. Beiträge zu einer Zwischenbilanz ökumenischen Lernens, Münster 1991.

Pemsel-Maier, Sabine: Ökumenisches Lernen, in: *Kropač, Ulrich/Riegel, Ulrich (Hg.):* Handbuch Religionsdidaktik, Stuttgart 2021, 273–279.

Pemsel-Maier, Sabine: Ökumenisches Lernen im Religionsunterricht: Entwicklungen – Herausforderungen – Zukunftsperspektiven, in: *Schambeck, Mirjam/Simojoki, Henrik/Stogiannidis, Athanasios (Hg.):* Auf dem Weg zu einer ökumenischen Religionsdidaktik. Grundlegungen im europäischen Kontext, Freiburg i. Br. 2019, 202–218.

Pemsel-Maier, Sabine: Ökumene als Dach der Theologien: Ein Vorschlag zur Stärkung ihrer Pluralitätsfähigkeit, in: Limina. Grazer theologische Perspektiven 6/2 (2023) 1–19; DOI: 10.25364/17.6:2023.2.x.

Scheidler, Monika: Didaktik ökumenischen Lernens – am Beispiel des Religionsunterrichts in der Sekundarstufe, Tübingen 1999.

Schlüter, Richard: Ökumenisches Lernen – pädagogische und theologische Aspekte einer neuen religionspädagogischen Konzeption, in: Religionspädagogische Beiträge 40 (2007) 25–38.

Schröder, Bernd/Woppowa, Jan (Hg.): Theologie für den konfessionell-kooperativen Religionsunterricht. Ein Handbuch, Tübingen 2021.

Schweitzer, Friedrich: Die Suche nach eigenem Glauben. Einführung in die Religionspädagogik des Jugendalters, Gütersloh 1996.

Schwöbel, Christoph: Christlicher Glaube im Pluralismus. Studien zu einer Theologie der Kultur, Tübingen 2003.

Simojoki, Henrik: Ökumenisches Lernen – Neuerschließung eines Programms im Horizont der Globalisierung, in: Zeitschrift für Pädagogik und Theologie 64 (2012) 212–221; DOI: 10.1515/zpt-2012-0303.

Simojoki, Henrik: Globalisierte Religion, Tübingen 2012.

Thönissen, Wolfgang: Ökumenische Theologie heute. Entwicklungen – Tendenzen – Ergebnisse, in: Theologische Revue 116 (2020) 124; DOI: 10.17879/thrv-2020-3072.

Tiefensee, Eberhard: Ökumene der «dritten Art». Christliche Botschaft in areligiöser Umgebung, in: zur debatte 36 (2006) 5–7.

von Stosch, Klaus: Einführung in die Komparative Theologie, Paderborn 2021.

Teil C
Praxiserfahrungen ökumenischer Lernfelder

Erinnerungsräume öffnen

Kirchenraumpädagogik als ökumenische Lernchance

Christian Cebulj / Robert Naefgen

1 Unterwegs mit der Kirchen-App

Eine Gruppe von Studierenden der Theologischen Hochschule Chur steht vor der offenen Tür der Martinskirche im Zentrum der Churer Altstadt. Die Gruppe wird empfangen von Robert Naefgen, dem Pfarrer der grössten reformierten Kirche im Kanton Graubünden, der darin geübt ist, Gäste durch «seine» Martinskirche zu führen. Heute steht der Aspekt des ökumenischen Lernens im Mittelpunkt, denn seine jungen Gäste studieren katholische Theologie und besuchen den Kirchenraum im Rahmen eines religionspädagogischen Seminars zur Entwicklung einer Kirchen-App. Nach ihrer Fertigstellung soll die App, die zusammen mit «Chur Tourismus» entwickelt wird, den Gästen der Churer Altstadt das Verständnis der Martinskirche, der Kathedrale und der Seminarkirche St. Luzi erleichtern. Um die App mit architektonischen, aber auch religionspädagogisch wertvollen Materialien ausstatten zu können, erkunden die Studierenden erst einmal die Churer Kirchenräume und beginnen heute bei der Martinskirche. Der vorliegende Beitrag ist als Rückblick auf das Kirchen-App-Seminar konzipiert und bietet sowohl theoretische Grundlegung als auch Praxisreflexion. Zum einen werden die wichtigsten Hintergründe, Ansätze und Methoden der Kirchenraumpädagogik dargestellt. Zum anderen wird deren Praxistauglichkeit durch drei Beispiele für ökumenisches Lernen im Kirchenraum aufgezeigt.

2 Kirchenräume als ökumenische Lernorte

2.1 Räume öffnen Herzen

Bei kirchenraumpädagogischen Erkundungen nimmt die Katechetin, der Pfarrer, die Religionspädagogin oder der Jugendarbeiter gerne einmal eine Taschenlampe oder ein Fernglas zu Hilfe. Damit schwärmen die Teilnehmenden in alle Richtungen aus und es setzt ein munteres Entdecken, Ausprobieren und Diskutieren ein. So oder anders lernen Schulklassen, Jugendgruppen oder Feriengäste landauf landab Kirchenräume auf eine ganz andere Art und Weise kennen, als wenn sie nur den gedruckten Reiseführer in der Hand hätten. Ganzheitliche Kirchenführungen machen darauf aufmerksam, dass Kirchen ein einmaliger Schatz und Teil unseres kulturellen Gedächtnisses sind. Seit Jahrhunderten wird in Kirchen Gottesdienst gefeiert, gebetet, gelesen, gesungen, getrauert und jubiliert. Daher üben Kapellen oder Kirchen besonders auf kulturell interessierte Kinder, Jugendliche und Erwachsene eine besondere Anziehung aus. Wer mitten im Trubel einer Stadt die Tore einer Kirche hinter sich ins Schloss fallen lässt, findet eine Oase der Stille und der meditativen Ruhe, zündet evtl. eine Kerze an und kommt ins Nachdenken. Auch Menschen, die nicht regelmässig Gottesdienste besuchen, begegnen hier Räumen, deren Stil, deren Symbole und Formen sie nicht nur wahrnehmen, sondern auch erklären, deuten und erschliessen wollen.[1] Sie suchen nach einer Übersetzung der Sprache, die der Raum spricht. Im Idealfall öffnen Kirchenräume dann auch die Herzen der Menschen, die sie besuchen.[2]

2.2 Kirchenräume sind Erinnerungsräume

Kirchen sind nicht nur deswegen Geschichtsdenkmäler, weil ihre Kunst und Architektur verraten, dass sie in einer bestimmten Epoche erbaut wurden. Ihre Bauweise gibt auch Auskunft über die theologischen Anliegen ihrer Entstehungszeit. Daher ist ein wichtiger Grundgedanke der Kirchenraumpädagogik, dass Kirchen unterschiedliche Sprachen sprechen, die über eine bestimmte Zeit, über politische Konstellationen, über regionalgeschichtliche Aspekte sowie über konfessionelle Gemeinsamkeiten und Unterschiede Auskunft geben. Kirchenräume sind daher ein besonders interessanter Lernraum für die Ökumene, weil historisch gewachsene konfessionelle Gemeinsamkeiten wie Unterschiede hier ihre in Stein gemeisselten und in Holz geschnitzten Spuren hinterlassen haben.

Es ist eine spannende religionspädagogische Herausforderung, die Sprache von Kirchenräumen in die Gegenwart und Lebenswelt der Besucherinnen und Besucher zu übersetzen. So ist etwa das Murmeltier am Fuss einer mächtigen romanischen Säule in der Kathedrale von Chur ein künstlerisches Detail, das ideal in eine Bergregion wie Graubünden passt. Es stellt einerseits die liebevolle Spielerei eines Steinmetzes dar, der mit dieser Figur seine Visitenkarte im Kirchenraum hinterlassen wollte. Dass ein solches Detail in einem christlichen Kirchenraum aber auch eine pädagogische Funktion erfüllt, zeigt sich daran,

---
1 Vgl. diesen Dreischritt in Rupp, Handbuch.
2 Vgl. Cebulj, Räume, 220.

dass das Murmeltier auch in der Bibel vorkommt. Zumindest wenn man es so übersetzt: Denn eigentlich kommt in der Bibel in Ps 104,8 und in Spr 30,26 nur der «Klippdachs» vor, ein Säugetier, das dem Murmeltier sehr ähnelt und auch zoologisch nahesteht. Die Übersetzung des hebr. *schafan* mit Murmeltier geht auf den Psalter des Benediktinermönchs Notker Teutonicus (950–1022) aus dem Kloster St. Gallen zurück. Notker kannte das Murmeltier eben aus seiner alpenländischen Heimat, da lag diese Übersetzung nahe.[3]

Kirchenräume sind Erinnerungsräume, die nach der Theorie der Kulturwissenschaftlerin Aleida Assmann vom «kollektiven Gedächtnis» einer Zeit, einer Kultur und einer Religion erzählen.[4] Zusammen mit dem Ägyptologen Jan Assmann hat sie die Bedeutung des «kulturellen Gedächtnisses» für die Begründung von Gegenwart und Zukunft hervorgehoben.[5] Es umfasst Texte, Räume, Bilder und Riten, in deren Pflege sich in herausragender Weise das Selbstbild einer Gesellschaft zeigt. Nach Jan Assmann entfaltet das «kulturelle Gedächtnis» einen Erinnerungsraum, der über den Gedächtnisfundus des Einzelnen hinausgreift und in Erinnerungsfiguren Ereignisse der Vergangenheit bündelt. Spannend an Assmanns Theorie ist u. a. der Aspekt, dass das kulturelle Gedächtnis wie ein Generationenvertrag funktioniert: Es reflektiert die Traditionen der Vergangenheit und sichert sie für die Gegenwart. Seiner Sammlung wird eine hohe Verbindlichkeit zugesprochen, weshalb das kulturelle Gedächtnis mehr ist als nur ein Archiv. In den grossen Weltreligionen sind es insbesondere die Heiligen Schriften und Sakralräume wie Kirchen, Synagogen, Tempel und Moscheen, über die sich ihr kulturelles Gedächtnis rekonstruieren lässt.[6]

So versteht sich im Sinne der Theorie vom kulturellen Gedächtnis beispielsweise das Raumprogramm einer romanischen Kirche als «Gottesburg». Der wehrhafte Schutzschild ihres Westwerks richtet sich gegen die Zonen des Sonnenuntergangs, wo man das Böse vermutete. Ein gotischer Kirchenbau hingegen will den Innenraum für das göttliche Licht als unsichtbare äussere Wirklichkeit transparent machen. Bautechnisch war das durch die Aufhebung der tragenden Wand durch das Rippengewölbe möglich geworden. Renaissancekirchen machen auf ihre antiken Vorbilder aufmerksam, während die Kirchen der Reformation die Wortverkündigung als liturgischen Brennpunkt betonen und damit die mittelalterliche Wegekirche aufheben, die auf Amt und Altar als höchste Stellung verwies. Während die reformatorischen Kirchen eine schlichte und klare Innenausstattung aufweisen, in der kein überflüssiges Detail vom per-

---

3   Vgl. Diebner, Klippdachs.
4   Vgl. Assmann, Erinnerungsräume.
5   Vgl. Assmann, Gedächtnis, 37 f.
6   Vgl. Cebulj, Lernen, 314.

sönlichen Gebet des Einzelnen zu Gott ablenken soll, will der katholische Kirchenraum des Barock die Gläubigen schon im Hier und Jetzt in den Himmel versetzen. Die nüchternen Kirchenbauten des auf den Barock folgenden Klassizismus wurden nie volkstümlich, weil sie aus einem rational aufgeklärten Pathos und nicht aus einer liturgischen oder spirituellen Neubesinnung hervorgegangen waren. Im 19. Jahrhundert betonten die kirchlichen Richtlinien beider Konfessionen, dass man beim Bau einer Kirche einen herkömmlichen Stil, vorzugsweise die Gotik, zu verwenden habe. In den 1960er-Jahren brachte das Zweite Vatikanische Konzil neue Impulse, die vor allem den katholischen Kirchenbau revolutionierten: Die Sitzreihen wurden im Halbkreis oder Kreis um den Altar aufgestellt, um die Bedeutung der Gemeinschaft des Volkes Gottes hervorzuheben. Elliptische Grundrissformen von Kirchen mit den beiden gleichwertigen Brennpunkten Wortverkündigung und Eucharistiefeier waren im modernen Kirchenbau des späten 20. und des frühen 21. Jahrhunderts die Folge.[7]

2.3 Kirchenräume sind Lernorte

Als Antwort auf das konkrete Bedürfnis vieler Besucherinnen und Besucher, das kulturelle Gedächtnis von Kirchenräumen zu entschlüsseln und ihre Sprache übersetzen und verstehen zu lernen, werden seit Anfang der 1990er-Jahre Kirchenführungen angeboten, die nicht nur mit Zahlen und Fakten operieren, sondern als ganzheitliches Erleben mit Kopf, Herz und Hand konzipiert sind. Die Kirchenraumpädagogik versucht mit ihrem Methodenensemble, kirchliche Räume als geschichtliche Formäusserungen zu begreifen, an denen abgelesen werden kann, was sich in ihnen an kirchlicher Religionskultur abgespielt hat. Der Kirchenraumpädagogik geht es also darum, in einem mehrdimensionalen Zugriff von den gegebenen Raumzeichen auf Liturgie und Predigt, (Kirchen-) Geschichte und (religiöse) Geschichten, Kultur und Kasualien zu schliessen. Die Lernbewegung zielt von aussen nach innen – zugespitzt ausgedrückt: vom architektonischen Raum auf die Glaubensäusserungen, die der Sakralarchitektur die aktuell vorfindliche Gestalt gegeben haben.[8]

Im Rahmen von Kirchenerkundungen wird der Kirchenraum zum Lernort, und zwar ausserhalb des eigentlichen Gottesdienstgeschehens. Die Kirchenraumpädagogik bietet in Theorie und Praxis ein Rahmenprogramm, wie Kirchenführungen Besucherinnen und Besuchern einen multiperspektivischen Zugang zum Kirchenraum ermöglichen können.

---

7 Vgl. Boehme, Kirchenräume, 230 f.
8 Vgl. Klie, Pädagogik, 1.

3 Ansätze und Prinzipien der Kirchenraumpädagogik

3.1 Hintergründe und Entstehung der Kirchenraumpädagogik

Ein wichtiger Grund für die Entstehung der Kirchenraumpädagogik liegt im sogenannten Traditionsabbruch. Symbole und Riten, Bekenntnisse und Zeugnisse, Vorstellungen und Lehren des christlichen Glaubens können von vielen Menschen nicht mehr gelesen und verstanden werden. Oder wie es Hartmut Rupp, einer der Nestoren der Kirchenraumpädagogik, ausgedrückt hat: «Das Nahe ist fremd geworden. Es fehlt an einer selbstverständlichen alltagskulturellen Einbettung der Zeugnisse des christlichen Glaubens».[9]

Ganz offensichtlich spiegelt sich im theologischen und pädagogischen Interesse an der Kirchenraumpädagogik aber auch die Suche vieler Zeitgenossen nach auratischen Orten und damit einhergehend auch das Bedürfnis nach Stille, Einkehr und Besinnung wider. Sicher ist dies ein Reflex auf die vielen Menschen abverlangte gesteigerte Mobilität und Beschleunigung. Dem entspräche in der Theologie der «spatial turn», also der in zahlreichen Theorien beobachtbare Wechsel von der Zeit als Grundparadigma theologischen Redens und Denkens hin zum Raum als zentraler Kategorie. Nicht umsonst haben Kritiker wie Roland Degen der Theologie und Verkündigung eine gewisse Raumvergessenheit vorgeworfen.[10] Sie zeigt sich darin, dass Kirchenräume lange Zeit rein historisch interpretiert wurden, während die Ästhetik des Raumes, die Proportionen, die Farbgebung und die Raumkonzeption eine untergeordnete Rolle spielten. Diese Tendenz wurde in den letzten 20 Jahren durch kirchenraumpädagogische Ansätze aufzufangen versucht, die häufig Kategorien aus der Rezeptionsästhetik (Wolfgang Iser), Phänomenologie (Edmund Husserl) und Semiotik (Umberto Eco) zu Hilfe nehmen, um eine ganzheitlichere Erschliessung von Kirchenräumen zu ermöglichen.[11] Ein wichtiger Gründungsimpuls der Kirchenraumpädagogik ging dabei von der Museumspädagogik aus.

3.2 Ansätze der Kirchenraumpädagogik

Schaut man auf das Gesamt der verschiedenen kirchen(raum)pädagogischen Inszenierungsmuster, lassen sich mit Thomas Klie idealtypisch fünf verschiedene Modelle unterscheiden:[12]

---

9 Rupp, Handbuch, 11.
10 Vgl. Degen, Lernort, 1224.
11 Vgl. Bethge, Kirchenraum.
12 Vgl. Klie, Liturgik.

Das erlebnispädagogische Modell: Primäres Lernziel ist hierbei, in grosser Nähe zu reformpädagogischen Ansätzen, Kirche als pädagogischen Erlebnisraum zu erschliessen.[13] Das leitende Raumkonzept ist das eines sakralen Abenteuerspielplatzes. Pädagogisch zählen die unmittelbare Wirkung auf die Teilnehmenden und die sich aus einer spontanen Ingebrauchnahme ergebenden Lernwege. Die Methoden, die hier zum Einsatz kommen, zielen auf eine Intensivierung des kindlichen Erlebens (z. B. Vermessung der Gewölbehöhe mittels eines Gasballons, Besteigen des Kirchturms, Klang und Lautspiele).

Das religionskulturelle Modell: Bei diesem Inszenierungsmuster erscheinen Kirchenräume vorrangig als kulturelle Lebensäusserungen der christlichen Hochreligion. Das Raumkonzept, das hier vorausgesetzt wird, ist das des herausragenden Kulturdenkmals. Es sollen hier vor allem Sachinformationen über die jeweilige Kirche und die sie bedingende Religionskultur bereitgestellt werden. Kirchen werden dargestellt als Teil des gemeinsamen Kulturerbes und Wertgefüges. Methodisch kommen hier vorrangig Schaubilder und die vortragsgestützte Erkundung kunstgeschichtlicher Exponate zum Einsatz.

Das spirituelle Modell: Bei diesem Ansatz will die kirchenpädagogische Übungsfolge in erster Linie den Teilnehmenden ein Gefühl für das Unendliche vermitteln.[14] Das die Methoden generierende Raumkonzept ist das des auratischen Ortes. Hier geht es ausschliesslich um die religiösen (spirituellen) Qualitäten des jeweiligen Kirchenraumes. Die einzelnen Übungsteile haben eher meditativen Charakter (z. B. durch Stilleübungen oder Stationenwege durch die Kirche).

Das liturgiedidaktische Modell: Im Unterschied zu den anderen Modellen zielt dieser kirchenpädagogische Zugriff auf die Gestalt des Gottesdienstes. Der Kirchenraum soll als religiöser Funktionsraum zur Darstellung kommen – die in ihm gelebte Religion wird über verschiedene Übungen transparent gemacht. Kirchen verweisen auf Liturgie und Gottesdienst. Andachten, Lieder und Gebete lassen christliche Praxis in liturgischer Gestalt erkennen, eine Praxis, die anderen Formen christlicher Lebensäusserung vorausgeht und sie transzendiert. Der Kirchenraum wird von seinem genuinen Gebrauchskontext her verstanden.[15] Rupp nennt neben diesen Modellen auch noch die *stadtgeschichtliche* Auslegung, die nach der Bedeutung einer Kirche in ihrem geschichtlichen und kommunalen Umfeld fragt, und die *biografische* Auslegung, die die persönliche Lebensgeschichte der Teilnehmenden mit dem Kirchenraum verknüpft.

---

13 Vgl. Sendler-Koschel, Kommunikation, 30 f.
14 Vgl. Rupp, Handbuch, 251 f.
15 Vgl. dazu die Darstellung der Ansätze bei Klie, Pädagogik, 4–6.

3.3 Ziele und didaktische Prinzipien der Kirchenraumpädagogik

Kirchenraumpädagogik ist eine Art «Kirchgang» unabhängig vom Gottesdienst. Dabei sind drei Ziele leitend, die aufeinander aufbauen: Der *Alphabetisierung* geht es darum, die kulturelle Gestalt des Christentums kennen und lesen zu lernen. Kirchenraumpädagogik ist aus dieser Perspektive Teil der Kulturhermeneutik. Der *Er-Innerung* geht es darum, existenzielle Erfahrungen mit Formen des überlieferten und gelebten Glaubens zu machen und sich persönlich anzueignen. Kirchenraumpädagogik zielt aus dieser Perspektive auf die biografische Entwicklung und die Erfahrung von Spiritualität. Der *Beheimatung* geht es darum, mit dem Raum der gottesdienstlichen Gemeinde vertraut zu werden. Eine so verstandene Kirchenraumpädagogik hat ihre Funktion in der Kinder- und Jugendarbeit und soll das Vertrautwerden mit einem Raum fördern, der für den späteren Lebenslauf eine glaubensbegleitende Funktion und Bedeutung erhalten kann. Interessanterweise ist aber festzustellen, dass sich kirchenpädagogische Anlässe nicht nur für Kinder und Jugendliche, sondern für alle Altersgruppen eignen. Was Kindern gefällt, macht oft auch den Erwachsenen Spass und hinterlässt nachhaltige Eindrücke. Wer Kirchenräume mit Besucherinnen und Besuchern erschliesst, inszeniert einen Lernprozess. Dabei unterscheidet die Kirchenraumpädagogik folgende didaktischen Prinzipien, die bei der Erschliessung eines Kirchenraums leitend sind:[16]

Das tun, was dorthin gehört: Während im Kirchenraum keine Gottesdienste stattfinden, ist es sinnvoll, liturgische Handlungen dort zu vollziehen, wo ihr Platz im Gottesdienst wäre. Das wird z.B. bei einer Kanzel deutlich, die zwar oft die Form eines Mastkorbs oder einer Kommandobrücke auf einem Segelschiff hat, aber nicht der Aussicht und Beobachtung dient, sondern der Predigt.

Von Aussen nach Innen: Es ist für die Raumwahrnehmung hilfreich, eine Kirchenbegehung an einem Punkt zu beginnen, der ausserhalb, im Idealfall an erhöhter Stelle liegt. Wer bei der Aussengestalt einer Kirche beginnt und ihre Lage im Rahmen eines Tals, eines Dorfes, eines Stadtviertels berücksichtigt, kann später der Eigenart des Innenraums besser Rechnung tragen.

Ganzheitlichkeit: Bei der Erschliessung eines Kirchenraums sollen alle bzw. möglichst viele Sinne zum Zuge kommen: Sehen und Hören, Schmecken und Riechen, Tasten und Schreiten. Ausserdem sollen Kopf, Herz und Hand in die Raumerschliessung einbezogen werden.

Von Empfindungen zu Erfahrungen: In jede Wahrnehmung fliessen frühere Erfahrungen und Deutungsmuster ein. So kann etwa der Pilgerschritt auf den Kanon von Pachelbel wohltuend und beruhigend wirken und eine neue Bezie-

---

16 Vgl. Rupp, Handbuch, 229f.

hung zu einem Kirchenraum herstellen. Im Austausch können Empfindungen reflektiert und damit verdichtet werden.

Aneignung statt Vermittlung: Während herkömmliche Kirchenführungen auf eine möglichst interessante Vermittlung von Zahlen und Fakten setzen, versucht die Kirchenraumpädagogik die aktive und subjektive Aneignung ins Zentrum zu stellen, die von Vorwissen, Motivation und Aufmerksamkeit beeinflusst wird. Dazu müssen Methoden gewählt werden, die persönliche Eindrücke und Entdeckungen ermöglichen, z. B. das kreative Weiterzeichnen eines Glasfensters, eine «Blindenführung» oder eine Erkundung mittels «Kirchengucker».

Verlangsamung: Die Erkundung von Kirchenräumen braucht Zeit, insbesondere deshalb, weil Methoden der Aneignung zeitintensiver sind als monologische Führungen. Verlangsamung hat mit genauer Wahrnehmung und mit Ruhe zu tun. Das passt gut zur Eigenart von Sakralräumen, die auf Besinnung, Einkehr und Meditation ausgerichtet sind.

Wahrnehmen-Deuten-Darstellen: Wenn Räume wie Texte gelesen werden können, dann kommt es darauf an, dass es über den blossen Wissensgewinn hinaus zu einer persönlichen Auseinandersetzung mit dem Raum kommt. Kirchenräume repräsentieren ja oft frühere Frömmigkeitserfahrungen, die heute nicht mehr selbstverständlich sind. Sie verdienen eine respektvolle Würdigung, ohne dass die Besucherinnen und Besucher gezwungen sind, diese zu übernehmen.

3.4 Methoden der Kirchenraumpädagogik

Die genannten Beispiele machen sichtbar, dass Kirchenraumpädagogik vor allem anderen von der breiten Vielfalt ihrer handlungsorientierten Methoden lebt.[17] Ein gewisses Schwergewicht liegt hierbei auf der Palette sensitiver Zugänge, in denen gezielt die visuelle und akustische, haptische und gustatorische, bisweilen auch olfaktorische Raumwahrnehmung der jeweiligen Lerngruppe aktiviert wird: Blindenführungen, Klang- und Tastübungen kommen hier ebenso zur Anwendung wie Experimente mit Duftölen und Weihrauch oder die Verkostung von Wein(-trauben) und Brot. Aber auch Begehungen/Prozessionen, interaktive Tanz- und Bewegungsspiele, Inszenierungen und künstlerische Eigenaktivitäten und Formen sozialen oder emotionalen Lernens werden in kirchenpädagogische Übungen integriert. Im Zentrum steht dabei die Aneignung durch das lernende Subjekt, das sich in seiner kirchenräumlichen Umgebung religiös und kulturell seiner selbst vergewissert.

---

17 Vgl. Rupp, Handbuch, 270 f.

Didaktisch hat darum die Kirchenraumpädagogik eine grosse Nähe zum situierten Lernen.[18] Religiös bedeutsame Handlungssituationen werden initiiert, in die das Lernen verwoben und eingebettet ist. Sie entspringen einem religionskulturellen Kontext, der sich über Darstellung und Vermittlung im Lernprozess selbst artikuliert. Ein Charakteristikum kirchenpädagogischer Übungen ist es, dass hier nicht selten das religiöse Lernen am Ort des Kirchengebäudes in eine religiöse Praxis mündet (Ausfüllen von Gebetszetteln, Meditation). In jüngster Zeit rückt hierbei der Aspekt biblischen Lernens verstärkt in den Vordergrund.[19]

4 Offene Türen – offenes Ohr: Ökumenisches Lernen in Graubünden

Um die Tragfähigkeit dieser grundlegenden Gedanken zur Kirchenraumpädagogik zu prüfen, verbinden wir sie mit einer konkreten Lernsituation: Einmal pro Woche bietet Robert Naefgen, reformierter Stadtpfarrer in Chur, das «Offene Ohr» in der Churer Martinskirche an. Im Rahmen dieses Angebots ist er für einen definierten Zeitraum anwesend und ansprechbar. Interessierte werden durch einen Kundenstopper vor der Kirche auf das Angebot hingewiesen. Das «Offene Ohr» wird sowohl von Einheimischen als auch von Touristinnen und Touristen genutzt, die sich die Alpenstadt anschauen und dabei die markante Martinskirche im Zentrum der Churer Altstadt besuchen. Aus dem Gespräch mit den Gästen ergibt sich, dass sie entweder katholisch, reformiert oder konfessionslos sind oder einer nichtchristlichen Religion angehören.

Robert Naefgen erzählt, dass diejenigen Gespräche mit Besucherinnen und Besuchern besonders interessant sind, die wenig oder nichts von der Innenarchitektur reformierter Kirchen wissen. Sie sind nach dem Betreten der Kirche überrascht, wie schlicht der Kirchenraum ausgestattet ist. Dieser Eindruck wirkt noch stärker, wenn sie vorher die Churer Kathedrale mit ihrer überladenen Mischung aus gotischen und barocken Elementen besichtigt haben. Die Gäste fragen dann häufig nach Dingen, die aus ihrer Wahrnehmung fehlen: Wo ist denn der Altar? Warum hat es keine Bilder und Statuen? Wo ist bei euch ein Kreuz angebracht?

Auch als die oben genannte Gruppe von katholischen Studierenden der Theologischen Hochschule Chur im Rahmen eines religionspädagogischen Seminars zur Entwicklung der eingangs beschriebenen Kirchen-App das «Offene Ohr» in der reformierten Martinskirche besuchte, setzte die Wahrnehmung bei ebendiesem Punkt ein: Warum gibt es zahlreiche Gegenstände in

---

18 Vgl. Fredebeul, Lernen.
19 Vgl. Sendler-Koschel, Kommunikation.

Erinnerungsräume öffnen

reformierten Kirchenräumen nicht, die es in katholischen Kirchen gibt? Da wurde der Tabernakel für die Aufbewahrung der Eucharistie ebenso genannt wie das Ewige Licht als Zeichen der Gegenwart Christi. Als weitere Objekte, die es im Unterschied zu reformierten Kirchen in katholischen Kirchen gibt, nannten die Studierenden: Marienbilder und -skulpturen, Heiligenbilder, oft in Verbindung mit Kerzenständern und Opferstöcken, Beichtstühle, Kniebänke, Kreuzwegstationen und Weihwasserbecken. (Katholische) Besucherinnen und Besucher der reformierten Martinskirche in Chur erfahren, dass die schlicht gehaltene Kirche bei genauerer Betrachtung als eine Zeugin der reformierten Tradition erscheint. Diese ist bis heute bemüht, dem Label gerecht zu werden, das sie im eigenen Namen trägt, denn Reformierte Kirche sein heisst: sich immer wieder neu zu «reformieren».

4.1 Praxis-Beispiel 1: Die Bibel als ökumenischer Lerngegenstand

Auch wenn das ökumenische Lernen freilich über reine Differenz-Wahrnehmungen hinausgehen muss, lassen sich in einem reformierten Kirchenraum Dialoge inszenieren, die vom Inventar zu theologischen Grundfragen der reformierten Theologie führen. Wenn die Gäste etwa die aufgeschlagene Bibel auf dem Taufstein in der Mitte des Chores entdecken, erfahren sie, dass die Bibel und die Botschaft beider Testamente das Fundament des reformierten Bekenntnisses bilden. Die Tatsache, dass die Bibel aufgeschlagen ist, darf als Angebot verstanden werden, dass jede und jeder zu jeder Zeit nachlesen und überprüfen können muss, ob das, was von der Kanzel gepredigt wird, auch seinen Ursprung in der Bibel hat. Dies ist ein reformatorisches Anliegen, das sich bis in unsere Zeit bewahrt hat. Interessanterweise besteht im Kirchenraum der Martinskirche Chur eine theologisch und architektonisch gewollte Sichtachse, die sich vom Taufstein über die aufgeschlagene Bibel hin zur Kanzel erstreckt. Sie führt den Besucherinnen und Besuchern einen theologischen Dreischritt vor Augen: Erstens begründet die Taufe das christliche Bekenntnis, zweitens dient die aufgeschlagene Bibel als Richtschnur für ein christliches Leben und drittens darf es nicht bei einem toten Buch bleiben. Vielmehr muss konsequenterweise die Verkündigung des biblischen Wortes mit all ihren Handlungsimpulsen für eine praktizierte Ökumene folgen.

4.2 Praxis-Beispiel 2: Der Taufstein als ökumenischer Lerngegenstand

Neben der Bibel als dem Wort Gottes lernen Gäste in der Churer Martinskirche, dass der Taufstein von zentraler Bedeutung für reformierte Gottesdienste ist: Am Taufstein finden neben Taufen auch Konfirmationen, Trauungen und

Abschiede statt. Bibel und Taufstein werden als schlichte und doch gleichzeitig gewichtige Symbole in einer reformierten Kirche verstanden. Pfarrer Robert Naefgen stellt den katholischen Studierenden die vielleicht provokante Frage, ob daneben ein Altar, eine Statue oder ein Gemälde überhaupt noch nötig seien, und entfacht eine spannende Diskussion, da es in der Martinskirche keinen eigenen Abendmahlstisch gibt. Das Abendmahl wird hier auf dem Taufstein gefeiert. Die Studierenden erinnern sich an die Kirchen, in denen sie selbst getauft wurden, und stellen fest, dass es unterschiedliche Formen gibt, die sich jedoch nicht konfessionell trennen lassen. Es gibt achteckige, mit einer Tischdecke versehene Säulentische, die bei der Taufe mit Schale und Kanne gedeckt werden. Es gibt pokalartige Taufsteine mit Vertiefungen für die Taufschale und Taufwannen mit einer kesselartigen Form. Neben den Taufsteinen steht heute auch in reformierten Kirchenräumen häufig eine Osterkerze.[20]

Taufsteine erinnern an das neutestamentliche Bekenntnis von Eph 4,5 («Ein Herr, ein Glaube, eine Taufe») und damit an die grundlegende und unzerstörbare Einheit der Kirche Jesu. Diese Schriftstelle weist auf drei fundamentale Gemeinsamkeiten hin, die alle Christinnen und Christen verbinden:
1. Jesus Christus ist der Herr, wir folgen ihm nach.
2. Uns verbindet der Glaube an den dreieinen Gott.
3. Die Taufe macht uns zu Gliedern seiner Kirche.

Da die von Eph 4,5 postulierte Einheit sich im Lauf der Kirchengeschichte zur konfessionellen Trennung entwickelt hat, ergibt sich für das ökumenische Lernen der bleibende Auftrag zur Überwindung aller Spaltungen und zur Wiederherstellung der Einheit. Obwohl die katholischen Theologiestudierenden bereits Vorkenntnisse zur Ökumenischen Theologie mitbringen, lernen sie durch den Besuch des reformierten Kirchenraums, dass es einen Kern der christlichen Einheit gibt, der trotz grosser und kleiner Kirchenspaltungen im Lauf der Geschichte nicht zerstört worden ist. Zu diesem Kern gehört der Glaube an den einen Herrn und die Verbindung durch die eine Taufe. Umso mehr schmerzt es, dass Christinnen und Christen diesen Glauben in getrennten Kirchen bezeugen und nicht etwa in einem gemeinsamen Abendmahl bzw. einer gemeinsamen Eucharistie feiern. Zentraler ökumenischer Lerneffekt ist hier, dass dieser Schmerz die Angehörigen beider Kirchen antreiben sollte, auf dem Weg zur Einheit mit ganzem Herzen und ganzer Kraft voranzuschreiten.

---

20 Vgl. Rupp, Handbuch, 161.

4.3 Praxis-Beispiel 3: Die Kanzel als ökumenischer Lerngegenstand

Ein weiterer «Hingucker» in der Churer Martinskirche ist die holzgeschnitzte Kanzel, die mit ihren kunstvollen Intarsien auf die Zeit von 1558 hinweist. Dass die Kanzel der Churer Martinskirche als markante Konstruktion mit einem passenden Schalldeckel ausgestattet ist, weist auf die Bedeutung der Predigt im reformierten Gottesdienst hin. Für das ökumenische Lernen ist es interessant, die Kanzel als gottesdienstlichen Ort näher zu beleuchten. Während in katholischen Kirchen, die nach dem Zweiten Vatikanischen Konzil (1962–1965) erbaut wurden, keine Kanzeln mehr existieren, sondern das Wort Gottes in Form von Lesung und Evangelium sowie die Predigt von einem Vorlesepult (Ambo) vorgetragen werden, ist der Gebrauch der Kanzel im reformierten Gottesdienst durchaus bis heute üblich. Der Religionspädagoge Michael Meyer-Blanck schreibt: «Die Kanzel ist selbstverständlich nicht letztlich entscheidend für das Gelingen der Darstellung und Mitteilung des evangelischen Glaubens. Aber da sich auf ihr die Aktualität des Wortes materialisiert, ist sie auch nicht belanglos. Die Kanzel ist mehr als Holz und Stein. Sie ist ein hervorgehobener Ort der Mitteilung und Darstellung des Evangeliums.»[21] Daraus ergibt sich als weitere Einsicht für das ökumenische Lernen, dass die Predigt als «Kanzelrede» sowohl im katholischen wie im reformierten Bereich nicht unumstritten ist. Die Studierenden des Churer Seminars lernen, dass die Kanzeln ursprünglich transportable Rednerpodeste waren, welche die Bettelorden im 13. Jahrhundert auf Marktplätzen aufbauten. Die Mönche kletterten auf die Kanzeln, um besser verstanden zu werden. Damit sie nicht herunterfielen, wurden daran Gitter angebracht (lateinisch: *cancer*, althochdeutsch: *kanzela*), woher der Name «Kanzel» kommt. Und da die Prediger nicht nur das Wort Gottes auslegten, sondern auch Ermahnungen aussprachen, hat das bis heute gebräuchliche «abkanzeln» als Synonym für tadeln, zurechtweisen hier seinen Ursprung. Dass eine einzelne Person redet und die anderen zuhören, wird heute zwar tendenziell als undemokratisch und damit nicht mehr zeitgemäss empfunden. Andererseits gibt Meyer-Blanck zu bedenken, dass die «Einweg-Kommunikation» heute in vielen Bereichen der Kultur üblich ist (Popmusik, Kabarett, Bloggerszene), was die nachfolgende Auseinandersetzung bis hin zu heftigster Kritik (Shitstorm) ja nicht ausschliesst.[22] So erweist sich die Kanzel für das ökumenische Lernen als Lerngegenstand mit einem sehr vielfältigen Sinnpotenzial.

---

21 Meyer-Blanck, Holz, 122.
22 Vgl. a.a.O., 123.

5 Perspektiven für eine ökumenische Religionsdidaktik

Das Gespräch der katholischen Studierenden mit dem reformierten Pfarrer führte zu weitreichenden Reflexionen über konfessionelle Gemeinsamkeiten und Unterschiede im Verständnis von Kirchenräumen. Während in der katholischen Tradition die Besonderheit von Kirchenräumen im Unterschied zu profanen Räumen durch die Kirchweihe und Altarweihe zum Ausdruck gebracht wird, die den Kirchenraum zu einem heiligen Raum bzw. Sakralraum werden lassen, ist im reformierten Verständnis keine spezifische Weihe oder Segnung von Kirchenräumen üblich. Das liegt im reformierten Raumkonzept begründet, welches den Kirchenraum primär als Versammlungsort der Gemeinde zu Gebet und Gottesdienst versteht.

Insgesamt lässt sich resümieren, dass ökumenisches Lernen in Kirchenräumen die wichtige Lernchance bietet, konfessionalisierende Lesarten von Kirchenräumen aufzubrechen und zu überwinden. So darf die abgrenzend formulierte Bestimmung der katholischen Kirche als «Kirche des Sakraments» im Gegenüber zur reformierten Kirche im Sinne einer «Kirche des Wortes» als Relikt der Vergangenheit eingestuft werden. Heute setzt sich vielmehr die Einsicht durch, dass beide Kirchen gemeinsam bekennen, «Kirche des Wortes und Sakramentes» zu sein, selbst wenn im Einzelnen das Verständnis und die Anzahl der Sakramente in den Konfessionen unterschiedlich interpretiert werden. Für die katholischen Theologiestudierenden erwies sich der reformierte Kirchenraum der Churer Martinskirche als Lernraum sowohl für Gemeinsamkeiten als auch für Unterschiede zwischen den Konfessionen, als Lernraum für Identität und Differenz.

Damit kirchenraumpädagogische Methoden auch in Zukunft für das ökumenische Lernen in Religionsunterricht, Hochschullehre und Erwachsenenbildung fruchtbar bleiben, gilt es drei Dimensionen weiterzuentwickeln: Die *kirchliche Dimension* zielt auf die theologische Verpflichtung, die Ökumene noch entschiedener als bisher zu profilieren. Die im Rahmen des Prozesses «Healing of Memories» entstandene Selbstverpflichtung der Kirchen, Gemeinsamkeiten im Vertrauen auf die Kraft des Heiligen Geistes hervorzuheben, kann gerade durch kirchenraumpädagogische Lernprozesse gestärkt werden. Was die *konzeptionelle Dimension* betrifft, stellt das ökumenische Lernen an und in Kirchenräumen eine wichtige Lernform im Rahmen einer «ökumenischen Religionsdidaktik» dar.[23] Die Kirchenraumpädagogik hat grosses Potenzial, zu einem verantworteten differenzsensiblen Grundverständnis von Ökumene im 21. Jahrhundert beizutragen. Schliesslich gilt es, im Blick auf die

---

23 Vgl. Schambeck/Simojoki/Stogiannidis, Weg.

Forschung die *empirische Dimension* ökumenischen Lernens an und in Kirchenräumen zu stärken. Um konfessionalisierende Verkürzungen zu vermeiden, ist religionspädagogische Professionalität im Umgang mit Kirchenräumen zentral. Sie kann wesentliche Einsichten für ein gelingendes ökumenisches Lernen der Zukunft bereitstellen.

Literaturverzeichnis

Assmann, Aleida: Erinnerungsräume. Formen und Wandlungen des kulturellen Gedächtnisses, München ⁵2010.

Assmann, Jan: Das kulturelle Gedächtnis. Schrift, Erinnerung und politische Identität in frühen Hochkulturen, München ⁷2013.

Bethge, Clemens: Kirchenraum. Eine raumtheoretische Konzeptualisierung der Wirkungsästhetik, Stuttgart 2015.

Boehme, Katja: Kirchenräume erschließen, in: *Rendle, Ludwig (Hg.):* Ganzheitliche Methoden im Religionsunterricht, München 2007, 230–244.

Cebulj, Christian: Lernen an und mit Heiligen Schriften, in: *Bietenhard, Sophia/ Helbling, Dominik/Schmid, Kuno (Hg.):* Studienbuch Ethik – Religionen – Gemeinschaft, Bern 2015, 313–320.

Cebulj, Christian: Räume öffnen Herzen, in: Schweizerische Kirchenzeitung 191 (2023) 220 f.

Degen, Roland: Art. Lernort Kirchenraum, in: *Mette, Norbert/Rickers, Folkert (Hg.):* Lexikon der Religionspädagogik, Bd. 2, Neukirchen-Vluyn 2001, 1224–1227.

Diebner, Bernd Jörg: Art. Klippdachs, in: Neues Bibel-Lexikon (1995) 503.

Fredebeul, Marcus: Situiertes Lernen und Blended Learning. Didaktische Konzeption und methodische Gestaltungsansätze, Saarbrücken 2007.

Klie, Thomas: Wenn Liturgik und Didaktik sich küssen. Spielformen der Kirchenpädagogik, in: Kirchenpädagogik (2002) 1, 12–16.

Klie, Thomas: Art. Pädagogik des Kirchenraums/heiliger Räume, in: Wissenschaftlich-Religionspädagogisches Lexikon (WiReLex), 20.09.2018; DOI: 10.23768/wirelex.Pdagogik_des_Kirchenraumsheiliger_Rume.200253.

Meyer-Blanck, Michael: Mehr als Holz und Stein. Die Kanzel als locus principalis evangelischer Liturgie und evangelischen Kirchenbaus, in: *Kumlehn, Martina/Kunz, Ralph/Schlag, Thomas (Hg.):* Dinge zum Sprechen bringen. Performanz und Materialität. Festschrift für Thomas Klie, Berlin, Boston 2022, 121–133.

Rupp, Hartmut: Handbuch der Kirchenpädagogik, Bd. 1: Kirchenräume wahrnehmen, deuten und erschließen, Stuttgart ³2016.

Schambeck, Mirjam/Simojoki, Henrik/Stogiannidis, Athanasios (Hg.): Auf dem Weg zu einer ökumenischen Religionsdidaktik, Freiburg i. Br. 2019.

Sendler-Koschel, Birgit: In Kommunikation mit Wort und Raum. Bibelorientierte Kirchenraumpädagogik in einer pluralen Kirche und Gesellschaft, Göttingen 2016.

OekModula: Ökumenisch lernen in der Ausbildung von Katechet:innen

Hanspeter Lichtin

OekModula, so nennt sich der ökumenische Ausbildungsverbund von sieben Kirchen (römisch-katholische und evangelisch-reformierte Kantonalkirchen sowie die Christkatholische Kirche Schweiz) in der Nordwestschweiz.[1] Zweck dieses Verbundes, der seit 2012 besteht, ist es, in ökumenischer Zusammenarbeit Katechet:innen für die Pfarreien und Gemeinden der beteiligten Kirchen auszubilden. Das Besondere daran: Dem Ausbildungskonzept liegt ein römisch-katholisches, von den Deutschschweizer Bischöfen genehmigtes Modell zugrunde.[2]

1 OekModula – ein ökumenischer Ausbildungsverbund als Pionierleistung

Typisch schweizerisch-föderalistisch wurden Katechet:innen seit der Entstehung kantonalkirchlicher religionspädagogischer Fachstellen in den 1970er-Jahren in der römisch-katholischen Kirche der Schweiz nach unterschiedlichen Konzepten ausgebildet.[3] Die wachsende Zusammenarbeit dieser Fachstellen in der Deutschschweiz führte zu Beginn der 2000er-Jahre dazu, dass man sich an gemeinsamen Bildungsstandards zu orientieren begann. Dies bewegte die Schweizer Bischöfe dazu, ein einheitliches, modulares Bildungssystem für die nicht-universitären kirchlichen Berufe in der Deutschschweiz auszuarbeiten und dessen Umsetzung 2012 für alle verbindlich zu erklären. Katechet:innen

---

1 Der vorliegende Beitrag schildert den ökumenischen Ausbildungsverbund aus der Innenperspektive, nämlich seitens des Ausbildungsleiters von OekModula.
2 Das im Jahr 2012 eingeführte modularisierte Konzept für die nicht-universitäre Aus- und Weiterbildung der römisch-katholischen Kirche der Deutschschweiz nennt sich ForModula. Der Ausbildungsverbund OekModula setzt dieses Konzept mit einer ökumenischen Ausrichtung und in ökumenischer Trägerschaft um. Vgl. OekModula, Grundsätzliches.
3 Auch in der Evangelisch-reformierten Kirche Schweiz bestehen für die Ausbildung von Katechet:innen unterschiedliche Ausbildungswege. Vgl. Religionspädagogisches Fachgremium, Ausbildungsorte.

und kirchliche Jugendarbeiter:innen werden seither nach dem Ausbildungssystem ForModula[4] ausgebildet.

In der Nordwestschweiz, wo OekModula entwickelt wurde, existierten bis im Jahr 2012 drei unterschiedliche katechetische Ausbildungen mit unterschiedlichen Trägerschaften und Konzepten: eine reformierte und eine römisch-katholische Ausbildung im Kanton Solothurn sowie eine ökumenische Ausbildung beider Basel.[5] Als die Schweizer Bischöfe die Umsetzung von ForModula in allen katholischen Kantonalkirchen forderten, entschied man sich in Basel aufgrund der guten Erfahrungen, die ökumenische Ausrichtung nicht aufzugeben, sondern den erfolgreichen gemeinsamen Weg auf der Basis von ForModula fortzuführen. Weil die reformierte Kirche Basel-Stadt das von der römisch-katholischen Kirche vorgegebene Modell nicht übernehmen wollte, suchte man neue Partner für die ökumenische Zusammenarbeit. Fündig wurde man bei den beiden Landeskirchen des Kantons Solothurn.[6]

Die römisch-katholische Fachstelle Solothurn hatte bereits ab 2009 nach ForModula ausgebildet, arbeitete jedoch gleichzeitig mit der reformierten Fachstelle zusammen. So setzten die beiden Fachstellen das «Zweisäulenmodell» der religiösen Bildung im Kanton Solothurn gemeinsam um: Die erste Säule bildet der ökumenische Religionsunterricht an den Schulen, die zweite Säule die kirchliche Katechese in den Gemeinden und Pfarreien.[7] Dieses Modell war kompatibel mit der Situation in Basel-Landschaft und Basel-Stadt und vereinfachte die Planung einer gemeinsamen Ausbildung.[8]

Im Dezember 2010 fand in Solothurn ein erstes Treffen der Fachstellenleitenden von Basel-Landschaft und Solothurn statt, um die Möglichkeit einer

---

4 Zu Konzept und Ausbildung vgl. ForModula, Ausbildungen.
5 Die ökumenische religionspädagogische Ausbildung beider Basel (Kantone Basel-Stadt und Basel-Landschaft) hatte ihrerseits eine mehr als zehnjährige Vorgeschichte. Bereits 1994 wurde im Kanton Basel-Landschaft ein ökumenischer Rahmenplan für den kirchlichen Religionsunterricht am Lernort Schule eingeführt, der sich am Unterrichtswerk von Hubertus Halbfas orientierte. Dieser führte dazu, dass der Religionsunterricht zunehmend als konfessionell-kooperativer Unterricht (KoKoRu) durchgeführt wurde. Grund dafür war ein deutliches Bekenntnis der damaligen Verantwortlichen zur Ökumene und die Überzeugung, dass die konfessionelle Trennung von Schülerinnen und Schülern im Religionsunterricht an der Schule überwunden werden sollte. In der Folge wurde viel Gewicht auf ökumenische Weiterbildungen der Lehrpersonen gelegt. Aus dieser positiven Erfahrung entstand der Wunsch, nicht nur die Weiterbildung, sondern auch die Ausbildung ökumenisch auszurichten. Dazu kamen praktische Motive, da die Teilnehmendenzahlen in den bislang getrennten Ausbildungsgängen deutlich zurückgingen.
6 Vgl. den Beitrag von Evelyn Borer in diesem Band (Seiten 117–125).
7 Vgl. Fachstellen Religionspädagogik des Kantons Solothurn, Ökumene.
8 Die klare Unterscheidung der beiden Lernorte und die vertragliche Absicherung des ökumenischen Religionsunterrichts am Lernort Schule zwischen Kirchgemeinden bzw. Kantonalkirchen galt auch für Basel-Landschaft und Basel-Stadt.

Kooperation zu klären. In weiteren Gesprächen wurde die Durchführbarkeit einer ökumenischen Ausbildung im Rahmen von ForModula diskutiert und geprüft. Man kam rasch zum Schluss, dass ausser den klassisch konfessionell getrennten Ausbildungsmodulen – z. B. die Hinführung zum Sakrament der Eucharistie – alle Ausbildungsteile auch ökumenisch durchgeführt werden könnten. Die inhaltlichen Vorgaben von ForModula liessen genügend Spielraum für eine ökumenisch kompatible Ausgestaltung der einzelnen Module.

Nach diesen erfolgreichen bilateralen Vorgesprächen sollte der Kreis von möglichen Partnern auf alle vier Nordwestschweizer Kantone ausgeweitet werden. Als Ideal schwebte den kirchlichen Verantwortlichen ein gemeinsamer Bildungsraum für eine ökumenische Ausbildung von Katechet:innen in der Nordwestschweiz vor, der analog zum staatlichen Bildungsraum der Fachhochschule Nordwestschweiz (FHNW) gestaltet würde.[9] Da sich die Kirchen des Kantons Aargau aufgrund ihrer Grösse entschieden, ihren eigenen ökumenischen Ausbildungsweg weiterzuverfolgen und auch die Reformierte Kirche Basel-Stadt eine eigenständige Lösung für sich vorsah, ging OekModula 2012 mit sechs Landeskirchen an den Start. Der neu geschaffene Ausbildungsverbund war so immer noch genügend gross, um gut funktionieren und Module mit ausreichenden Teilnehmendenzahlen durchführen zu können. Zusätzlich zur Reformierten Kirche Baselland und der Evangelisch-Reformierten Kirche Kanton Solothurn, der Reformierten Bezirkssynode Bern-Jura-Solothurn und den römisch-katholischen Kirchen Baselland, Basel-Stadt und Solothurn ist seit 2021 auch die Christkatholische Kirche in der Deutschschweiz Partnerkirche von OekModula.

2 Ökumene in Religionsunterricht und Katechese

Warum etwas wurde, wie es geworden ist, hängt oft von sehr unterschiedlichen Faktoren ab. Zielsetzungen und Zufälle wirken zusammen. Dass sich in der Nordwestschweiz ein ökumenischer Ausbildungsverbund herausgebildet hat, ist einem Zusammenspiel von überzeugten Akteuren, situativen Zufällen, schulorganisatorischen Notwendigkeiten und dem Erkennen ökonomischer Vorteile zu verdanken. Nicht zuletzt waren es die Leitungen der beteiligten Kirchen, die dieses ökumenische Projekt unterstützt und gefördert haben. Alles in allem sind die Beteiligten davon überzeugt, damit einen wichtigen und richtigen Weg eingeschlagen zu haben.

---

9   Diese Parallelität zum staatlichen Bildungsraum war gewünscht, um von den staatlichen Stellen als Partner auf Augenhöhe wahrgenommen zu werden.

Mitentscheidend war das dringliche Anliegen, die Lernorte für religiöse Bildung sowie Beheimatung im Glauben religionspädagogisch zu differenzieren und bewusster zu gestalten. Das Profil des kirchlichen Religionsunterrichts am Lernort Schule wie das Profil der Katechese am Lernort Gemeinde bzw. Pfarrei sollten geschärft werden.[10]

Die religiöse Bildung an der Schule in kirchlicher Verantwortung stärker zu profilieren, ist in einer weitgehend säkularen Gesellschaft durch einen ökumenisch verantworteten Religionsunterricht besser möglich als durch einen rein konfessionellen schulischen Unterricht. Dies, zumal die römisch-katholische, die evangelisch-reformierte und in vielen Kantonen auch die christkatholische Kirche öffentlich-rechtliche Anerkennung geniessen.

Anders stellt sich die Situation bei der Katechese dar. Zwar gibt es auch hier ein Bewusstsein der Kirchen, dass sich christliche Glaubensidentität in der modernen Gesellschaft nicht mehr durch konfessionelle Abschottung, sondern im ökumenischen Kontext vollzieht. Insbesondere ist dies der Fall in einem Reformationsland wie der Schweiz, wo viele Familien konfessionsverbindend leben. Auch interkonfessionelle und -religiöse Begegnungen tragen zur Identitätsbildung bei.[11] Trotzdem bleiben faktisch viele dabei, Katechese im Sinne von identitätsbildender Begleitung im Glauben und kirchlicher Beheimatung nur konfessionell zu denken. Das Bemühen um die Stärkung der konfessionellen Identität beispielsweise kann einer ökumenischen Katechese im Wege stehen. Meist kommen aber pastorale Verantwortliche schon gar nicht auf die Idee, Katechese anders als gewohnt konfessionell zu gestalten.

Weil es in der Nordwestschweiz bereits Erfahrungen ökumenischer Kooperation im Religionsunterricht wie auch in der Katechese gab, war es möglich, auch die Ausbildung von Katechet:innen als ökumenisches Anliegen zu begreifen. Dass Katechet:innen sowohl für den Lernort Schule wie auch für den Lernort Kirche ausgebildet werden, entspricht zunehmend dem Bedürfnis der Kirchen. Indem Kompetenzen für beide Lernorte von Beginn weg in einem ökumenischen Ausbildungsgang erworben werden, sind die Ausgebildeten stärker sensibilisiert für ökumenisches Handeln in den Gemeinden und Pfarreien. Sie lernen und erfahren gleichzeitig, worauf man konkret zu achten hat,

---

10 Auch der Lehrplan der römisch-katholischen Kirche in der Deutschschweiz LeRUKa profiliert die unterschiedlichen Lernorte religiösen Lernens und Glaubens, den konfessionellen Religionsunterricht und die Katechese; vgl. Netzwerk Katechese, Religionsunterricht.
11 Siehe dazu das römisch-katholische «Leitbild Katechese im Kulturwandel» (2009; Deutschschweizer Ordinarienkonferenz DOK), Leitsatz 5: «Katechese ist ökumenisch angelegt. Die christlichen Kirchen machen situationsbezogen in gemeinsamen Angeboten Menschen mit der Bibel, der christlichen Tradition und Kultur und mit dem engagierten Handeln in der Welt vertraut»; vgl. Deutschschweizerische Ordinarienkonferenz, Leitbild.

um ein ökumenisches Projekt vor Ort durchführen zu können, z. B. als ökumenische Erwachsenenbildung. Das wiederum kann Seelsorgeteams ermutigen, ihre Praxis zu erweitern. Drei konkrete Beispiele stehen für solche Erfahrungen:

Eine angehende reformierte Katechetin besucht im Rahmen der Ausbildung das Modul «Sakramentenhinführung Versöhnung»[12], das im OekModula-Ausbildungsgang bewusst in einer ökumenischen Perspektive durchgeführt wird. Als Praxisprojekt gestaltet sie zusammen mit einer römisch-katholischen Kollegin für ihre Gemeinde einen ökumenischen Versöhnungsweg. In der Folge überlegen die Verantwortlichen beider Kirchen, wie sie das Projekt gemeinsam weiterführen können.

Ein bei OekModula ausgebildeter reformierter Katechet ist in einer römisch-katholischen Pfarrei für die Arbeit mit Ministrant:innen verantwortlich. Gemeinsam mit der Pfarrerin der reformierten Gemeinde gestaltet er ökumenische Bibelnachmittage, zu denen die Ministrant:innen und alle Kinder derselben Altersgruppe eingeladen sind.

Eine bei OekModula ausgebildete christkatholische Katechetin ist gleichzeitig in einer römisch-katholischen Pfarrei für die Erstkommunionvorbereitung verantwortlich. Die Erfahrungen, die sie dabei macht, tragen dazu bei, dass sie Möglichkeiten vermehrter ökumenischer Zusammenarbeit in der Katechese auslotet.

Es bewährt sich, dass Katechet:innen unterschiedlicher Konfessionen nicht nur die auf den Religionsunterricht ausgerichteten Ausbildungsmodule besuchen, sondern auch solche zur Katechese. Sie lernen dabei miteinander und voneinander, von unterschiedlichen Erfahrungen, Eigenheiten und Charismen kirchlicher Lebenspraxis.

3 Das Ökumenische an OekModula

Ökumenisches Lernen und Ökumene lernen finden in der Ausbildung von Katechet:innen in erster Linie dank der Vielfalt der Unterrichtenden und Lernenden selbst statt. Die theologischen Inhalte werden so laufend reflektiert, was den Erwerb ökumenischer Kompetenz begünstigt und unterstützt.

---

12 Dieser Ausbildungsteil umfasst nicht nur die Sakramentenkatechese als Hinführung zum Busssakrament. Der Begriff Versöhnung zeigt an, dass die theologischen wie religionspädagogischen Fragen und Herausforderungen im grösseren pastoralen Kontext gesehen werden müssen. Vgl. dazu etwa Arnold u. a. (Hg.), Versöhnungskultur.

Einige Leitsätze im Leitbild von OekModula beziehen sich deshalb explizit auf «ökumenisches Lernen» und «Ökumene lernen». Da heisst es unter anderem:

«Wir pflegen eine partnerschaftliche ökumenische Kultur, ohne die je eigene Identität zu verleugnen.»

Sowie:

«Wir achten die Unterschiede der Konfessionen und stärken das Gemeinsame.»[13]

Beides ergibt sich ganz praktisch durch die Zusammenarbeit der Ausbildungsverantwortlichen und Dozierenden der beteiligten Kirchen. Das Team von OekModula setzt sich zusammen aus Religionspädagog:innen und Theolog:innen aller drei Konfessionen bzw. Partnerkirchen. Die unterschiedlichen beruflichen und kirchlichen Erfahrungshintergründe spielen als Basis für die ökumenische Ausbildungsarbeit eine wesentliche Rolle. Dies hält ein weiterer Leitsatz fest:

«Wir bilden nach Möglichkeit und wenn es die personellen Ressourcen erlauben, Dozent:innen-Teams, welche nach Geschlecht und Konfession gemischt sind. Darin wird der ökumenische Gedanke für die Lernenden erlebbar.»[14]

Da die Lernenden wesentlich auch am Beispiel der Unterrichtenden lernen, ist die heterogene Zusammensetzung des Lehrkörpers im Konzept von OekModula entscheidend. Voraussetzung dafür ist, dass die Dozierenden sich ihrer eigenen konfessionellen Biografien bewusst sind, diese reflektieren und sie in der Unterrichtstätigkeit transparent machen. Dabei wird sichtbar, dass auch die Biografien der Dozierenden zunehmend nicht mehr monokonfessionell verlaufen.

Dieselbe Vielfalt findet sich unter den Lernenden. Sie lernen ökumenisch, indem ihre kirchlich-konfessionellen Erfahrungshintergründe thematisiert werden und besonderen Wert auf formellen und informellen Erfahrungsaustausch unter den Lernenden gelegt wird. Dahinter steht die Überzeugung: Die Lernenden lernen Ökumene von- und miteinander.

Selbstverständlich gilt das für jede (kirchliche) Ausbildung heute: In einer Zeit zunehmender Pluralisierung und Individualisierung sind die Biografien der

---

13 Vgl. OekModula, Leitbild a), abrufbar auf: OekModula.ch, Grundsätzliches.
14 Vgl. OekModula, Leitbild b), ebd.

Lernenden vielfältiger geworden. Bildungshintergrund, Migrationserfahrungen, soziale und wirtschaftliche Situation, Zivilstand, Kirchenbindung u. a. m. unterscheiden sich und werden als vielfältige Erfahrungen geschätzt und eingebracht.

Vier biografische Beispiele von Katechet:innen in Ausbildung bei OekModula[15] veranschaulichen diese Vielfalt:

**Mila, römisch-katholisch; aufgewachsen in Polen
in einem streng katholischen Elternhaus**

Mila hat in Polen eine Ausbildung als Kindergärtnerin absolviert. Seit zehn Jahren lebt sie verheiratet in der Schweiz. Sie arbeitet heute in einer katholischen Pfarrei als Sekretärin und bereits mit einem kleinen Pensum als Katechet:in. Mila unterrichtet ökumenischen Religionsunterricht und hilft bei der Erstkommunionkatechese mit. Von ihren Eltern wurde sie streng katholisch erzogen. Kirchliche Lehre und Moral wurden im Elternhaus nicht hinterfragt. Den Religionsunterricht hat sie als langweiligen Moralunterricht in Erinnerung. Er unterstützte sie nicht in der Entwicklung eines mündigen Glaubens. Die Ausbildung zur Katechet:in erfährt sie als Befreiung von einengender Religiosität. Theologische Inhalte begeistern sie. Dank dem Austausch mit ihren Kurskolleg:innen und mit den Dozierenden hat sie sich nach und nach vom schlechten Gewissen befreien können, dass sie mit einem geschiedenen Mann verheiratet ist.

**Esther, reformiert; aufgewachsen in der Schweiz
in einer evangelikalen Gemeinde**

Esther ist reformiert und hat zwei kleine Kinder. Sie hat ein naturwissenschaftliches Studium gemacht und arbeitet mit einem minimalen Pensum in einem Biotech-Unternehmen. Daneben erteilt sie in ihrer reformierten Gemeinde ökumenischen Religionsunterricht. Aufgewachsen ist Esther in einer evangelikalen Gemeinde, die ihr in der Kindheit viel Geborgenheit vermittelt hat. Als Erwachsene empfand Esther zunehmend einen Graben zwischen der Bibelauslegung der Gemeinde und naturwissenschaftlichem Denken. Sie schätzt in der Ausbildung zur Katechetin den Austausch mit ihren Kolleg:innen und die Praxiserfahrungen im Religionsunterricht. Zudem ist sie begeistert von einem neuen, wissenschaftlichen Zugang zur Bibel.

---

15 Die Namen wurden aus Gründen des Persönlichkeitsschutzes geändert. Einige biografische Details wurden aus demselben Grund leicht verfremdet, geben aber im Wesentlichen die persönlichen Darstellungen der Studierenden wieder.

Juliane, christkatholisch; in einer römisch-katholischen Familie in Deutschland aufgewachsen

Juliane ist erst vor Kurzem zur christkatholischen Kirche konvertiert. Sie ist in einer durchschnittlichen katholischen Familie aufgewachsen und hat sich als junge Erwachsene immer mehr von der römisch-katholischen Kirche distanziert. Zu vieles hat sie gestört: der Ausschluss der Frauen vom Priesteramt, der Umgang der Kirchenleitung mit Homosexualität, die Missbrauchsskandale etc. Über den örtlichen Frauenverein hat sie als Mutter mit einem kleinen Kind wieder zur Kirche gefunden. Bei der christkatholischen Kirche fällt für sie vieles weg, was sie an der römisch-katholischen Kirche gestört hatte. Die überschaubare christkatholische Gemeinde vermittelt ihr ein starkes Gefühl von Gemeinschaft und Gebrauchtwerden. Sie engagiert sich ehrenamtlich und beruflich in ihrer Pfarrei. Über die ökumenische Ausbildung zur Katechet:in und dank ihren Kontakten zu römisch-katholischen Kolleg:innen hat sie heute ein versöhntes Verhältnis zu ihren Wurzeln. Mit dem von allen beteiligten Kirchen anerkannten Fachausweis arbeitet sie als Katechetin sowohl in ihrer christkatholischen Pfarrei wie auch in einer römisch-katholischen Nachbarspfarrei.

Tanja, reformiert; aufgewachsen in Rumänien in einer rumänisch-orthodoxen Familie in einem religionsfeindlichen Umfeld

Tanja lebt als alleinerziehende Mutter mit einem Kind seit zwei Jahren in der Schweiz. Sie ist in einer rumänisch-orthodoxen Familie aufgewachsen. Religionsausübung war zur Zeit des Kommunismus nur sehr eingeschränkt möglich. Was in der Gesellschaft zählte, war Leistung. So hat sich Tanja ihre Anerkennung mit herausragenden Leistungen in Schule und Studium erarbeitet. Sie hat Wirtschaftsinformatik studiert und ist nach dem Studium für ein Doktorat nach Deutschland gezogen. Während der Doktoratszeit geriet sie in eine Lebenskrise. Ihr Leben und ihr Selbstwert waren ausschliesslich auf Leistung aufgebaut. Durch eine Kollegin kam sie in Kontakt mit einer Freikirche. Dort erlebte sie ein Aufgehoben- und Akzeptiertsein jenseits von Leistung. Als sie aus beruflichen Gründen in die Schweiz zog, trat sie der reformierten Kirche bei. Sie arbeitet mit einem Teilpensum als Dozentin für Wirtschaftsinformatik. Als sinnvollen Ausgleich wünscht sie sich, mit Kindern und Jugendlichen in der religiösen Bildung und Begleitung arbeiten zu können. Dazu hat sie ausbildungsbegleitend bereits ein kleines Pensum im ökumenischen Religionsunterricht einer katholischen Pfarrei übernommen. In der Ausbildung zur Katechetin schätzt sie die Kontakte zu ihren Kolleg:innen. Zudem ist sie sehr interessiert an theologischen Fragen und bildet sich im Selbststudium über die Ausbildung hinaus weiter.

Jede dieser Biografien ist einzigartig. Allen gemeinsam ist ein grosses Interesse an theologischen Themen und der Wunsch, die eigene christliche Biografie zu erweitern. Aber auch das Ideal, Kinder und Jugendliche in ihrer religiösen Entwicklung zu unterstützen und sie auf ihrem Glaubensweg begleiten zu können. Alle schätzen auch sehr das gemeinsame Lernen und den Austausch mit ihren Kolleg:innen. Sie versprechen sich von einer ökumenischen Ausbildung genau dies: Dass Lernende mit unterschiedlichen christlichen Biografien zusammenkommen und dass die Dozierenden dieser Heterogenität Raum geben.

Die konfessionelle Vielfalt der Lernenden und ihre Bildungsbedürfnisse verpflichten die Ausbildungsinstitution. Der OekModula-Ausbildungsgang hält in andragogischen Leitideen fest, dass durch gezielte Bildungsinhalte christlich-theologisches Grundwissen, interkonfessionelles sowie im eigentlichen Sinne ökumenisches Wissen vermittelt und – nicht zuletzt durch bewussten Austausch von Erfahrungen – ökumenische Kompetenzen aufgebaut werden sollen.[16] Darauf wird besonders in den theologischen und auf die Sakramente bezogenen Modulen geachtet. Hier ist es wichtig, dass alle drei Konfessionen der Partnerkirchen durch entsprechende Dozierende original und authentisch zu Wort kommen.

Dass die ökumenische Ausrichtung attraktiv ist, zeigt sich daran, dass sich Teilnehmende aus anderen Kantonen für die Ausbildung bei OekModula oder zumindest für den Besuch einzelner Module entscheiden. Zudem ermöglicht der von allen beteiligten Kirchen anerkannte Fachausweis den Katechet:innen eine Anstellung in jeder dieser Kirchen.

4 Herausforderungen

Bei jedem Projekt gibt es Stärken und Schwächen bzw. besondere Herausforderungen. Einige der Stärken eines ökumenischen Ausbildungsverbundes wurden oben bereits genannt. Zu diesen gehören auch personelle und wirtschaftliche Überlegungen. Im Hinblick auf die Qualität der Ausbildung ermöglicht ein (ökumenischer) Ausbildungsverbund ein vielfältigeres Dozierendenteam mit einer grösseren Diversität hinsichtlich beruflicher Kompetenzen. In finanzieller Hinsicht lohnt sich die Kooperation, da die Ausbildungssubvention auf mehrere Partner aufgeteilt werden kann.

Aber es stellen sich auch Herausforderungen, die für das Gelingen eines ökumenischen Verbunds angegangen werden müssen. Auf zwei sei hier hingewiesen:

---

16 Andragogische Leitlinien, Punkt 2, abrufbar auf: OekModula, Grundsätzliches.

Katholische Strukturen für reformierte und christkatholische Partner

Eine der grössten Herausforderungen von OekModula war zu Beginn, dass sich die reformierten und christkatholischen Partner einem von der römisch-katholischen Kirche getragenen Ausbildungssystem anschliessen sollten. Es sind Strukturen und Entscheidungsträger der römisch-katholischen Kirche (Bildungsrat, Qualitätssicherungskommission, Geschäftsstelle ForModula etc.[17]), die über Entwicklungen der Ausbildung und über einzelne Ausbildungskandidat:innen entscheiden. Um Befürchtungen der nicht-katholischen Partnerkirchen ernst zu nehmen, war es wichtig, Entscheidungen dieser Gremien stets transparent zu kommunizieren. Ebenso zentral war es auch, dass reformierte bzw. christkatholische Ausbildungsverantwortliche auf Wunsch in den katholischen Gremien mit beratender Stimme Einsitz nehmen konnten.

Eine entscheidende vertrauensbildende Massnahme der römisch-katholischen Verantwortlichen findet sich als Vereinbarung im Anerkennungsvertrag von OekModula. Bei allen personenbezogenen Anträgen von reformierten oder christkatholischen Kandidat:innen (z. B. bei ausserordentlicher Zulassung zur Ausbildung, Gleichwertigkeitsprüfung von Vorleistungen, Bearbeitung von Rekursen und Beschwerden u. ä.) ist die katholische Trägerschaft (ForModula) verpflichtet, ein Gutachten einer Person mit gleicher Konfession wie die der Kandidatin/des Kandidaten einzuholen.

Dank solchen Massnahmen und dank dem grossen Vertrauen der Partnerkirchen verursachte diese strukturelle konfessionelle Einseitigkeit bis heute keine Probleme, die nicht konstruktiv gelöst werden konnten. Die ökumenische Kooperation in der Ausbildung der Katechet:innen wurde zu keiner Zeit von einem der Partner infrage gestellt. Eher wurde der Wunsch nach Ausweitung der Kooperation geäussert.

Grenzen einer ökumenisch offenen Theologie und Haltung

In einer ökumenischen Ausbildung wird von den Lernenden ein ökumenisches Interesse und grundsätzlich auch eine Offenheit gegenüber anderen Religionen erwartet. Nicht selten werden bisher wenig reflektierte Glaubensansichten infrage gestellt. Auf wissenschaftlicher Theologie basierende Standards mit entsprechendem Bibelverständnis beispielsweise, die der Ausbildung zugrunde liegen, sind für viele Lernende neu und herausfordernd. Viele erleben das als bereichernd, oft sogar als befreiend. Wenige geraten jedoch in Konflikt mit Ansichten, die sie nicht ablegen können oder wollen. Manchmal führt dies zu

---

17 Vgl. ForModula, Ausbildungen.

einem Abbruch der Ausbildung, vor allem bei evangelikal geprägten reformierten oder traditionalistisch katholisch geprägten Lernenden.

Von den Dozierenden wird verlangt, jeder Person und ihrer religiösen Haltung mit Respekt zu begegnen, aber auch, in theologischen Fragen klar begründete Standpunkte einzunehmen. Die Dozierenden müssen deshalb nicht nur ihre konfessionelle Biografie und ihre Standpunkte kritisch reflektieren, sie müssen auch ihre theologischen Positionen transparent machen.

5 Fazit und Ausblick

Zum Schluss dieser Ausführungen soll bewusst aus Sicht der Leitung von OekModula reflektiert werden, welche Ziele erreicht wurden und welche Herausforderungen und Visionen nach wie vor bestehen.

Was wir erreicht haben: ein solide aufgestellter ökumenischer Ausbildungsverbund in der Nordwestschweiz mit Entwicklungspotenzial

OekModula ist gefestigt, hat tragfähige Strukturen erarbeitet, führt Module mit stabilen Teilnehmer:innen-Zahlen durch und ist seit 2018 eduQua-zertifiziert[18]. Ausserdem ist OekModula seit 2021 als erster ökumenischer Ausbildungsverbund bei ForModula als Modulanbieter akkreditiert. Deshalb kann OekModula den Teilnehmenden aller beteiligten Konfessionen einen Fachausweis ausstellen lassen. Das bedeutet, dass reformierte oder christkatholische Katechet:innen auch in römisch-katholischen Gemeinden angestellt werden können und umgekehrt. Dies findet zunehmend statt.

Die Akkreditierung als ökumenischer Ausbildungsverbund war ein äusserst erfreulicher Meilenstein. Gleichzeitig sind wir uns bewusst, dass das Bemühen um eine Ökumene auf Augenhöhe damit noch nicht am Ziel sein kann.

Was wir nicht erreicht haben: die Umsetzung einer schweizweiten ökumenischen Ausbildung

Die Absichtserklärung, die im Zweckartikel des ersten Kooperationsvertrages unserer Mitgliedskirchen stand, wurde bislang nicht umgesetzt. Dort hiess es: «OekModula steht im ständigen Austausch mit den Leitungsgremien von For-

---

18 eduQua ist das Schweizer Qualitätslabel für Anbieter in der Weiterbildung, vgl. SVEB Schweizerischer Verband für Weiterbildung, Qualitätslabel.

Modula und setzt sich langfristig für ein gesamtschweizerisch ökumenisches Angebot mit entsprechend ökumenischen Leitungsstrukturen ein».[19]

Es bleibt zur Zeit eine Vision, dass die römisch-katholische, die christkatholische und die evangelisch-reformierte Kirche der Schweiz auf ein gemeinsames Konzept für die Ausbildung von Katechet:innen hinarbeiten. Gespräche dazu finden zurzeit nicht statt. Die römisch-katholische Kirche überarbeitet und optimiert ihr bisheriges Ausbildungskonzept. Die christkatholische Kirche fühlt sich angesichts ihrer Grösse und Kapazitäten gut aufgehoben bei OekModula. Und unter den Ausbildungsanbietern der reformierten Kirche wird eine grössere Einheitlichkeit diskutiert.

Was herausfordernd bleibt: die demografische Entwicklung und Säkularisierung der Gesellschaft, veränderte Berufsbilder von Katechet:innen, abnehmende Ressourcen und mangelnde Ökumene der Kirchen

Die demografischen Veränderungen in einer zunehmend säkularen und gleichzeitig multireligiösen Gesellschaft führen dazu, dass die Mitgliederzahlen der Kirchen sinken. Dadurch ändern sich die Anforderungen an Katechet:innen bzw. deren Berufsbild. Das Ausbildungskonzept von ForModula ging ursprünglich vom Berufsbild einer römisch-katholischen Katechetin aus. Deren Arbeitsgebiete liegen im Religionsunterricht und in der Katechese, wobei der Bereich der Katechese an Bedeutung gewinnen und der Bereich Religionsunterricht (am Lernort Schule) in der Schweiz eher an Bedeutung verlieren dürfte. Dies betrifft auch reformierte und christkatholische Katechet:innen, die bei OekModula ausgebildet werden.

Auch in der Nordwestschweiz, dem hauptsächlichen Einzugsgebiet von OekModula, gerät der kirchliche Religionsunterricht am Lernort Schule zunehmend unter Druck. Wird der ökumenisch unterrichtete Religionsunterricht am Lernort Schule zugunsten von Katechese am Lernort Pfarrei bzw. Gemeinde reduziert, ist die Frage, was mit der ökumenischen Zusammenarbeit vor Ort passieren wird. Für christkatholische Gemeinden ist das schon heute mehrheitlich so: Aufgrund ihrer Minoritätssituation konzentriert sich die christkatholische Kirche auf religiöse Begleitung und Beheimatung ihrer Kinder und Jugendlichen (Katechese). Ökumenische Zusammenarbeit in diesem Bereich hatte deshalb bislang nicht Priorität. Für reformierte Gemeinden im Bildungsraum

---

19 Vgl. Kooperationsvertrag zwischen allen an OekModula beteiligten Kirchen vom 1. Januar 2015. Dieser löste eine schriftliche Vereinbarung der Partnerkirchen für die Pilotphase von 2012 bis 2014 ab. Aufgrund der Akkreditierung bei ForModula und dem Beitritt der christkatholischen Kirche trat am 1. Januar 2021 ein neuer Kooperationsvertrag in Kraft, welcher die Vision einer gesamtschweizerischen ökumenischen Ausbildung beibehielt.

von OekModula hingegen ist der Beruf der Katechetin mehrheitlich auf den Religionsunterricht ausgerichtet. So ist insgesamt viel Bedarf zu erkennen, religiöse Bildung und Begleitung weiter, vernetzter und ökumenischer als bisher zu denken.

Mit Blick auf die Deutschschweiz zeigt sich, dass die ökumenische Zusammenarbeit der Kirchen im Bereich der religiösen Bildung und Beheimatung sehr oft bei der Organisation eines gemeinsam verantworteten Religionsunterrichts stehengeblieben ist. Soll die Botschaft des Evangeliums auch in einer weitgehend säkularisierten und pluralistischen Gesellschaft von den Kirchen als gesellschaftsrelevanter Beitrag für das Wohl aller Menschen eingebracht werden, müssten die Kirchen, vergleichbar den diakonischen Angeboten,[20] auch im Bereich von Bildung und Katechese überzeugter gemeinsam auftreten. Ökumene dürfte dann nicht mehr die Ausnahme, sondern müsste die Regel sein.

Fazit: Nicht alles ist gut. Aber vieles eine Chance!

Ein ökumenischer Ausbildungsverbund für die Ausbildung von Katechet:innen ist ein Beispiel gelungener Kooperation. Es ist absehbar, dass angesichts schwindender personeller und finanzieller Ressourcen der Bedarf an Kooperation weiter wachsen wird. OekModula ist schon heute bemüht, weitere und neue Formen von Kooperation umzusetzen und z. B. einzelne Ausbildungsmodule in Zusammenarbeit mit religionspädagogischen Fachstellen benachbarter Kantone anzubieten. Dies stellt sicher, dass sich Ausbildungsinteressierte auch in Zukunft auf ein gutes Ausbildungsangebot verlassen können. Dass es diese Ausbildungsinteressierten nach wie vor gibt, stimmt zuversichtlich. Da sind Frauen – und wenige Männer – die einen Zweitberuf erlernen wollen, um mit Menschen arbeiten zu können. Es sind genauerhin Menschen, die bewusst christlich und kirchlich verwurzelt sind und offen für Kirche und Welt von heute. Es sind hochmotivierte Menschen. Sie sind für die Kirchen und deren Weiterentwicklung eine grosse Chance.

6 Facts and figures

An OekModula beteiligte Kirchen

- Evangelisch-Reformierte Kirche des Kantons Basel-Landschaft
- Römisch-Katholische Landeskirche des Kantons Basel-Landschaft
- Römisch-Katholische Kirche des Kantons Basel-Stadt

---

20 Z. B. ökumenische Zusammenarbeit in der Spital- oder Gefängnisseelsorge u. a.

- Evangelisch-Reformierte Kirche Kanton Solothurn
- Reformierte Bezirkssynode Solothurn der Reformierten Kirche Bern-Jura-Solothurn
- Römisch-Katholische Synode des Kantons Solothurn
- Christkatholische Kirche der Schweiz

Module, Teilnehmendenzahlen und ausgestellte Fachausweise

Von 2012 bis 2023:
- Anzahl durchgeführte Module: 59
- Anzahl Teilnehmende total: 710
- Anzahl Teilnehmende im Durchschnitt pro Modul: 12
- Anzahl Personen, die Module besucht haben bei OekModula: 174
- Anzahl Personen, die Module besucht haben bei OekModula, nach Kirchen:
Röm-kath. BL: 23
Ev.-ref. BL: 14
Röm.-kath. BS: 5
Röm.-kath. SO: 23
Ev.-ref. SO: 19
Christkath. CH: 5
Andere: 63
- Anzahl ausgestellte Fachausweise: 46[21]

Zusammensetzung Dozierendenteam (2024)

- In OekModula sind als regelmässig unterrichtende Dozent:innen 7 Personen mit insgesamt 120 Stellenprozenten tätig.
- 4 Dozent:innen sind Theolog:innen, 3 Religionspädagog:innen.
- 4 Dozent:innen sind römisch-katholisch, 2 Dozent:innen evangelisch-reformiert, 1 Dozent christkatholisch.

Leitung und Finanzen

- Die strategische Leitung von OekModula obliegt dem Kooperationsrat, in den jede Partnerkirche eine Vertretung delegiert.

---

21 Diese Zahl ist im Vergleich zur Anzahl Modulteilnehmenden gering. Sie bezieht sich ausschliesslich auf die Anzahl ausgestellter Fachausweise in den durchgeführten Prüfungsmodulen.

- Die operative Leitung liegt bei Ausbildungsleitung und Sekretariat (total 30 Stellenprozente).
- Die Partnerkirchen subventionieren die Ausbildung der Katechet:innen anteilmässig. Die Aufteilung erfolgt nach einem Finanzierungsschlüssel, der die Grösse der Kirchen nach Mitgliederzahlen berücksichtigt.

Literaturverzeichnis

Arnold, Markus/Graf, Karl/Lottaz, Angelo/Ottiger, Nicola (Hg.): Versöhnungskultur. Busswege und Versöhnungsfeiern in der Gemeinde (Kontext Katechese 3), Luzern 2020.

Deutschschweizerische Ordinarienkonferenz (DOK): Leitbild Katechese im Kulturwandel, verabschiedet am 17.03.2009; https://www.reli.ch/leitbild/.

Fachstellen Religionspädagogik des Kantons Solothurn: Ökumene: Häufig gestellte Fragen (FAQs); https://www.sofareli.ch/oekumene/religioese-bildung-auf-zwei-saeulen/faq-s.

ForModula: Aus- und Weiterbildung für Berufe der Kirche; https://formodula.spi-sg.ch.

Netzwerk Katechese (Hg.): Konfessioneller Religionsunterricht und Katechese. Lehrplan für die Katholische Kirche der Deutschschweiz, Luzern 2017; https://www.reli.ch/lehrplan/.

OekModula: Grundsätzliches zu OekModula; https://www.oekmodula.ch/grundsaetzliches-zu-oekmodula.html.

Religionspädagogisches Fachgremium (RPF): Ausbildungsorte für Katechetinnen, Katecheten, Lehrpersonen. Dokument des Konsultativgremiums der Deutschschweizerischen Kirchenkonferenz (KIKO); https://www.kirchenkonferenz.ch/_files/ugd/ff78d7_85441972ea974b46ab2a3d1c7456c383.pdf.

SVEB Schweizerischer Verband für Weiterbildung: eduQua – das Qualitätslabel der Weiterbildung; https://alice.ch/de/qualitaet/qualitaetslabel-eduqua/.

Vom Nebeneinander zum Miteinander

Non-formale Bildung mit ökumenischer Weite

Walter Lüssi

Diesen Beitrag zu ökumenischer non-formaler Bildung beginne ich bewusst mit zwei kurzen Geschichten. Sie sind dadurch verbunden, dass sie mit meinem eigenen Erleben zu tun haben, einmal als biografisches Stück meiner religiösen Sozialisation und dann als Erinnerung einer Schlüsselgeschichte. Ich beginne also bewusst nicht mit einer «Analyse der Entwicklung und der aktuellen Situation der ökumenischen Bildungslandschaft der Schweiz», wie sie in der Bachelorarbeit von Selina Scheiwiller an der Hochschule Luzern 2019[1] im Auftrag des schweizerischen Verbands «plusbildung», den ich präsidiere, festgehalten wurde. Ich beschränke mich auf Erfahrung und eigenes Handeln, von dem ich mir einbilde, dass es durchaus informiert und unter Einbezug wissenschaftlicher Erkenntnisse geschehen ist.

Der Einstieg mittels der erwähnten Geschichten geschieht aus der Überzeugung heraus, dass ökumenische Zusammenarbeit generell nicht zuerst auf kirchlichen Beschlüssen und Verlautbarungen beruht, sondern zuerst und vor allem durch eine gelebte Haltung von Personen bestimmt ist, die offiziellen Beschlüssen und Impulsen vorausgeht, letztere provoziert und überbietet.

1 Biografische Spuren

Ich bin als Reformierter in Arth am Fusse der Königin der Berge, der Rigi, aufgewachsen. Das heisst gleichzeitig: in der Diaspora mit damals einem Anteil der Bevölkerung von sieben Prozent reformierter Zugehörigkeit – kurz, ich bin in katholischen Landen aufgewachsen. Meine religiöse Sozialisation wurde durch diese Minderheitensituation geprägt. Die konfessionelle Vielfalt war von Anfang an auch in der Familie und deren Umfeld präsent, durch meine Mutter als Katholikin aus der italienischsprachigen Schweiz und durch die Tatsache, dass wir in unmittelbarer Nachbarschaft zum katholischen Pfarrhaus wohnten mit Ausblick auf Kirche und Friedhof. Zudem war im Parterre des Hauses der

---

1 Vgl. Scheiwiller, Analyse.

Kindergarten der Gemeinde untergebracht, den ich und meine beiden Geschwister ebenfalls besuchten. Ich erinnere mich an die Kindergärtnerin, eine Ingenbohler Schwester in Tracht, die uns erlaubte, während der Schulferien Spielsachen aus dem Kindergarten zum Spielen in unsere Wohnung zu nehmen, und die ich heiss geliebt habe.

Schon früh habe ich mich für die Ökumene vor Ort interessiert und auch engagiert. Meine Abschlussarbeit an der Universität Basel befasste sich mit der religiösen Kindererziehung in konfessionsverbindenden Familien. Sie wurde vor mehr als 40 Jahren publiziert,[2] und ich darf für mich in Anspruch nehmen, dass ich den Begriff «konfessionsverbindende Ehe» anstelle von «Mischehe» in der Schweiz eingeführt habe. Zu meiner Ordination bekam ich vom (katholischen) Luzerner Künstler Gottlieb Ulmi, der auf mich aufmerksam geworden war, ein Relief geschenkt, dem er den Titel «Vom Nebeneinander zum Miteinander»[3] gegeben hatte.

Abb. 3: Gottlieb Ulmi, «Vom Nebeneinander zum Miteinander»

---

2   Lüssi, Kinder.
3   Gottlieb Ulmi: Vom Nebeneinander zum Miteinander. Privatbesitz. Foto: Christoph Kaminski, Uster (2023).

Die ökumenische Herausforderung zieht sich durch mein ganzes Leben und bestimmte in grossen Teilen meine theologische Existenz. Dies hat mich, verbunden mit meinem Interesse an kirchlicher Bildung, auch «in die Fänge» von Oikosnet Europe geführt. Oikosnet ist verwurzelt in einem Miteinander der Konfessionen (evangelisch, katholisch, orthodox), das Versöhnung in Europa, das Engagement für die Ermächtigung und Teilhabe aller sowie die Mitverantwortung für demokratische Entscheidungsprozesse beinhaltet. Seit mehr als 15 Jahren arbeite ich daran, dass in der Schweiz Strukturen geschaffen und finanzielle Mittel bereitgestellt werden, die der Bewegung vom Nebeneinander von kirchlichen Bildungsorten zum Miteinander eine Chance geben. Zu diesem bis heute bestehenden Engagement später mehr.

2 Die Nagelsuppe

In der zweiten kleinen Geschichte geht es um einen Kurzfilm, den ich als junger Gemeindepfarrer in den achtziger Jahren im Konfirmandenunterricht eingesetzt hatte. Der Titel des Films hiess «The Nail Soup»; die darin erzählte Handlung erinnere ich so:

In einem heruntergekommenen Haus mit einigen Wohnungen wohnten ganz unterschiedliche Menschen: Eine alte Frau, die sich an der Wohngemeinschaft junger Leute in der Wohnung nebenan mit ihren Partys und ihrer lauten Musik überhaupt nicht störte, weil sie mangels eines Hörgeräts so oder so nicht mehr viel mitbekam. Ein polternder Hauswart, der sich über Reparaturen, die er auszuführen hatte, fürchterlich aufregte, obwohl er gerade dafür seinen Lohn bekam. Einige Familien mit Kindern unterschiedlichen Alters. Und natürlich gehörten zu diesem Haus auch eine überforderte alleinerziehende Mutter und ein junger Mann, dessen Wohnung zeigte, dass er sich auf dem besten Weg befand, ein regelrechter Messie zu werden.

Die Wohnungstüren waren geschlossen. Niemand schien jemanden der Nachbarn zu kennen. Im Treppenhaus eilte man aneinander vorbei, bekam auf ein gemurmeltes «Wie geht es heute?» ein knappes «Und dir?» zurück oder hörte ab und zu den Hauswart fluchen.

Nach dem Intro, das gleichsam die Vorstellungsrunde war, sah man den jungen Mann in seiner chaotischen Wohnung. Eben schickte er sich an, etwas zu kochen, und setzte in einer grossen Pfanne Wasser auf den Kochherd. Dabei stiess er mit einer fahrigen Bewegung an ein Küchengestell. Ohne dass er es zunächst bemerkt hätte, fiel von diesem Gestell ein grosser Stahlnagel direkt in den Topf mit dem Wasser. Als das Wasser zu kochen und sprudeln begann – der junge Mann, der gerade mit seiner Freundin telefonierte, hatte den Topf längst vergessen –, wurde der Nagel in der Pfanne schliesslich derart geschüttelt und bewegt, dass alsbald ein lautes Bim und Bam zu vernehmen war. – Klammerbemerkung: Bei diesem Film handelte es sich um einen kirchlichen Animationsfilm, so dass das Klimpern von Metall auf Metall dem Klang von Kirchenglocken unverkennbar nahekam!

Der Klang wurde schliesslich so laut, dass er ausserhalb der Wohnung des jungen Mannes auf dem Flur gut zu hören war. Bewohnerinnen und Bewohner, die an der Wohnungstür vorbeigingen, blieben einen Moment irritiert stehen oder schüttelten den Kopf. Und wenn sie sich begegneten, fragten sie einander: «Was ist denn das?» und bekamen als Antwort doch nur ein Schulterzucken. Schliesslich wurde es dem Hauswart zu bunt. Der Lärm nervte ihn derart, dass er die Treppe zur Wohnung hinaufstürmte und dort angekommen wild an die Tür zu hämmern begann. Der junge Mann öffnete die Türe just in jenem Moment, als die alte Frau – genau: jene ohne Hörgerät – vom oberen Stock herunterkam. «Was ist das für ein Höllenlärm?», polterte der Hauswart. Und mit einem Lächeln antwortete der junge Mann: «Oh! Das? Kennen Sie das denn nicht? Ich koche für das ganze Haus eine Nagelsuppe (Nail Soup)!» – «Was macht er?», wollte die Frau wissen. Der Hauswart reagierte unwirsch: «Er hat es ja gerade gesagt. Hören Sie denn gar nichts mehr? Der Herr kocht eine Nagelsuppe (Nail Soup)!»

«Oh! Fein! Lecker!» Die Frau schielte schnell am jungen Mann vorbei in die Wohnung zum Herd und setzte dann ihren Weg das Treppenhaus hinunter fort. Allen aber, denen sie begegnete, sagte sie: «Hören Sie das? Der junge Mann in der zweitobersten Wohnung kocht eine Schneckensuppe (Snail Soup). Und wie ein Lauffeuer verbreitete sich die Kunde von der feinen Schneckensuppe und von der Einladung zum festlichen Mahl.

Gegen Ende des Films sah man die Menschen, die vorher scheinbar nichts miteinander zu tun hatten, emsig zusammenarbeiten. Die einen deckten im Garten den grossen Tisch. Die anderen brachten aus ihrer Speisekammer leckere Dinge und am Ende kam der Topf mit der Nagel- oder Schneckensuppe, aus der jetzt eine herrliche Gemüsesuppe geschöpft werden konnte, auf den Tisch.

3 Die eigene Haltung und das Unverfügbare

Soweit die beiden kurzen Geschichten. Die eine erzählt von persönlichen Erfahrungen, die im Lauf der Jahre bei mir zu einer Haltung beigetragen haben, die von der Vermutung ausgeht, dass die Tradition der anderen Konfession(en) eine Perspektive auf die Wirklichkeit eröffnet, die meine eigene Betrachtungsweise aufgrund der eigenen Prägung ergänzen und wesentlicher machen. Im Rahmen des Konziliaren Prozesses, des gemeinsamen Lernwegs christlicher

Kirchen zu Gerechtigkeit, Frieden und Bewahrung der Schöpfung im Anschluss an die VI. Vollversammlung des Ökumenischen Rates der Kirchen (ÖRK) in Vancouver (Kanada) 1983, sprach man in diesem Zusammenhang des Öfteren von der Wahrheit des oder der Anderen, die ich noch nicht kenne und die zu meiner eigenen Wahrheit ein zusätzliches Stück beitragen könnte. Die in der Praxis bewährte Vermutung, dass andere eine Wahrheit mit sich tragen, die mir selbst noch fehlt und die mich in der Auseinandersetzung mit ihr bereichern kann, ist grundlegend für jede Bildungsbereitschaft und eine unverzichtbare Triebfeder ökumenischer Bildungsbemühungen.

Gleichzeitig braucht Bildung und insbesondere ökumenische Bildung, die mit besonderem Zusatzaufwand verbunden ist und sich oft mit gewachsenen Strukturen reibt, einen besonderen Anlass, der letztlich nicht willentlich zu machen ist. Die erinnerte Geschichte von der «Nagelsuppe» erzählt in metaphorischer Weise davon. Die Bewegung vom Nebeneinander zum Miteinander benötigt einen «Nagel», ein Drittes, ein Missverständnis, etwas Zufälliges, etwas, das gleichsam von aussen kommt oder – wie wir Theologinnen und Theologen vielleicht angemessener sagen – «das Unverfügbare», das wir nicht im Griff haben und das nicht geplant werden kann, damit etwas in guter Richtung in Bewegung kommt.

Ein Blick auf die Geschichte kirchlicher Bildungsarbeit nach dem zweiten Weltkrieg zeigt, dass am Anfang die Initiative Einzelner steht, die sie aus einem sie gemeinsam betreffenden Anlass – das durch den Krieg gebeutelte Europa und seine Menschen – zu gemeinsamem Handeln antreibt. Dieses Engagement einzelner kirchlicher Bildungsfachleute hat schnell die konfessionellen Grenzen überschritten und die erkannte Notwendigkeit überzeugenden gemeinsamen kirchlichen Handelns wichtiger werden lassen als die zwischen den einzelnen Kirchen und ihrer Lehre bestehenden Unterschiede.

4 Das Entstehen kirchlicher Akademien

Im September 1945 lud der deutsche Theologe Eberhard Müller zusammen mit Theophil Heinrich Wurm, Landesbischof der Evangelischen Kirche Württemberg, zu einer Tagung nach Bad Boll bei Stuttgart ein. Es war der Beginn der ersten kirchlichen Akademie als Ort des Dialogs. In einem Land, das in Trümmern lag, ging es Müller vor allem darum, Deutschland als «andere» Gesellschaft aufzubauen, eine demokratische Gesprächskultur zu entwickeln und Institutionen zu schaffen, die zur sozialen Verantwortung beitragen konnten. Eine kirchliche Akademie sollte ein Ohr für die Kirche sein, das die oft widersprüchlichen Bedürfnisse und Bestrebungen der modernen Welt hört und verarbeitet. In der Folge waren Dialog und Gespräch ohne grosse Berührungsängste von Beginn der kirchlichen Akademienarbeit an entscheidend. Im gleichen Zeitraum, in dem auch der Deutsche Evangelische Kirchentag (1949) als evangelische Laienbewegung und Gegenüber zur verfassten Kirche gegründet wurde, kam es nicht allein in Deutschland, sondern in ganz Europa zu einer Bewegung, die mit und manchmal auch in Spannung zu den institutionell verfassten Kirchen zu einer weitverzweigten Akademienlandschaft führte. 1948, nur drei Jahre nach Bad Boll, wurde das Evangelische Tagungs- und Studienzentrum Boldern als erste evangelische Akademie in der Schweiz gegründet. Treibende Kräfte waren hier der Pädagoge Hans J. Rinderknecht, erster Vorsteher dieser «Reformierten Heimstätte» für den Kanton Zürich in Boldern bei Männedorf, und der Theologe Emil Brunner. Boldern bearbeitete von Anfang an Themen an der Schnittstelle von Kirche und Gesellschaft. Als eigenständiger Verein mit finanzieller Unterstützung durch die Zürcher Landeskirche bewegte sich Boldern freier als die institutionell verfasste Kirche, griff später in emanzipatorischer Weise damalige gesellschaftliche Tabuthemen wie Scheidung, Homosexualität und umstrittene sozialethische Themen auf und lud betroffene Menschen ein. Im Rückblick lässt sich feststellen, dass sich im Zusammenspiel von Akademien und Kirchen oftmals eine Win-Win-Situation ergab, die heute in veränderter Zeit weitgehend nicht mehr existiert. Hatte eine Akademie Staub aufgewirbelt, wurde in den Medien geschimpft und in Kirchgemeinden protestiert, konnte die Kirchenleitung vermittelnd und distanzierend sagen: «Das waren nicht wir, das war das Tagungs- und Studienzentrum.» – und gleichzeitig wusste sie, dass das Bildungshaus eine für Kirche und Gesellschaft wichtige Debatte angestossen hatte.

Die Entwicklung der Akademienlandschaft in der Schweiz stand jener in Deutschland oder in anderen europäischen Ländern in keiner Weise nach. Auf engem Raum entstand eine ganze Reihe evangelischer Bildungshäuser, etwa in Gwatt, auf dem Leuenberg, auf dem Rügel, in Wartensee, aber auch in anderen Landesteilen und Sprachregionen. Mit leichter Verzögerung und dann gewiss auch unter dem Einfluss des Zweiten Vatikanischen Konzils (1962–1965) in ökumenischer Weite kam es auch auf römisch-katholischer Seite zu einer ähnlichen Entwicklung.[4] 1963 wurden die Katholische Arbeitsgemeinschaft für Erwachsenenbildung (KAGEB) und die Féderation Européenne pour l'Education Catholique des Adultes (FEECA) als Ergebnis eines Prozesses von Verantwortlichen der katholischen Erwachsenenbildung in ganz Europa aus der Taufe gehoben.

---

4   Vgl. den Beitrag von Nicola Ottiger in diesem Band (Seiten 51–65).

5 Der Beginn der ökumenischen und europäischen Zusammenarbeit

Bereits 1955 initiierte der Dichter und Priester Olov Hartman, Direktor der Sigtunastiftelsen in Schweden, zusammen mit Eberhard Müller aus Bad Boll eine europäische Vereinigung mit dem Namen The Ecumenical Association of Academies and Laity Centres (EAALC), zu der auch seit den ersten Anfängen das Tagungs- und Studienzentrum Boldern, damals Heimstätte genannt, gehörte. Der öffentlich nicht verwendbare Name EAALC wurde später durch Oikosnet Europe ersetzt.

Dies geschah inmitten einer Nachkriegsbewegung, in der Kirchenmitglieder begannen, sich mit tiefer Überzeugung für Frieden und Versöhnung einzusetzen. Es war der Anlass, sich über kulturelle, soziale und konfessionelle Grenzen hinweg zusammenzuschliessen und nach neuen Wegen zu suchen, um soziale Verantwortung zu übernehmen. Im Rückblick auf die verheerende Zeit des Krieges war klar: So etwas darf sich nicht wiederholen!

Nach einer vorbereitenden Konferenz in Sigtuna, Schweden, kam es vom 2. bis 5. Oktober 1955 zur *Founding Conference* in Bad Boll. Bereits 1958 fanden nach einem vorbereitenden Meeting der Schweizerischen Heimstätteleiter eine *Annual Conference* in Bossey statt und ab 1959 regelmässig *Board Meetings* auf Boldern.

«Oikosnet Europe is a network of Christian academies and laity centres in Europe. Today the member organisations represent Churches of the reformation, Catholic and Orthodox confessions from 18 countries in Europe. Every year more than 200 000 people from all walks of life participate in conferences, meetings and festivities around a wide spectrum of topics. During the last years the main focus for common projects of Oikosnet Europe have been religion and democracy, social development, ecumenical formation, sustainability, migration and gender issues.»[5]

«Peace and Reconciliation», Friede und Versöhnung, war von Anfang an die Triebfeder dieses Netzwerkes, das vor 68 Jahren seinen Anfang nahm. Und von Beginn an war man daran interessiert, das kirchliche Friedens- und Bildungsnetzwerk geografisch und konfessionell zu erweitern. Geografisch war dabei nicht allein Europa im Blick. Nach und nach entstanden Oikosnet-Organisationen in Afrika und Asien, in Nord- und Lateinamerika und erst vor sieben Jahren wurde die Vereinigung Oikosnet International aufgelöst, nachdem die Netzwerke ausserhalb Europas die kritische Grösse verloren hatten, um sich

---

5 Oikosnet Europe, About us.

weiterhin aktiv zu beteiligen. In Europa fand schon wenige Jahre nach der Gründung mit regelmässigen Treffen in Bossey die konfessionelle Grenzüberschreitung statt. 1971 traf sich das *Executive Committee* zum ersten Mal in der Orthodoxen Akademie auf Kreta und ab 1972 in der römisch-katholischen Paulus Akademie in Zürich. Weitere orthodoxe und katholische Bildungsorte kamen nach und nach insbesondere aus Mittel- und Osteuropa, aber auch etwa aus Spanien und Nordirland dazu.

Neben anderen strategischen Themen blieben «Peace and Reconciliation» die zentralen Themen, die in einem Europa der vielfältigen Herausforderungen nichts an ihrer Aktualität eingebüsst hatten. 1982 fand die *Annual Conference* zum ersten Mal in Corrymeela, Nordirland, statt. Auch die Gründung dieser Bildungsinstitution geschah in ökumenischer Weite aufgrund der Betroffenheit und des Engagements eines Einzelnen und mit dem Fokus auf der Friedensarbeit in Europa:

«As Ray Davey watched from a prisoner of war camp the Allied firebombs that destroyed Dresden in 1945, he realised we all can succumb to hatred and violence when we accept a narrative of ‹us› versus ‹them›. Changed by this experience and inspired by communities of ecumenical Christian faith around Europe, Ray and others founded The Corrymeela Community in 1965 as a way of building a more peaceful N. Ireland.»[6]

Als 1969 der Nordirlandkonflikt ausbrach, konzentrierte sich Corrymeela auf den Aufbau eines Beziehungsnetzes und förderte unter verfeindeten Menschen und Gruppierungen Vertrauen und Versöhnung. In Zusammenarbeit mit Oikosnet Europe entstand Dialog for Peaceful Change (DPC), ein Programm zur Schulung von Akteur:innen, das von Praktikern entwickelt wurde, die heute in nationalen und internationalen Konfliktsituationen auf der ganzen Welt tätig sind.[7] Und für Oikosnet insgesamt gilt bis heute:

«As different as the centres and academies might be today, they are all joined in their belief that as a faith based organisation there is a need to act out responsibility for society and living together peacefully and that real and deep exchanges and education in different ways is important to achieve this.»[8]

---

6   Corrymeela, Our History.
7   Vgl. http://www.dialogueforpeacefulchange.org.
8   Oikosnet Europe, About us.

6 Die Ökumene und die non-formale kirchliche Bildung in der Schweiz

Der obige Hinweis auf das Meeting der Schweizerischen Heimstätteleiter 1958 in Zürich macht bereits deutlich, dass die Akademien schweizerischer Prägung von allem Anfang an das Miteinander und das gemeinsame Engagement gesucht haben. Dies stimmt auch für die ökumenische Zusammenarbeit, so dass der ursprüngliche Kreis der Heimstätteleiter 1978 als ökumenischer Leiterkreis der Schweiz von evangelischen und katholischen Bildungshäusern mit einer Vereins- und Geschäftsordnung offizialisiert wurde. 1997 gab sich der gesamtschweizerisch tätige Verein den Namen Ökumenischer Verein der Tagungszentren in der Schweiz (ÖVTS). Daneben blieben die konfessionellen Netzwerke bestehen. So gab es neben der bereits erwähnten KAGEB bis in die 90er-Jahre hinein parallel dazu die Arbeitsgemeinschaft Evangelischer Erwachsenenbildung in der Schweiz (AGEB), die neben den Bildungshäusern auch die klassische Erwachsenenbildung der einzelnen Kantonalkirchen umfasste. Nachdem die AGEB in die Krise geraten war und sich schliesslich auflöste, reichten einige evangelisch-reformierte Kantonalkirchen 1995 beim damaligen Schweizerischen Evangelischen Kirchenbund (SEK) eine Motion ein, um die «Vernetzung der Tätigkeiten seiner Mitgliedkirchen im Bildungsbereich» sicherzustellen. Die Diskussionen erbrachten leider kein Resultat. Schliesslich blieben allein die reformierten Bildungshäuser und Akademien noch über den ÖVTS miteinander und damit auch mit einigen katholischen Bildungshäusern vernetzt.

Sowohl auf europäischer als auch auf schweizerischer Ebene waren die Netzwerke bestimmt und getragen durch die engagierten Direktoren und Leiter, nach und nach auch Direktorinnen und Leiterinnen der Bildungshäuser und Akademien. Die Stärke dieser manchmal auch verschworenen Freundeskreise war gleichzeitig ihre Schwäche. Die Anbindung der Bildungsinstitutionen war oft abhängig von einer einzelnen Person. Bei deren Ausscheiden ging nicht nur Know-how, sondern dem Netzwerk manchmal auch die Bildungsinstitution als Mitglied verloren. Zudem blieben die Zusammenschlüsse weitgehend auf Bildungshäuser und Akademien beschränkt und fanden andere Organisationen der kirchlichen Erwachsenenbildung kaum Anschluss. Die Situation der non-formalen Bildung der Kirchen und kirchennahen Institutionen hatte sich mit der Jahrtausendwende gründlich verändert. Die Hochzeit der Erwachsenenbildung mit gesellschaftlicher Wirkung schien weitgehend vorbei. Die Bildungshäuser im Grünen kämpften um Übernachtungen, um die teure Infrastruktur finanzieren zu können, nachdem kurze Zeit davor eine Art «Hotellisierung» stattgefunden hatte. Das heisst, manche setzten mehr und mehr auf ausserkirchliche Gastgruppen, wurden zum Seminarzentrum mit schmälerem Eigenprogramm und erhöhten gar ihre Bettenzahl in der Hoffnung, künftig damit auch das defizitäre

Bildungsgeschäft quersubventionieren zu können. Dies hat meist nur kurzfristig oder gar nicht funktioniert. Bildungsinteressierte fragten in vermehrtem Masse nach kürzeren Formaten und lange vor der Digitalisierung nach im eigenen Nahbereich erreichbaren Angeboten. Die Bildungslandschaft hatte sich erweitert und war zu einem grossen und vielfältigen Markt geworden. Die Vorreiterrolle kirchlicher Bildungsinstitutionen mit ihrer Bearbeitung von gesellschaftlichen Tabuthemen ging verloren. Wer sich an gesellschaftlichen Diskursen beteiligen wollte, musste kluge Kooperationen eingehen und eine eigenständige, überzeugende und interreligiös anschlussfähige kirchlich-christliche Perspektive einbringen. Auf reformierter Seite konnte das dichte Netz an Bildungshäusern nicht mehr gehalten werden, diesen wurden nach und nach kirchliche Gelder entzogen oder die einzelnen Kantonalkirchen entschieden, ihr Bildungshaus zu schliessen. Der ÖVTS funktionierte zunehmend mit bescheidensten Mitteln, während gleichzeitig Vertreter und Vertreterinnen von kirchlichen Erwachsenenbildungsstellen ohne Verbandszugehörigkeit sich eine Anbindung wünschten. Auf katholischer Seite wurde 2007 die KAGEB, die sich zu einem grossen Teil zu einer deutschschweizerischen Organisation zurückentwickelt hatte, reorganisiert und die Fortführung ihrer Tätigkeit mit einem deutlich verkleinerten Dienstleistungsangebot beschlossen.

7 Die Anfänge der Ökumenischem Bildungslandschaft Schweiz

Am 14. September 2009 begrüsste André Schläfli, der damalige Präsident des Schweizerischen Verbands für Weiterbildung (SVEB), eine Gruppe aus dem Kreis kirchlicher Erwachsenenbildung zum runden Tisch Ökumenische Bildungslandschaft. Die Gruppe setzte sich aus Vertretern und Vertreterinnen des ÖVTS und der KAGEB zusammen, die den SVEB für die Moderation und für die Erstellung einer Machbarkeitsstudie für eine gemeinsame kirchliche Bildungsorganisation angefragt hatten. Auf Seiten des SVEB wiederum bestand reges Interesse, im Sektor der kirchlichen Bildung/Weiterbildung jeweils organisierte Ansprechpartner zu haben, was damals nur auf katholischer Seite via KAGEB als Mitglied des SVEB der Fall war. Folgende Ziele wurden festgelegt:
- Bessere Wahrnehmung der kirchlichen Erwachsenenbildung
- Stärkung des Labels «Kirchliche Weiterbildung»
- Gemeinsame Lobby-Arbeit für die kirchliche Bildung in den Kirchen sowie ausserhalb: in Gesellschaft, Politik und Wirtschaft
- Auslotung der Zusammenarbeit bezüglich Weiterbildung Kirche und Staat (Beispiel: Migrationsprojekte)
- Aktive Unterstützung des SVEB bei der politischen Arbeit für ein Weiterbildungsgesetz (eine Bundesgesetzgebung zur Weiterbildung war von Volk

und Ständen 2006 in Auftrag gegeben worden), das den Anliegen der kirchlichen Bildung bezüglich Gleichwertigkeit von beruflicher und persönlicher Bildung gerecht wird.
- Ebenso sollen für die Koordinationsplattformen der kirchlichen Bildung finanzielle Mittel zur Verfügung gestellt werden.

Die «Vorstudie zum Projekt ‹Ökumenische Bildungslandschaft›»[9] des SVEB lag im April 2010 vor. Das übergeordnete, längerfristige Ziel lautete:

«Erwachsenenbildung soll innerhalb der Kirche sowie in der gesamten Gesellschaft als wichtiges Element des kirchlichen Auftrags wahrgenommen und umgesetzt werden. Es sollen überregionale Tätigkeiten stattfinden und eventuell gemeinsame Strukturen aufgebaut werden.»[10]

Dieses Ziel wurde mit drei Anliegen verknüpft:
- Einschätzung der aktuellen Situation in der kirchlichen Erwachsenenbildung (Standortbestimmung)
- Berücksichtigung der Anliegen der im Projekt vertretenen Akteure (Handlungsbedarf)
- Konkrete Vorschläge und Empfehlungen für die Umsetzung der Projektziele

Zu diesem Zweck wurden 15 Personen aus 14 Institutionen, darunter auch Vertretungen der Kirchenleitungen auf schweizerischer Ebene, interviewt. Ebenfalls berücksichtigt wurden schriftliche Informationen wie Leitbilder, Kursprogramme, Internet-Websites usw. sowie Rückmeldungen aus der Projektgruppe.

Das Ergebnis dieser Machbarkeits- oder Vorstudie lässt sich in drei Hauptaussagen zusammenfassen:
1. Die Betonung liegt auf der Themen- und Lösungsorientierung. Inhaltliche Zusammenarbeit, das gemeinsame «Dritte», geht einer strukturellen Vernetzung vor und hat sich in einem guten Miteinander zu bewähren.
2. Viele der Befragten sind gegenüber dem Aufbau neuer Strukturen skeptisch. Dies lag zum einen an Erfahrungen mit früheren Vernetzungsgefässen, zum anderen an der Befürchtung, dass zusätzliche Ressourcen gebunden würden, die dann der eigenen Institution nicht mehr zur Verfügung stünden.
3. Zwischen der Arbeit der Bildungshäuser und der von den Kirchen direkt verantworteten Bildung gibt es einen «Missing Link».

---

9 Sgier, Vorstudie.
10 A. a. O., 3.

Zu 1: Der Bedarf an Austausch, die Vielfalt der Themen und auch die Suche nach gemeinsamer Neuorientierung, zum Teil auch nach konkreter Zusammenarbeit waren gross. Die Triebfeder für das Miteinander waren das Interesse, voneinander zu lernen, und die Bereitschaft, Einblick zu geben in die eigene Arbeit. Für die gemeinsame Reflexion wurden zusammenfassend folgende Themen eingebracht:[11]

- Zielgruppen und Reichweite der kirchlichen Erwachsenenbildung:
  - Diskussion der Sinus-Milieus; Grundsatzfrage
  - Sich auf die Ansprechbaren beschränken oder die «Unerreichbaren» anpeilen
  - Senior:innen als wachsende Zielgruppe: Männer mit steigendem Interesse an Spiritualität
  - Multiplikator:innen, d.h. Bewusstsein für kulturelle Dimension der kirchlichen Bildungsbemühungen fördern
- Positionierung der kirchlichen Erwachsenenbildung im Bildungssystem:
  - Rolle der Professionalisierung im Bildungsbereich
  - Rolle der methodisch-didaktischen Kompetenz
  - Trend zur Zertifizierung oder prozessorientierte Bildung und Empowerment
  - Neue Kooperationen (Universitäten/Fachhochschulen, internationale Institutionen)
  - Qualitätsentwicklung und Überwindung eines teilweise verstaubten Images
  - Eintreten für nicht-leistungsorientierte bzw. non-formale Bildungsarbeit und damit Reaktion auf einen latenten Rechtfertigungszwang
  - Austausch von Zahlen und Fakten, Statistik der non-formalen kirchlichen Bildung
- Gesellschaftliche Entwicklungen:
  - Aktuelle gesellschaftspolitische Fragen (Armut, Sterbehilfe, Integrationspolitik, demografische Entwicklung, Generationenzusammenhalt, Solidarität in Nord-Süd-Verhältnissen etc.)
  - Traditionsabbruch: Verlust und neue Chancen – christliche Kultur/Identität heute
  - Wachsendes Interesse an Spiritualität und Ritualen
  - Neues Interesse an Eindeutigkeit/Verbindlichkeit in religiösen Fragen einerseits und interreligiöses Interesse andererseits
  - Religionssoziologische und -phänomenologische Fragen

---

11 Vgl. a.a.O., 8.

- Entwicklung der Arbeitswelt (Flexibilität, Arbeitsformen, Arbeitslosigkeit)
- Technologische und digitale Entwicklungen
- Generation Praktikum, Generation Internet, Digital Natives etc.
- Steigendes Interesse an Ethik (Gesellschaft, Wirtschaft, Medien)
- Entwicklung der Zivilgesellschaft (neue Initiativen, Selbstorganisation, Selbsthilfe)
- Best Practice, d.h. Austausch bezüglich Themen, Angeboten und neuen Formaten:
  - Themen, die funktionieren, und ihre Gelingensbedingungen
  - Neue Bildungsformate, Miniformate, Blended Learning
  - Erfahrungen mit dem Ansprechen neuer Zielgruppen über bekannte Persönlichkeiten, ungewohnte Lernorte, im öffentlichen Raum
  - Ideenbörse für die Erwachsenenbildung in Kirchgemeinden

Zu 2: Noch im selben Jahr 2010 organisierte die Ökumenische Bildungslandschaft (SVEB, ÖVTS und KAGEB) im Begegnungs- und Bildungszentrum Eckstein in Baar die erste Herbsttagung, zu der seither und bis heute jedes Jahr Bildungsanbieter, Einrichtungen u.ä. gegen Ende November zur Bearbeitung inhaltlicher Themen eingeladen werden. Die erste Tagung stand unter dem Titel «Gemeinsam aufbrechen – jetzt! Kirchliche Erwachsenenbildung mit Wirkung». Damit wurde schnell auf die Betonung der Themen- und Lösungsorientierung und auf die inhaltliche Zusammenarbeit reagiert.

Die Tagung wurde mit rund 45 Personen zum vollen Erfolg und kann rückblickend für die weitere Entwicklung des Verbands «plusbildung» und für die Zukunft der kirchlichen Erwachsenenbildung in der Schweiz als initialer Anlass verstanden werden. Allein in Zusammenhang mit der Auseinandersetzung mit inhaltlichen Fragen wurde auch die Strukturfrage angesprochen. In der Ausschreibung hiess es lapidar: «Die Tagung dient der Klärung darüber, wie wir uns künftig sinnvoll und in ökumenischer Weite vernetzen sollen, um mit unseren Anliegen innerhalb der Kirchen und nach aussen Wirkung zu erzielen. Dazu werden wir einen konkreten Vorschlag unterbreiten.»

Aus der Vorstudie lässt sich herauslesen, dass drei Modelle für eine künftige Zusammenarbeit keine Chance gehabt hätten:[12] a) KAGEB öffnen und als gemeinsamen Dachverband ausgestalten. Dies wurde als nicht machbar angesehen, weil es schwierig sei, eine bestehende Struktur so umzugestalten, dass sie ökumenisch wird und die andere, reformierte Seite sich als vollwertiger Partner kreativ einbringen kann. Damit wurde auch erstmals signalisiert, dass

---

12 Vgl. a.a.O., 11.

das grundsätzliche gemeinsame und ökumenische Wollen verbunden war mit der Einsicht, dass gleichzeitig auch nachhaltige vertrauensbildende Massnahmen nötig waren. b) Gründung eines neuen gemeinsamen Verbandes zusätzlich zu KAGEB und ÖVTS: Es bestand Konsens dahingehend, dass mit der Gründung eines neuen Verbandes aus Gründen der Ressourcen eine Bündelung der Kräfte verbunden sein musste, bestehende Organisationen (ÖVTS, KAGEB) sich also auflösen müssten. c) Lose Vernetzung: Auch eine nur lose Vernetzung mit minimalsten Ressourcen wurde bei aller Skepsis gegenüber neuen Strukturen ebenfalls als nicht zielführend und wenig motivierend für ein künftiges Miteinander angesehen.

Aufgrund der Rückmeldungen und unter Berücksichtigung der gemäss Studie machbaren Modelle[13] – a) Neues Netzwerk mit definierter Struktur, z. B. Verein. b) Neues informelles Netzwerk mit kleiner, engagierter Kerngruppe. c) Zukunftswerkstatt und danach Entscheidung bezüglich gemeinsamer Themen und allfälliger Strukturen – entschied sich die Projektgruppe für ein Vorgehen mit Zukunftswerkstatt und damit Einbezug vieler in einen längeren Entscheidungsprozess.

Zu 3: Aus Sicht der Vertretungen der Kirchenleitungen[14] sollten sich die Akteure der kirchlichen Erwachsenenbildung stärker als Teil der Gesamtheit der kirchlichen Bildungsarbeit verstehen. Sie monierten, dass besonders Bildungshäuser mit ihren ethischen, kulturellen und gesellschaftspolitischen Themen zu sehr in Spannung zu der von den Kirchen organisierten Bildung stünden. Einen «Missing Link» beklagten auf der anderen Seite auch Bildungshäuser und Fachstellen, wenn sie unabhängig und ohne Wissen der Einschätzung von kirchlicher Seite mangelnde Wahrnehmung ihrer Arbeit durch kirchliche Instanzen feststellten. Dabei ging zumindest auf reformierter Seite vergessen, dass die Kirchen einst selbst daran beteiligt waren, die bestehende Verknüpfung und Diskussionsplattform der Arbeitsgemeinschaft Evangelischer Erwachsenenbildung in der Schweiz (AGEB) aufzulösen.

Bis heute scheint mir eine gründliche Diskussion über «Bildung für alle» und «innerkirchliche Bildungsanstrengungen» noch weitgehend zu fehlen. Der Hinweis unter «Das Entstehen kirchlicher Akademien», dass sich da, wo sich Bildungsarbeit nicht vorwiegend auf Persönlichkeitsentwicklung beschränkte, im Zusammenspiel von Akademien und Kirchen oft unbeabsichtigt und manchmal zunächst auch ärgerlich eine Win-Win-Situation ergeben habe, gilt heute nur noch in beschränktem Masse. Diese Auseinandersetzung wird heute eher

---

13 A.a.O., 10.
14 A.a.O., 4.

punktuell zwischen kirchlichen Hilfswerken und Kirchenleitungen geführt. Unmerklich hat sich aber das Verständnis und die Gewichtung kirchlicher Bildungsarbeit Richtung Aus- und Weiterbildung verschoben, wie dies auch im säkularen Umfeld zu beobachten ist. Zudem sind die Debatten, sofern sie überhaupt stattfinden, vermehrt vom Interesse der Zukunftssicherung der Institution Kirche geprägt. Das Selbstverständnis der kirchlichen Bildungsarbeit mit Erwachsenen wirkt hier schnell irritierend: Sie ist nicht Katechese, sondern Ermächtigung von Menschen zu eigenständiger Meinungsbildung und eigener religiöser und politischer Positionierung. Sie ist nicht Evangelisierung mit dem Ziel der Mitgliedergewinnung, sondern ermöglicht religiöse Orientierung und Reflexion mit offenem Ausgang. Sie mischt sich in gesellschaftliche Debatten und Diskurse ein und wendet sich an alle, unabhängig von ihrer religiösen Zugehörigkeit. Diese Unterscheidungen müssen wahrlich keine Gegensätze sein. Aber sie stehen in Spannung zueinander, weil Bildung zur Zukunftsfähigkeit der Kirchen in grossem Masse beiträgt, ihre Werte und Vorstellungen an Menschen, die sich nicht oder nicht mehr kirchlich verstehen, heranträgt, aber gleichzeitig ungeeignet ist, sich gänzlich vor den kirchlichen Selbsterhaltungskarren spannen zu lassen.

8 Das Werden von «plusbildung – ökumenische bildungslandschaft schweiz»

Das Werden des Verbands plusbildung – ökumenische bildungslandschaft schweiz lässt sich nach dem geschilderten Auftakt in den Jahren 2009 und 2010 folgendermassen zusammenfassen:

2009 trafen sich Bildungsverantwortliche vorab aus der Deutschschweiz zu ersten Gesprächen. Moderiert wurden die Gespräche vom damaligen Direktor des SVEB. 2010 kommt es zur erstmaligen Durchführung der Herbsttagung. Der ÖVTS löst sich zugunsten einer neuen Struktur der kirchlichen non-formalen Bildung auf.

2013 wird der Verein plusbildung – ökumenische bildungslandschaft schweiz gegründet. Er besteht aus einem Vorstand und lediglich zwei Mitgliedern, der Katholischen Arbeitsgemeinschaft für Erwachsenenbildung (KAGEB) und Werkstatt-Theologie-Bibel (wtb, heute: Fokus Theologie), die die reformierten Bildungsorte der Deutschschweiz vertritt.

2017 gelingt es plusbildung, mit dem Staatssekretariat für Bildung, Forschung und Innovation (SBFI) einen vierjährigen Leistungsvertrag aufgrund des neuen Weiterbildungsgesetzes des Bundes auszuhandeln. plusbildung soll zum gesamtschweizerischen Dachverband werden. Die Statuten ermöglichen jetzt die Direktmitgliedschaft. In der Romandie entsteht der Réseau formationplus.

2021 wird auch in der italienischsprachigen Schweiz eine Zweiggeschäftsstelle eingerichtet. Der Leistungsvertrag mit dem SBFI wird für weitere vier Jahre erneuert und ausgebaut. Die Webseite wird viersprachig (deutsch, französisch, italienisch, englisch). Die Mitgliederversammlung wählt erstmals zwei Mitglieder aus der Romandie in den Vorstand.

plusbildung hat sich im 4-Jahres-Rhythmus entwickelt. Non-formale Bildungsarbeit in den Kirchen und im Auftrag der Kirchen ist für viele Bildungsanbieter nicht einfacher geworden ist. Es gibt gute Gründe, den Verband weiterhin zu stärken und so auszurichten, dass er dynamisch auf die Herausforderungen reagieren und seine Mitglieder wirksam unterstützen kann. Deshalb wurde in den letzten Jahren noch einmal die Organisation überprüft und mit den Mitgliedern die künftige strategische Ausrichtung bestimmt. Es heisst: Gemeinsam weiter im Takt, aber anders!

Das Jahr 2023 markiert für den Verband plusbildung – ökumenische bildungslandschaft schweiz eine weitere Zäsur. Zehn Jahre liegt jetzt die Vereinsgründung zurück. In einer bewegten Geschichte ist aus einer vagen Idee ein nationaler Verband der non-formalen kirchlichen und kirchennahen Bildung mit gegen 50 Mitgliedsorganisationen geworden. Von Anfang an in ökumenischen Gewässern unterwegs wurde viel Vertrauen aufgebaut. Es ist so viel an Vertrauen gewachsen und Stabilität sichergestellt worden, dass sich schliesslich auch die KAGEB auf Ende 2022 aufgelöst bzw. vollständig in plusbildung integriert hat. Auch international stösst der Verband auf vielfältige Anerkennung. Aktuell ist plusbildung mit Oikosnet Europe, der Evangelischen und Anglikanischen Vereinigung für lebenslanges Lernen (EAEE) und der FEECA verknüpft. Einzelne Mitglieder konnten sich an gemeinsamen europäischen Projekten beteiligen. Das ökumenische Bildungs-Modell plusbildung findet Interesse. Nachdem plusbildung vom 4. bis 8. Oktober 2023 Gastgeber einer internationalen Konferenz von Oikosnet Europe und EAEE in Basel war mit einem Studientag zu Künstlicher Intelligenz und der Präsentation von ersten Ergebnissen der bei der Universität Zürich in Auftrag gegebenen Begleitforschung zu «Bildung – Theologie/Religion – Digitalität», wird es im April 2025 an der Paulus Akademie in Zürich zu einer internationalen Fachtagung zu ökumenischer Bildung kommen, die gemeinsam mit und auf Anfrage der FEECA vorbereitet wird.

9 Die Wahrheit der anderen und der besondere Anlass

Ich habe diesen Beitrag zur non-formalen Bildung mit ökumenischer Weite mit zwei kleinen Geschichten begonnen. Die eine zielt auf die Wichtigkeit von Personen mit ihrer eigenen Prägung, mit ihrem Interesse, ihrer Grenzen überschreitenden Neugier, mit der unerschütterlichen Vermutung, dass Begegnungen mit dem oder der Anderen zur eigenen Entwicklung und persönlichen Wahrheit wesentlich beitragen können. Es gehört zu meiner tiefen und durch Erfahrung vielfach bestätigten Überzeugung, dass institutionelle Anfänge und Entwicklungen eine kleine Gruppe in solcher Weise bewegter Menschen voraussetzen.

Auf die kirchlich-christliche Bildungsarbeit bezogen: Vernetzung führt zu spannenden Kontakten, lässt gemeinsame Inhalte entdecken und erweitert das eigene didaktisch-methodische Instrumentarium. Mit der Horizonterweiterung und der Überschreitung kultureller Grenzen gewinnt die Erwachsenenbildung an Verantwortung für ihre Wirkung in konkreten gesellschaftlichen Kontexten, für die Menschen- und Gottesbilder, die sie transportiert, und zugunsten eines selbstbestimmten, auch gerade religiös verorteten Lebens. Sie tut es ganz im Sinne des Evangeliums und weiss dabei, dass sich in religiöser Offenheit bildende Menschen achtsamer und emanzipierter, solidarischer und differenzierter, letztlich in inklusiver Weise an gesellschaftlichen und kirchlichen Entwicklungen teilhaben und mitgestalten wollen.

Die andere Geschichte betont den besonderen Anlass, der für Veränderung, hoffentlich Veränderung zum Guten, nötig ist. Anders als in der Nagel- bzw. Schneckensuppengeschichte ist es allerdings meist nicht der an Kirchenglocken erinnernde Klang, sondern die Erschütterung, der Lärm, die Empörung, der Verlust von Privilegien oder schlicht der ökonomische Druck, der auch Kirchen und kirchliche Gruppen in Bewegung bringt: Die Erschütterung der Menschen durch den Zweiten Weltkrieg. Die Verunsicherung der Menschen durch sich überschneidende Krisen. Der Vertrauensverlust durch Missbrauchsgeschichten. Das Erwachen aufgrund der Tatsache, dass die Mehrheitssituation verloren und die neue, möglicherweise immer noch bedeutungsvolle Rolle als Minderheit in der Gesellschaft noch nicht gefunden ist. – Lasst es uns anders versuchen! Oder: Es darf so nicht wieder geschehen!

Die Erschütterung trägt viele Namen, begründet als Anlass allein aber noch nicht die Veränderung zum Guten. Auch in der geschilderten Bildungsgeschichte seit dem Zweiten Weltkrieg gab es manche Abbrüche statt Aufbrüche und viele verpasste Chancen. Eine Gelegenheit, die man auf reformierter Seite in der Schweiz als mögliche Chance hätte erkennen und prüfen können, ergab sich offenbar um die Jahrtausendwende. Vom Hörensagen weiss ich, dass damals vom Leiter des Bildungshauses auf dem Rügel die Idee eingebracht wurde: Wie wäre es denn, wenn die einzelnen Kantonalkirchen weniger Energie in den schliesslich doch meist nicht zu gewinnenden Überlebenskampf ihres eigenen Bildungshauses investieren, dafür eine gemeinsame Vision entwickeln und mit dem aus Verkäufen und Synergien gewonnenen Geld miteinander ein, zwei, drei strategisch klug positionierte Bildungszentren mit Strahlkraft schaffen und gemeinsam tragen würden? Eine ernsthafte Diskussion darüber ist damals ausgeblieben und die katholische Seite blieb aussen vor.

Auch im Werden von plusbildung gab es prekäre Situationen, in denen die Angst vor dem eigenen Mut und vor dem Verlust der eigenen Unabhängigkeit grösser zu werden drohte als die Hoffnung auf das gemeinsame Neue. Ein besonderer Anlass, dennoch dranzubleiben, bestand zunächst für die katholische Seite darin, dass von Seiten des Bundes, also vom Staatssekretariat für Bildung, Forschung und Innovation (SBFI), klar signalisiert wurde, dass aufgrund des neuen Weiterbildungsgesetzes in Zukunft keine konfessionelle Institution und allein eine gesamtschweizerische kirchliche Organisation für eine finanzielle Unterstützung infrage kommen würde. Für die reformierte Seite kam damit gleichzeitig eine finanzielle Option in den Blick, die hinsichtlich der beschränkt vorhandenen Ressourcen ein wichtiges Momentum im gesamten Prozess des Aufbaus des neuen Verbands darstellte. Dass plusbildung neben dem Schweizerischer Verband für Weiterbildung, dem Schweizer Dachverband Lesen und Schreiben, dem Verband der Schweizerischen Volkshochschulen, der Elternbildung CH, Movendo und Travail Suisse Formation von Anfang an als eine von lediglich sieben Organisationen der Weiterbildung (OWBs) als auf nationaler Ebene unterstützungswürdiger nationaler Bildungsverband anerkannt wurde, kann im Rückblick als ausserordentlich starkes Zeichen der Wertschätzung und der Ermutigung von nicht-kirchlicher Seite gesehen werden.

10 Zum Schluss: Eine weitere biografische Spur

Als Glarner Kirchenratspräsident hatte ich 1993 Gelegenheit, an einem im besten Sinne grandiosen, mich als nüchternen Reformierten beeindruckenden Welttheater und Kirchenereignis teilzuhaben. Ich war damals eingeladen, als Gast an der Weihe der beiden Weihbischöfe Peter Henrici und Paul Vollmar im Kloster Einsiedeln dabei zu sein. Im nicht zuletzt durch das Wirken von Bischof Wolfgang Haas krisengeschüttelten Bistum Chur sollte mit ihnen eine Art Neuanfang gesetzt werden. 1997 veröffentlichten Peter Henrici und der damalige Zürcher Kirchenratspräsident Pfarrer Ruedi Reich einen ökumenischen Bettagsbrief[15], den sie 2007 erneuerten und damit gleichzeitig Kirchgemeinden und Pfarreien ermunterten, dem Geist der Partnerschaft Sorge zu tragen.

Das Schreiben war auch eine (späte) Antwort auf die im Mai 1992 von der Ökumenischen Frauenbewegung Zürich mit dem Hinweis auf die vielen konfessionsverbindenden Familien – der Brief heisst sie noch immer «gemischt-

---

15 Vgl. Henrici/Reich, Bettagsbrief.

konfessionelle» und erwähnt folglich auch «Kinder aus konfessionell gemischten Ehen» – eingereichte Petition «Doppelmitgliedschaft», mit der es möglich werden sollte, gleichzeitig katholisch und reformiert zu sein. Im Schreiben wird dies aus «theologischen und formal-institutionellen Gründen» nicht befürwortet.

Auch später als Leiter des Studienbereichs auf Boldern hat mich der gemeinsame Ökumenebrief noch bewegt. Der Brief war ein Aufruf zum «Mut zur Kooperation». Alles, was gemeinsam getan werden kann, soll zum öffentlichen Zeugnis und im Interesse grösserer Glaubwürdigkeit auch gemeinsam getan werden. Die Frage sollte nicht länger lauten, was wir gemeinsam tun können, sondern wir «sollten vermehrt fragen, warum wir etwas nicht gemeinsam mit unserer Schwesterkirche unternehmen»[16]. Wer sich weiterhin für ein getrenntes Vorgehen entscheidet, sollte begründen, warum er dies nicht gemeinsam tut.

Der Brief richtet sich weitgehend nach innen. Bildung kommt daher nur im Rahmen der Erwachsenenbildung in Kirchgemeinden und Pfarreien zur Sprache und bloss mit dem Hinweis, dass unter anderem auch dafür gemeinsame Kommissionen oder Arbeitsgruppen gebildet werden könnten. Das ist wenig. Und die Wirkungsgeschichte dieses Ökumenebriefs hält sich alles in allem gesehen in sehr begrenztem Rahmen. Einen eigentlichen ökumenischen Aufbruch auf allen Ebenen hat er jedenfalls nicht bewirkt. Dennoch: Eine Kernaussage ist bei mir hängengeblieben: «Kooperation ist die Norm, Alleingang die Abweichung.»[17] Das ist stark. Und dies lasse ich gerne und in konsequenter Weise auch für non-formale Bildung in ökumenischer und geografischer Weite gelten.

Literaturverzeichnis

Corrymeela: Our History; https://www.corrymeela.org/about/our-history.
Henrici, Peter/Reich, Ruedi: Ökumenischer Bettagsbrief. Gemeinsamer Brief von Weihbischof Dr. Peter Henrici und Kirchenratspräsident Pfr. Ruedi Reich zum Bettag 1997; https://www.zhkath.ch/ueber-uns/organisation/general vikariat/verlautbarungen/stellungnahmen-und-predigten-des-generalvi kars/oekumene_n.
Lüssi, Walter: Kinder zwischen den Konfessionen. Religiöse Erziehung in der Mischehe als Herausforderung für die Ortsgemeinde, Zürich 1983.
Oikosnet Europe: About us. https://www.oikosnet.eu/about-us-2.

---

16 Ebd.
17 Ebd.

Scheiwiller, Selina: Analyse der Entwicklung und der aktuellen Situation der ökumenischen Bildungslandschaft in der Schweiz. Bachelor-Arbeit zum Erwerb des Bachelor of Science in Business Administration an der Hochschule Luzern – Wirtschaft, 2019; https://plusbildung.ch/d/wp-content/uploads/sites/2/2019/10/bachelorarbeit_selina_scheiwiller_2019.pdf.

Sgier, Irena: Vorstudie zum Projekt «Ökumenische Bildungslandschaft». Schweizerischer Verband für Weiterbildung SVEB im Auftrag der Projektgruppe «Ökumenische Bildungslandschaft», 2010.

Bilanz und Ausblick

Nicola Ottiger / Eva Ebel / Christian Höger

Zum Schluss dieses Sammelbands gilt es, die Erträge sowohl der Tagung «Ökumenisch lernen – Ökumene lernen» als auch der ergänzenden wissenschaftlichen sowie praxisbezogenen Textbeiträge zu bündeln. Es werden Ergebnisse und Desiderate für ökumenisches Lernen und Ökumene lernen formuliert (1), religionspädagogische Fragestellungen weiter profiliert (2) und das bisher zu wenig genutzte Potenzial ökumenischer Bildung im Sinne des Ökumene Lernens herausgestellt (3).

1 Ergebnisse und Desiderate

Aus den 17 in diesem Band abgedruckten Aufsätzen ergeben sich Konsequenzen für die Bereiche Ökumene und ökumenische Bildung (1.1), ökumenisches Lernen im Religionsunterricht (1.2), ökumenisches Lernen in der Katechese (1.3) sowie für weitere Praxisfelder ökumenischen Lernens in der Deutschschweiz (1.4).

1.1 Ökumene und ökumenische Bildung im Kontext der Deutschschweiz

Ökumene wie ökumenische Bildung sind in der Schweiz selbstverständlich. Dies bezeugen die Beiträge aus theologischer, historischer und religionspädagogischer Perspektive ebenso wie die Statements der kirchlichen Vertreterinnen und Vertreter in vielfältiger Weise. Seit vielen Jahrzehnten sind positive Entwicklungen in der ökumenischen Zusammenarbeit zu verzeichnen. Im Reformationsland Schweiz, das noch dazu relativ klein ist, kennt man sich und lebt in vielen Familien, aber auch im Freundes- und Bekanntenkreis konfessionsverbindend. Dies plausibilisiert die ökumenische Arbeit der Kirchen in allen Handlungsfeldern. In vermutlich typisch schweizerischer Art wird vieles auch pragmatisch angepackt. Die Beziehungen zwischen den Kirchen sind grundsätzlich gut. Wie die Beiträge der Vertreterinnen und Vertreter der evangelisch-reformierten, der christkatholischen und der römisch-katholischen

Kirche zeigen, wird ein kritisch-konstruktiver Dialog bereits praktiziert, ist aber auch weiterhin vonnöten.

Auch im Bildungsbereich sind seit vielen Jahren vormals unvorstellbare Entwicklungen und Erfolge zu verzeichnen. Kirchliche Stellungnahmen im Rahmen von Vernehmlassungen zur Entwicklung der 1. Säule, also des religionsbezogenen Unterrichts in der Volksschule und im Gymnasium, zeigen das gemeinsame Verständnis und die gemeinsame Unterstützung der religionsbezogenen Bildung für alle Schülerinnen und Schüler auf. In vielen Kantonen wird die 2. Säule der religiösen Bildung in ökumenischer Form umgesetzt. Zumindest aus römisch-katholischer Sicht ist gemäss dem Leitbild «Katechese im Kulturwandel» auch die 3. Säule ökumenisch angelegt.

1.2 Ökumenisches Lernen im Religionsunterricht

Blickt man historisch zurück, wie sich das ökumenische Lernen im Religionsunterricht in der Schweiz gewandelt hat, zeigt sich, wie in unterschiedlichen kantonalen und gemeindlichen Kontexten immer wieder ökumenische Unterrichtsformate entstanden sind, die sich teilweise bis heute gehalten und bewährt haben. Dies lässt sich vor allem für die Nordwestschweiz (Basel-Stadt, Basel-Landschaft, Solothurn, Aargau) und die Ostschweiz (St. Gallen, Graubünden, Thurgau) belegen.

Damals wie heute ist zu fragen: Wie funktioniert eigentlich ökumenisches Lernen konkret? Welche Entwicklungen zeichnen sich diesbezüglich ab? Wie gestaltet sich die Situation in Deutschland und inwiefern können positive Beispiele des schulischen konfessionell-kooperativen Religionsunterrichts (KoKoRU) oder des Christlichen Religionsunterrichts (CRU) auf die Schweiz übertragen werden?

In den Vorträgen, Diskussionen und schriftlichen Positionierungen im Kontext unserer Tagung wurde deutlich, dass die rechtlichen Rahmenbedingungen der meisten deutschen Bundesländer (konfessioneller Religionsunterricht als ordentliches Lehrfach in der öffentlichen Schule) nicht mit denen der Deutschschweizer Kantone vergleichbar sind, was eine einfache Übertragung auf der organisatorischen Makroebene (vgl. Drei-Säulen-Modell religionsbezogener Bildung) verunmöglicht. Dennoch sind auf der Mikroebene der Unterrichtsplanung und -gestaltung grundlegende religionsdidaktische Prinzipien und Leitlinien sehr wohl anwendbar: etwa die Verschränkung unterschiedlicher konfessioneller Perspektiven, die Würdigung konfessioneller Vielfalt für religionsbezogene Bildungsprozesse oder die Pflege ökumenischer Differenzsensibilität.

Theologische und religionspädagogische Fragen, die sich daraus für die 2. Säule religionsbezogenen Lernens stellen, sind insbesondere:
- Welche Modelle ökumenischer Theologie sind für religionspädagogische Konzepte leitend? Wie verhalten sich die Kirchen dazu?
- Wie bildet man, wenn Schülerinnen und Schüler kaum mehr kirchlich sozialisiert sind, «ökumenisch»? Was ist zu tun, wenn sie ihre eigene Konfession gar nicht mehr kennen? Was bedeutet dies für Fragen nach «Identitätsbildung», die nicht dabei stehen bleiben darf, am Anderen das Eigene besser kennenzulernen?
- Reicht es aus, eine «Balance» anzustreben «zwischen konfessioneller Verankerung und ökumenischer Offenheit»? Wie wird ein Ökumene Lernen unterstützt, das tatsächlich auch dem ökumenischen Prozess der Kirchen dient?
- Was sind genuine ökumenische Ziele und Kompetenzen mit Blick auf ökumenisches Lernen?
- Wie sehen sich Lehrpersonen im ökumenischen Unterricht? Wie stehen sie als Vertreterinnen und Vertreter ihrer eigenen Konfession da? Wie geht es ihnen damit? Welche Erwartungen haben die Lernenden und die Kirchen an sie?
- Welche Bedeutung messen die Kirchen dem schulischen ökumenischen Unterricht bei, wie unterstützen sie ihn, auch strukturell?

Einige dieser Fragen sind theologisch-hermeneutisch zu beantworten, andere kirchenpolitisch, wieder andere rufen nach empirischen Studien und der Erarbeitung von Unterrichtsmaterialien und Lehrmitteln.

An dieser Stelle könnte man grundsätzlich fragen, ob es sich überhaupt lohnt, ins ökumenische Lernen zu investieren und daran zu forschen. Herausforderungen wie etwa die hohe religiöse Pluralität und eine zunehmende Entkirchlichung erscheinen dringlicher. Zudem könnte man fragen, ob Schülerinnen und Schüler sowie Lehrpersonen überhaupt an ökumenischem Lernen interessiert sind, wenn im alltäglichen Leben konfessionelle Unterschiede immer weniger ins Gewicht fallen.

Eine differenzierte theologische wie religionspädagogische Reflexion spricht jedoch zweifelsfrei für die Notwendigkeit eines noch stärkeren Engagements für ökumenisches Lernen sowie einer intensiveren Beforschung des Religionsunterrichts. Dies belegen mehrere Beiträge dieses Sammelbands. Denn genau mit Blick auf die genannten Herausforderungen braucht es Antworten und weiterführende Überlegungen der ökumenischen Theologie wie der Religionspädagogik. In der fachlichen Debatte besteht beispielsweise keine Einigkeit darüber, wie ökumenisches Lernen in den ersten beiden Säulen religionsbezogener Bildung in der Deutschschweiz konkret auszusehen hat. Es wäre an der

Zeit, so ein erstes Desiderat, ökumenebezogene Vor- und Einstellungen von Lernenden und Lehrenden sowie Unterrichtssequenzen qualitativ und quantitativ zu analysieren.

1.3 Ökumenisches Lernen in der Katechese

Nicht zuletzt von der Existenz und Ausgestaltung der 2. Säule der religionsbezogenen Bildung in einem Kanton hängt ab, welche Herausforderungen sich für die 3. Säule ergeben: Fehlt wie im Kanton Zürich die 2. Säule in Form eines schulischen ökumenischen Religionsunterrichts, ist es aus ökumenischer Sicht von grösster Bedeutung, dass das ökumenische Lernen im Rahmen der religionspädagogischen bzw. katechetischen Angebote der 3. Säule Gewicht erhält. Zugleich aber gibt es noch keine ausgearbeitete Fachdidaktik für ökumenisches Lernen im Rahmen der Katechese.

Fragen, die sich für die 3. Säule der religionsbezogenen Bildung stellen, sind insbesondere:
- In welchem Verhältnis stehen konfessionelles und ökumenisches Lernen in den religionspädagogischen bzw. katechetischen Angeboten?
- Was sind genuine ökumenische Ziele und Kompetenzen mit Blick auf ökumenisches Lernen? Diese Frage stellt sich mit Blick auf Religionsunterricht wie Katechese, jedoch unter anderen Vorzeichen.
- Welche Anforderungen folgen aus dem angestrebten ökumenischen Lernen und Ökumene Lernen für die Ausbildung der Lehrenden der 3. Säule? In welchen Ausbildungsformen können die Lehrenden die nötigen Kompetenzen erwerben? Wie ökumenisch kann und muss ihre Ausbildung gestaltet werden?
- Weshalb gib es noch keine elaborierte Fachdidaktik für ökumenische Katechese und nach welchen theologischen und religionspädagogischen Standards wäre diese zu entwickeln?
- Welche Bedeutung messen die Kirchen dem ökumenischen Lernen bei, wie unterstützen sie es, auch strukturell?

1.4 Weitere Praxisfelder ökumenischen Lernens

Auch wenn ein Schwerpunkt des vorliegenden Bandes auf dem Religionsunterricht liegt, da für diesen institutionalisierten Lernort viele Erfahrungen und Reflexionen vorliegen, ist es zentral, auch an andere Lernfelder zu denken, wo ökumenisches Lernen und Ökumene Lernen stattfinden können. Ökumenisches Lernen findet nicht nur im Religionsunterricht statt – und dürfte auch weder ausschliesslich noch hauptsächlich dort stattfinden. In diesem Sinne wollen gerade auch die Beiträge im dritten Teil des Sammelbandes, in dem es um zwei Lernsettings innerhalb von Studium und Ausbildung sowie um die Erwachsenenbildung geht, zum Weiterdenken anregen.

Beim ökumenischen Lernen ist grundsätzlich nicht nur an Kinder und Jugendliche zu denken, sondern auch an die Erwachsenenbildung. Dies wird in mehreren Voten und Beiträgen sowohl der Tagung als auch dieses Sammelbandes deutlich. Zu denken ist an verschiedene Anlässe, Formen und Inhalte hinsichtlich religiöser Bildung und Glaubensbildung für Erwachsene. Gerade auch die Beiträge hinsichtlich einer Friedenspädagogik beruhen auf dem ökumenischen Grundgedanken, der in der christlichen Ökumene seine Wurzeln und erste Bedeutung findet, aber auf eine grössere Ökumene mit anderen Religionen sowie mit einer säkularen Gesellschaft ausschreitet. Denn das ökumenische Ziel einer Einheit der Kirchen – als Einheit in Vielfalt verstanden – ist immer auch verbunden mit dem Ziel einer Einheit der Welt, im Sinne des guten Zusammenlebens.

2 Religionspädagogische Fragen

Aus den vorangehenden Feststellungen sind folgende Fragen abzuleiten, deren Beantwortung für eine zeitgemässe Weiterentwicklung ökumenischen Lernens dringlich ist:
- Welche *ökumenischen Kompetenzen* sind genau bei Kindern, Jugendlichen und Erwachsenen an den unterschiedlichen Lernorten und Handlungsfeldern zu fördern?
- Wie kann eine bislang fehlende *Didaktik für die ökumenische Katechese* fundiert entwickelt werden, auch im Blick auf Adressatinnen und Adressaten verschiedener Altersstufen?
- Wie findet ökumenisches Lernen zu seiner notwendigen *strukturellen Verankerung*?
- Wenn sich in einigen Schweizer Kantonen die ökumenische Zusammenarbeit bereits auf der Lehrplanebene niederschlägt, wie können die bestehenden *Lehrpläne* empirisch evaluiert, optimiert und für andere Regionen weiterentwickelt werden?
- So wie in der Vergangenheit etwa die «Schweizer Schulbibel» ab den 1970er-Jahren neue Wege für ein ökumenisches Lernen in der Volksschule eröffnet hat, braucht es gegenwärtig religionsdidaktisch und theologisch gut fundierte neue *Lehrmittel*.
- Wer investiert fachliche Kompetenz und finanzielle Mittel in aktuelle Konzepte und Materialien, die auf das jeweilige religionspädagogische Lernfeld – sei es kirchlicher ökumenischer Religionsunterricht in der Schule,

Katechese in der Pfarrei oder Erwachsenenbildung – passgenau zugeschnitten sind?
- *Aus- und Weiterbildung*: Sowohl im universitären Theologie- oder Religionspädagogikstudium als auch in kirchlich-katechetischen Ausbildungen braucht es die bewusste und professionelle Weiterentwicklung der Curricula für alle Studien-, Aus- und Weiterbildungsgänge. Wie können diese Wege optimal gestaltet werden, um Katechetinnen und Katecheten, Religionspädagoginnen und Religionspädagogen sowie Seelsorgerinnen und Seelsorger für eine kompetente Anleitung ökumenischer Lernprozesse für alle Zielgruppen zu qualifizieren?

3 Ökumenisch lernen – Ökumene lernen: ein mutiger Blick in die Zukunft

Religionssoziologische Studien prognostizieren eine weiterhin rückläufige Religions- und Kirchenbindung. Unumkehrbare Säkularisierungsprozesse fordern die Kirchen massiv heraus. Eine mögliche Reaktion darauf wäre die Rückbesinnung auf das eigene konfessionelle Profil im Sinne einer Rekonfessionalisierung, welche ökumenische Überzeugungen und Engagements – bewusst oder unbewusst – vernachlässigt. Eine Verabsolutierung der eigenen Konfession bedeutete aber eine Engführung des Christlichen und würde mit Sicherheit auch hinsichtlich gesellschaftlicher Relevanz und Akzeptanz in die Sackgasse führen. Denn die Kirchen insgesamt leiden unter einem enormen Vertrauensverlust. Grosse Teile der Gesellschaft sind bereits von den Kirchen entfremdet.

Die Kirchen sind deshalb gefordert, zusammenzustehen und diesem Vertrauens- und Bedeutungsverlust etwas entgegenzusetzen. Immer mehr Menschen in der Schweiz wachsen ohne christliche Primärsozialisation auf. Es kann aber davon ausgegangen werden, dass sich gerade im Erwachsenenalter potenziell ein (neues) Interesse am christlichen Glauben zu entwickeln vermag. Zumindest wird auch von religionssoziologischer Seite in diesem Zusammenhang auf die Bedeutung eines «lebenslangen Lernens» hingewiesen.

Eine ökumenisch profilierte Einführung in den christlichen Glauben wie auch Glaubensbegleitung entsprechen nicht nur der theologischen wie religionspädagogischen Überzeugung, dass Ökumene für das christliche Leben zentral ist, sie strahlen auch mehr Überzeugungskraft aus.

«Was uns eint, ist viel mehr, als was uns trennt!» Diese von Exponentinnen und Exponenten aller an der Ökumene beteiligten Kirchen seit vielen Jahren und in vielen Situationen wiederholte Überzeugung lässt fragen: Und wie zeigt sich dies hinsichtlich einer kirchlichen Verantwortung für ökumenische Bildung und ökumenische Lernprozesse?

Die Ökumenefähigkeit der Kirchen erweist sich – auch – in ihrem Engagement für ökumenische Bildung und deren strukturellen Bedingungen. Umgekehrt hilft ökumenisches Lernen einem «Ökumene lernen», d.h. es bringt die Kirchen auf ihrem Weg als christliche Gemeinschaft voran. So die Grundthese der interdisziplinären Tagung sowie auch dieses Sammelbandes. Ökumenisches Lernen befördert die Ökumene und ein echtes Commitment für Ökumene fördert ökumenisches Lernen in allen Bereichen. Gerade im Bildungsbereich liegt ungenutztes Potenzial, Ökumene auf allen kirchlichen Ebenen noch stärker zu entwickeln.

Warum? Ökumene steht im Dienst des Verkündigungsauftrags der Kirche, den sie sich nicht selbst gibt, sondern den Christus ihr gibt. Überall dort, wo ökumenisches Lernen stattfindet und gelingt, wirkt der Geist Gottes. Breite und Tiefe ökumenischen Lernens wie auch des Erlernens von Ökumene werden unterstrichen von der *Charta Oecumenica* (2001). Noch bleiben wir weit hinter dem zurück, was an Bereitschaft und Visionen der unterzeichnenden Kirchen formuliert wurde. Es ist jederzeit möglich, mehr Ökumene zu wagen.

Autorinnen und Autoren

Evelyn Borer, Jahrgang 1960, Kirchgemeindepräsidentin der Evangelisch-reformierten Kirche Dornach-Gempen-Hochwald, Synodalratspräsidentin der Evangelisch-reformierten Kirche Kanton Solothurn und Präsidentin der Synode der Evangelischen Kirche Schweiz.

Maria Brun, Dr. theol., langjährige theologische Mitarbeiterin von Metropolit Damaskinos Papandreou (1936–2011) am Orthodoxen Zentrum des Ökumenischen Patriarchats in Chambésy/Genf und am Ökumenischen Institut der Universität Fribourg, bis zur Pensionierung Unterrichtstätigkeit für Religionskunde und Ethik.

Christian Cebulj, Dr. theol., Jahrgang 1964, Professor für Religionspädagogik und Katechetik an der Theologischen Hochschule Chur.

Eva Ebel, Prof. Dr. theol., Jahrgang 1971, Direktorin von unterstrass.edu (Gymnasium Unterstrass und Institut Unterstrass an der Pädagogischen Hochschule Zürich) und Dozentin für Didaktik des Fachs «Religionen, Kulturen, Ethik» am Institut Unterstrass an der Pädagogischen Hochschule Zürich.

Abt Urban Federer, OSB, Dr. phil., Jahrgang 1968, Abt des Klosters Einsiedeln, Mitglied der Schweizer Bischofskonferenz, dort mitverantwortlich für die Kommission «Theologie und Ökumene» der SBK und verantwortlich für das Dikasterium Aus- und Weiterbildung.

Martin Hailer, Dr. theol. habil., Jahrgang 1965, Professor für Evangelische Theologie und ihre Didaktik (Schwerpunkt Systematische Theologie) an der Pädagogischen Hochschule Heidelberg.

Christian Höger, Dr. theol. habil., Jahrgang 1975, Professor für Religionspädagogik und Katechetik an der Theologischen Fakultät und Dozent am Religionspädagogischen Institut RPI der Theologischen Fakultät der Universität Luzern.

Hanspeter Lichtin, Jahrgang 1959, seit 1994 Leiter der Fachstelle Religionspädagogik der Römisch-Katholischen Kirche im Kanton Basel-Landschaft, seit Beginn von OekModula Dozent in verschiedenen Modulen und ab 2015 Ausbildungsleiter.

Bettina Lichtler, Jahrgang 1970, Evangelisch-reformierte Landeskirche des Kantons Zürich, zuständig für den Fachbereich Beziehungen und Ökumene, Präsidentin der Arbeitsgemeinschaft christlicher Kirchen im Kanton Zürich (AGCK Zürich) und reformierte Delegierte in der AGCK Schweiz.

Walter Lüssi, Jahrgang 1955, evangelisch-reformierter Pfarrer, Präsident von plusbildung – ökumenische bildungslandschaft schweiz und Präsident von Oikosnet Europe.

Robert Naefgen, Jahrgang 1974, Stadtpfarrer der reformierten Martinskirche in Chur.

Günter Nagel, Jahrgang 1962, Fachberater für Katholische Religion an Gymnasien in Niedersachsen.

Nicola Ottiger, Dr. theol., Jahrgang 1970, Professorin für Ökumenische Theologie an der Theologischen Fakultät der Universität Luzern und Leiterin des Ökumenischen Instituts Luzern, Dozentin für Dogmatik, Fundamentaltheologie und Liturgiewissenschaft am Religionspädagogischen Institut RPI der Theologischen Fakultät der Universität Luzern.

Sabine Pemsel-Maier, Dr. theol., Jahrgang 1962, Professorin für Katholische Theologie/Religionspädagogik (Schwerpunkt Dogmatik und ihre Didaktik) an der Pädagogischen Hochschule Freiburg i. Br.

Kuno Schmid, Professor der Pädagogischen Hochschule Solothurn (FHNW), Jahrgang 1956, freier Mitarbeiter der Professur für Religionspädagogik und Katechetik, ehemals langjähriger Dozent für Didaktik des Religionsunterrichts am Religionspädagogischen Institut RPI der Theologischen Fakultät der Universität Luzern.

Jasmine Suhner, Dr. theol., Jahrgang 1984, Dozentin für Religionspädagogik am Religionspädagogischen Institut RPI der Universität Luzern, Co-Leiterin des Forschungsprojekts «Interreligiöses Lernen in digitaler Gesellschaft» des Universitären Forschungsschwerpunkts (UFSP) «Digital Religion(s)» der Universität Zürich und Research Fellow «Bridging Psychology and Theology» an der Universität Birmingham (UK).

Adrian Suter, Dr. theol., Jahrgang 1970, Pfarrer der Christkatholischen Kirchgemeinde Luzern, bis 2023 Mitglied im Synodalrat der Christkatholischen Kirche der Schweiz, dort verantwortlich für das Ressort Bildung, Leiter Fachstelle Bildung der Christkatholischen Kirche der Schweiz.

Jan Woppowa, Dr. theol., Jahrgang 1974, Professor für Religionsdidaktik am Institut für Katholische Theologie an der Universität Paderborn.